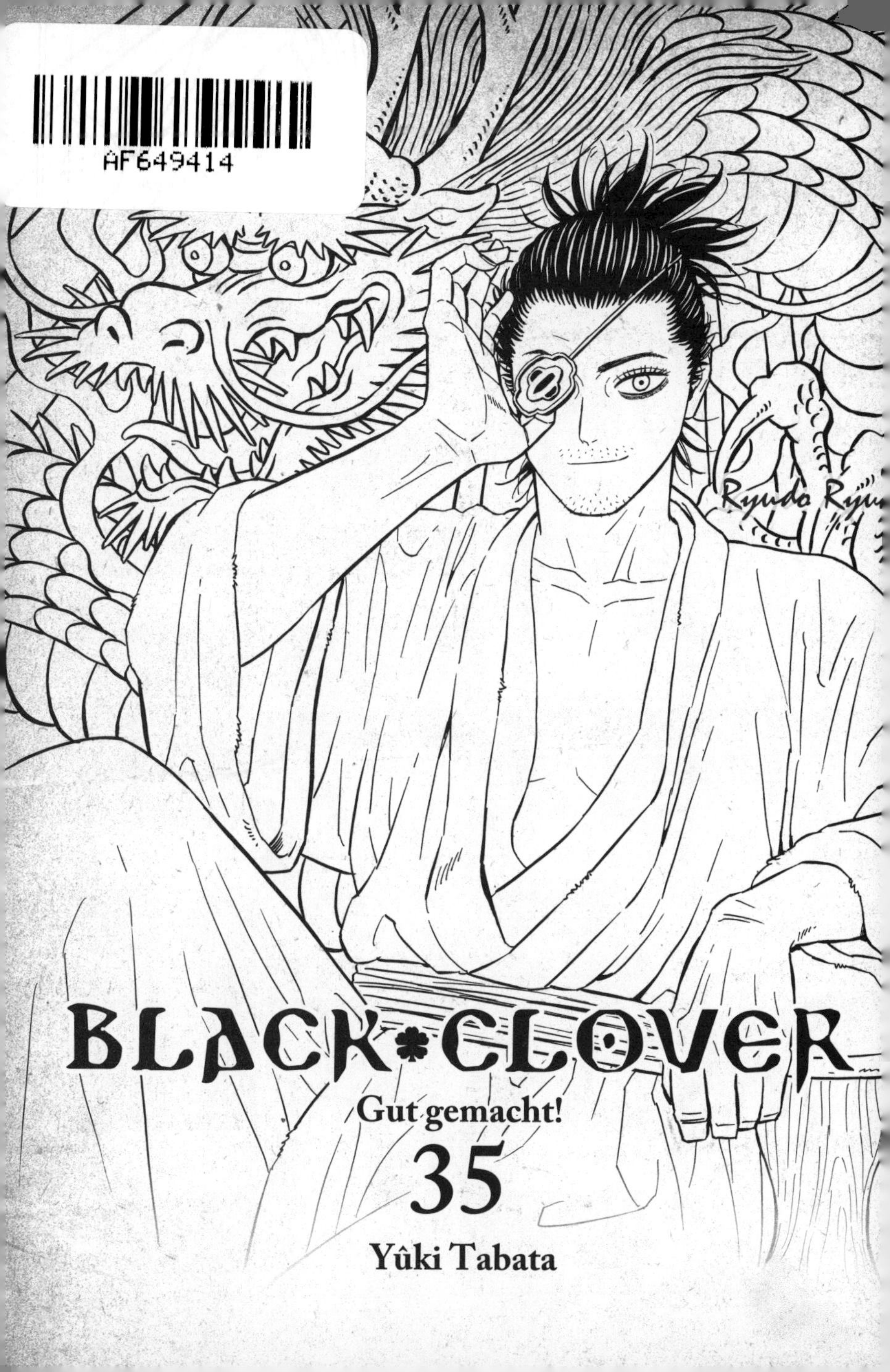

BLACK CLOVER

Gut gemacht!

35

Yûki Tabata

Charaktere

Yuno

Gruppe: Goldene Morgendämmerung
Magietypus: Wind

Astas Kindheitsfreund und Rivale. Wie dieser hat er das Ziel, König der Magier zu werden. Der Naturgeist Sylph untersteht seiner Kontrolle.

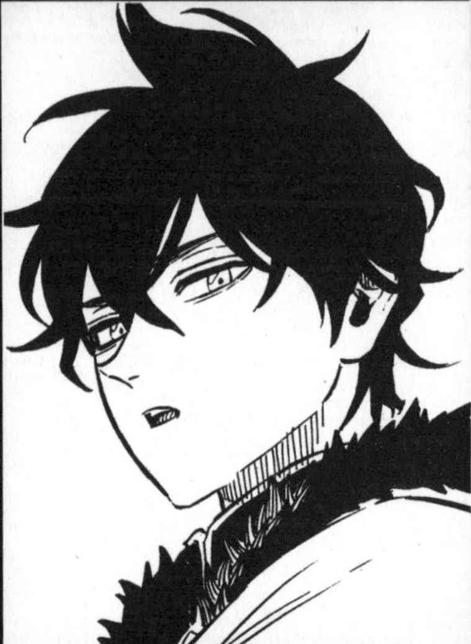

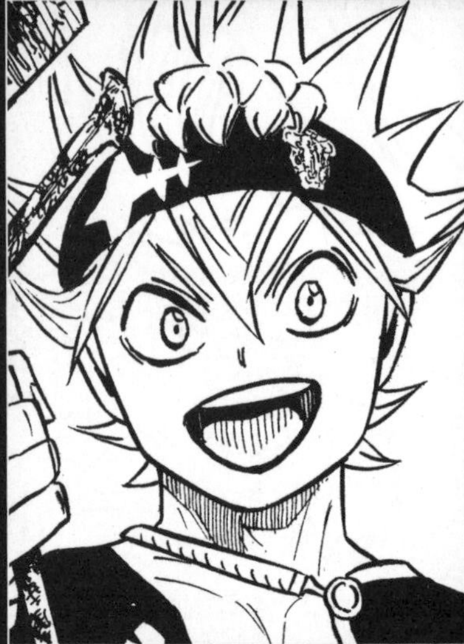

Asta

Gruppe: Schwarzer Stier
Magietypus: Nicht vorhanden (Antimagie)

Er hat zwar keinerlei magische Kraft, versucht aber mit seinem durchtrainierten Körper und seiner Beharrlichkeit König der Magier zu werden. Seine Waffen sind Schwerter aus Antimagie.

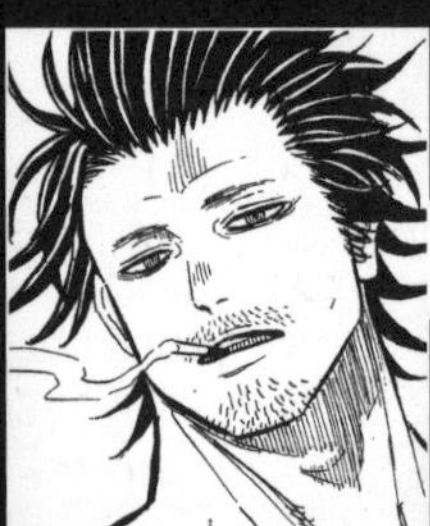

Yami Sukehiro

Gruppe: Schwarzer Stier
Magietypus: Dunkelheit

Er sieht grimmig aus und ist ein ziemlicher Haudegen, wird von seinen Ordensmitgliedern aber geliebt. Kettenraucher.

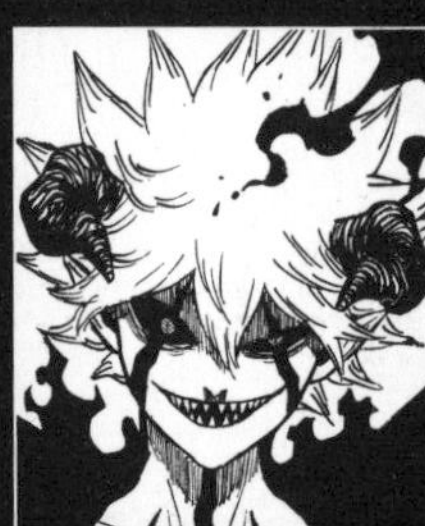

Liebe

Teufel

Der Teufel, der im Grimoire mit dem fünfblättrigen Kleeblatt eingeschlossen ist. Sein Vertrag mit Asta stellt die beiden gleich.

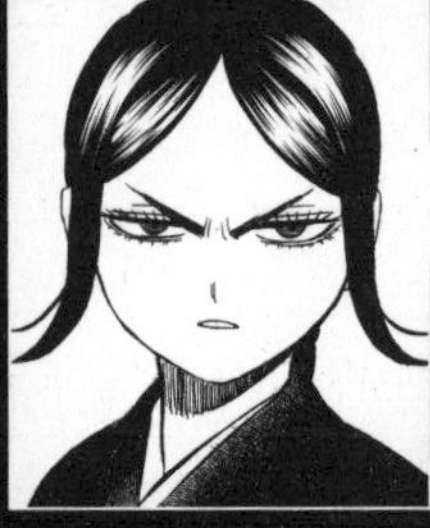

Yami Ichika

Sieben Ryuzen
Magietypus: Dunkelheit

Yamis jüngere Schwester. Als Teil der Sieben Ryuzen hat sie größtes Vertrauen in Ryuya.

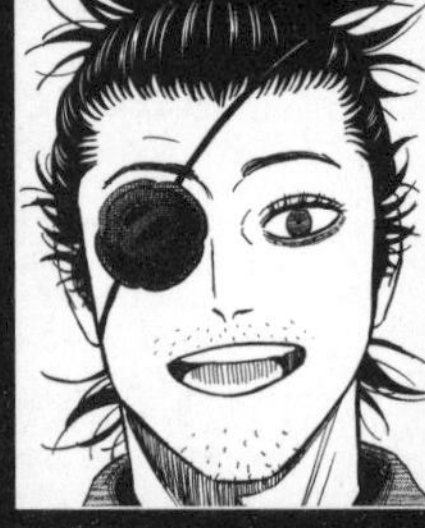

Ryudo Ryuya

Magietypus: Nicht vorhanden

Kindheitsfreund von Yami. Er hat kein Yoryoku, besitzt aber das Allsehende Auge und regiert das Land der Sonne.

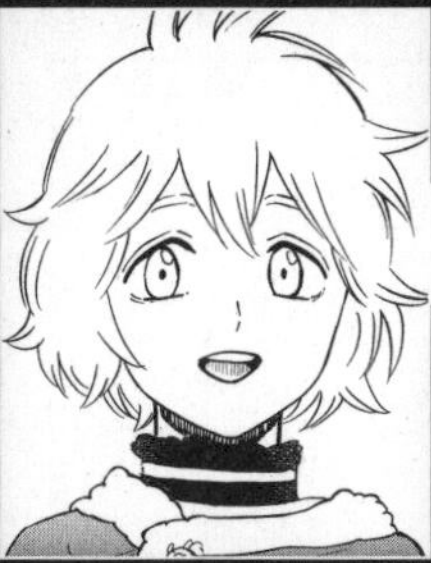

Julius Novachrono

König der Magier
Magietypus: Zeit

König der Magier des Königreichs Clover und ein unverbesserlicher Magiefanatiker.

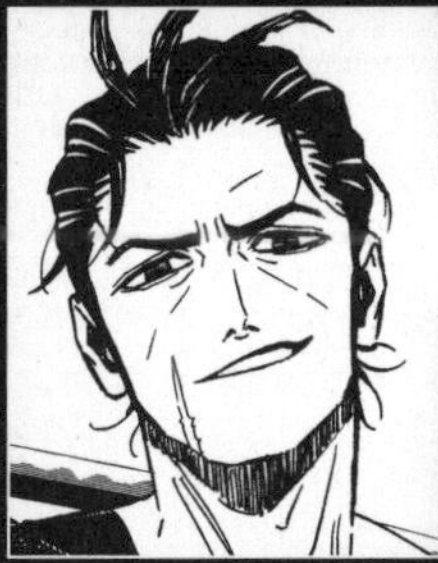

Mushogatake Yosuga

Sieben Ryuzen

Einer der Sieben Ryuzen. Um Asta »Zetten« beizubringen, unterstützt er ihn bei seinem Training.

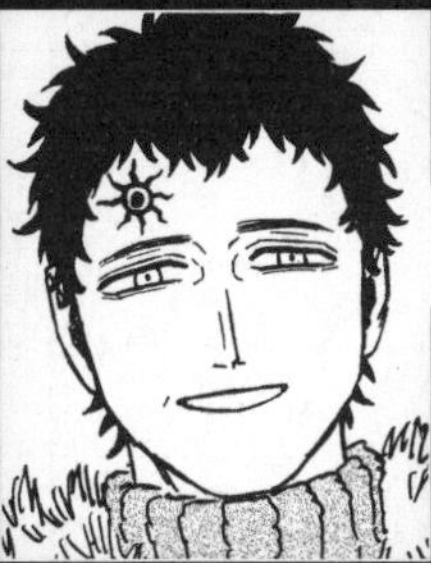

Lucius Zogratis

Magietypus:
Zeit & Seele

Er hat Julius' Persönlichkeit unterworfen und will die Welt säubern lassen. Hat Schwester Lily mit seiner Seelenmagie zu einer Paladin gemacht.

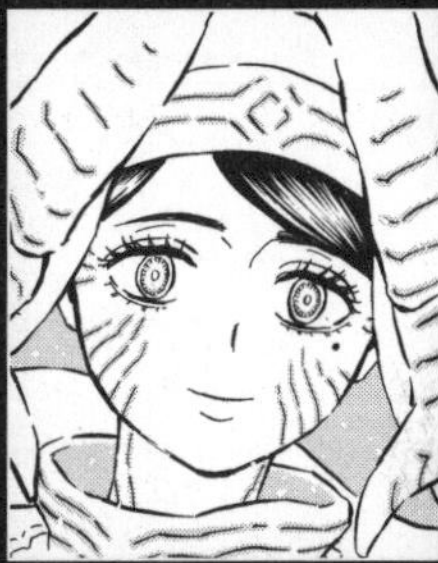

Schwester Lily

Magietypus:
Wasser & Raum

Die liebevolle Ordensschwester aus dem Dorf Hage. Sie wird durch Lucius' Seelenmagie manipuliert.

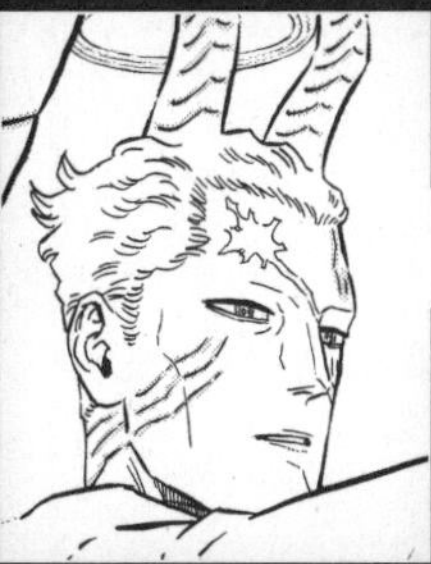

Heath Grice

Magietypus: Eis

Mitglied des Kalten Auges der weißen Nacht. Hat das Dorf Saussy überfallen und wurde durch Lucius' Kraft als Paladin wiedererweckt.

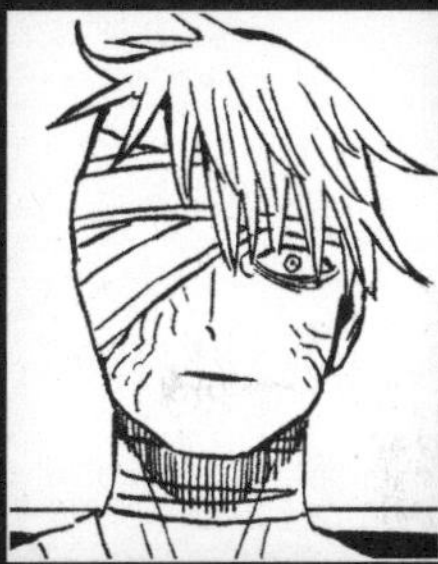

Morris Libardirt

Magietypus:
Modifikation

Sein Körper wurde von Lucius vollständig wiederhergestellt. Mit seiner Modifikationsmagie zieht er hinter den Kulissen die Strippen.

Was bisher geschah:

Eine Welt, in der nur Magie zählt …

Die Waisenkinder Asta und Yuno, die am selben Tag vor der Kirche des Dorfes Hage ausgesetzt wurden, möchten das höchste Ziel eines jeden Magiers erreichen und König der Magier werden. Dafür trainieren sie tagein, tagaus. Nachdem sie mit 15 Jahren endlich ihre Grimoires, Zauberbücher, die die magische Kraft erhöhen, erhalten haben, nehmen sie an der Eignungsprüfung für die Ritterorden teil. Die neun Ritterorden sind dem König der Magier unterstellt. Yuno, der eine große magische Kraft besitzt, wird im elitären Orden »Goldene Morgendämmerung« aufgenommen, wohingegen Asta, der keinerlei magische Kraft besitzt, im »Schwarzen Stier« landet, einer berüchtigten Chaostruppe. Beide haben also den ersten Schritt gemacht, um ihrem Ziel, König der Magier zu werden, ein wenig näher zu kommen.

Nachdem er von Lucius tödlich verwundet wurde, wacht Asta in einem fremden Land, dem Land der Sonne, wieder auf, wo er Ryudo Ryuya*, dem Shogun des Landes, begegnet. Dieser teilt Asta mit, dass er mit seinen momentanen Fähigkeiten nicht gegen Lucius ankommen wird. Um das zu ändern, muss Asta damit beginnen zu trainieren, um eine neue Technik, den Himmelsschnitt »Zetten«, zu erlernen. Während Asta an seiner Technik feilt, fallen die Paladine ins Land der Sonne ein. Auch wenn die Sieben Ryuzen sich ihnen entgegenstellen, werden sie von der starken Magie der Paladine überrannt. Die Sieben Ryuzen stehen mit dem Rücken zur Wand … Doch dann taucht plötzlich Asta auf, der sein Training beendet hat!

* Anm. d. Red.: im Land der Sonne wird der Nachname zuerst genannt.

INHALT

BLACK ✿ CLOVER
35

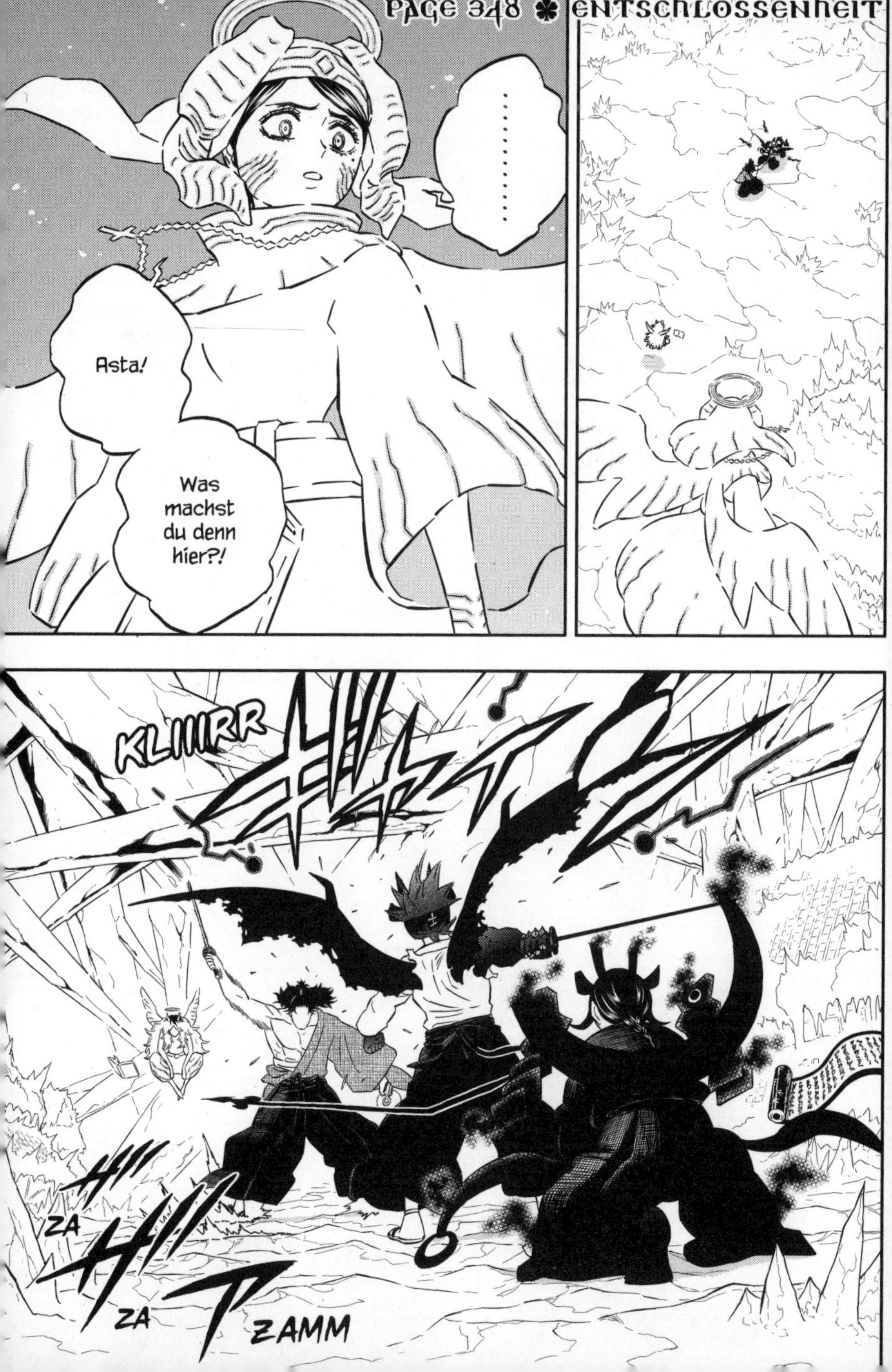
……
Asta!
Was machst du denn hier?!
KLIIIRR
ZA
ZA
ZAMM

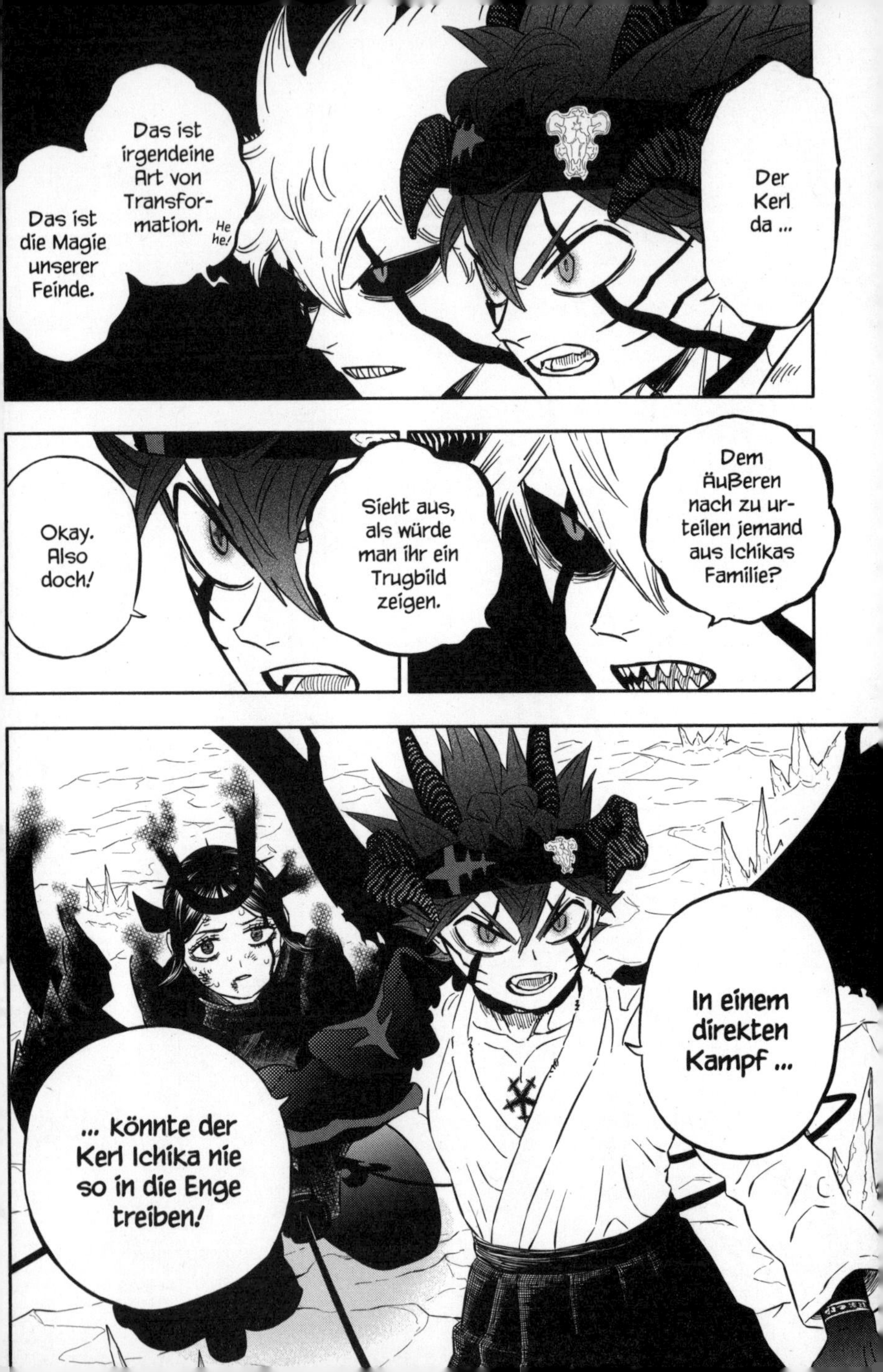
Der Kerl da ...
Das ist irgendeine Art von Transformation.
He he!
Das ist die Magie unserer Feinde.
Dem Äußeren nach zu urteilen jemand aus Ichikas Familie?
Sieht aus, als würde man ihr ein Trugbild zeigen.
Okay. Also doch!
In einem direkten Kampf ...
... könnte der Kerl Ichika nie so in die Enge treiben!

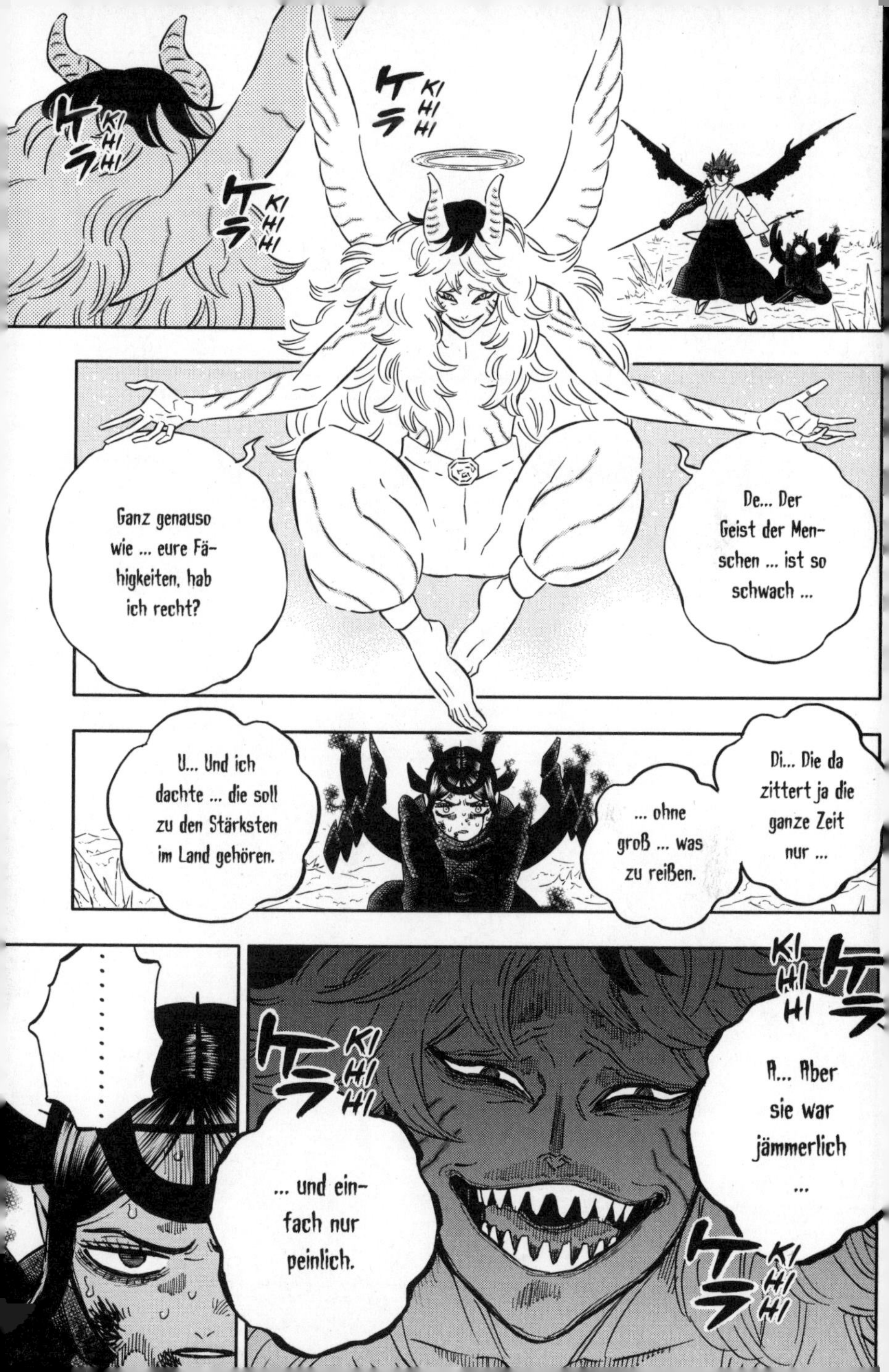
KI HI HI
KI HI HI
KI HI HI
De... Der Geist der Menschen ... ist so schwach ...
Ganz genauso wie ... eure Fähigkeiten, hab ich recht?
Di... Die da zittert ja die ganze Zeit nur ...
... ohne groß ... was zu reißen.
U... Und ich dachte ... die soll zu den Stärksten im Land gehören.
KI HI HI
A... Aber sie war jämmerlich ...
KI HI HI
KI HI HI
... und einfach nur peinlich.
......

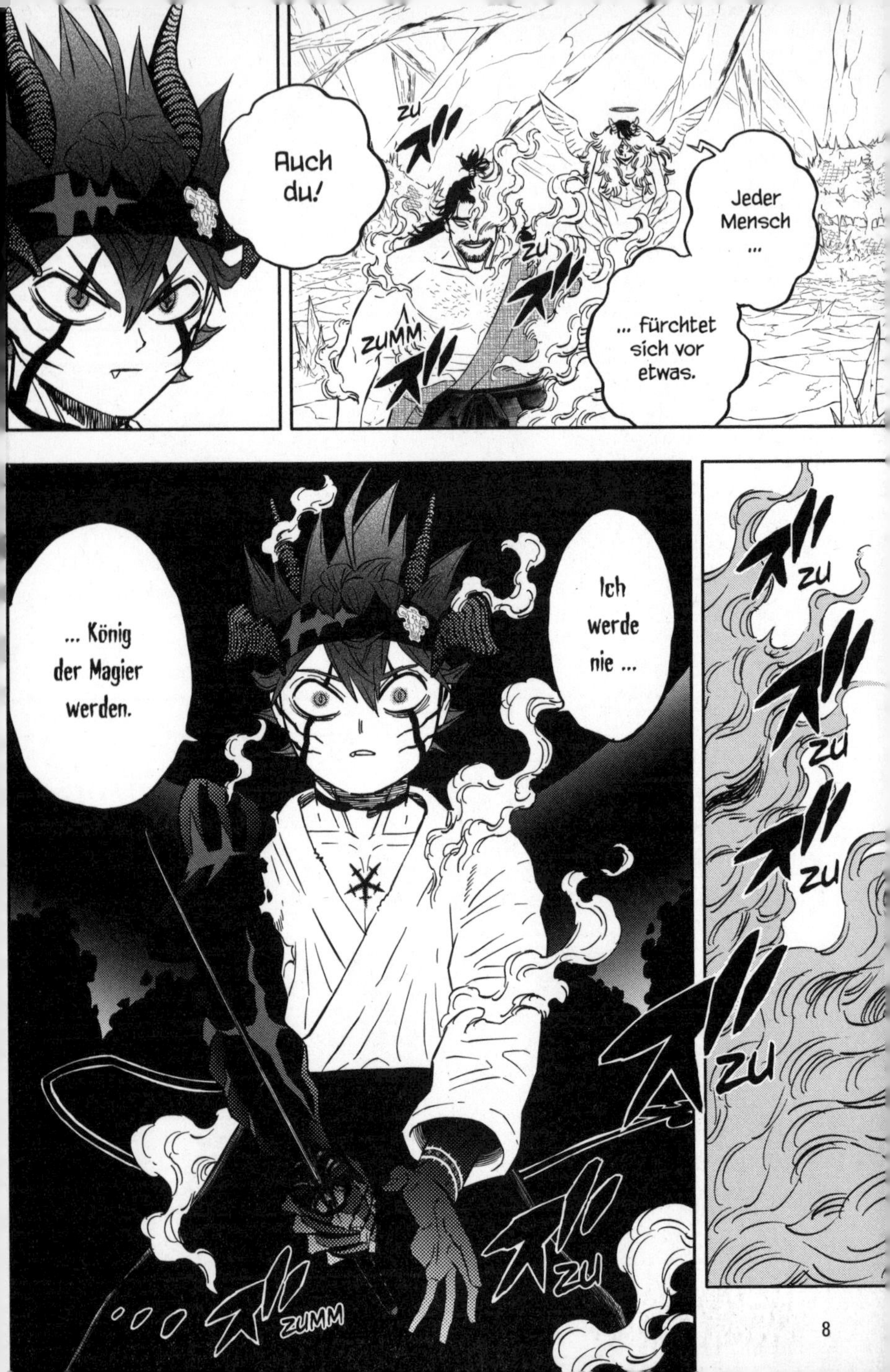
Jeder Mensch ...
... fürchtet sich vor etwas.
ZU
ZU
ZUMM
Auch du!
ZU
ZU
ZU
ZU
Ich werde nie ...
... König der Magier werden.
ZU
...
ZUMM

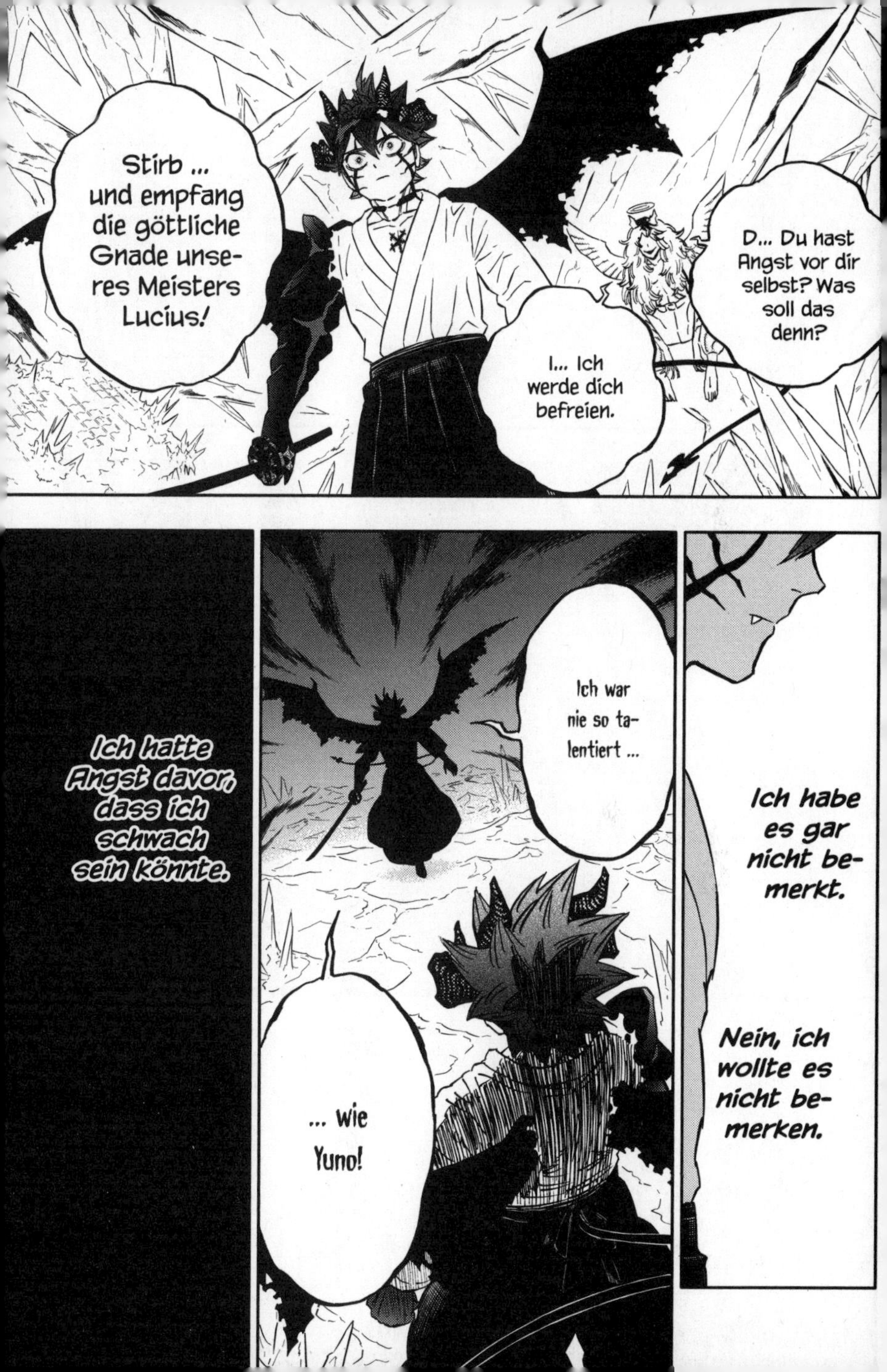
D... Du hast Angst vor dir selbst? Was soll das denn?
Stirb ... und empfang die göttliche Gnade unseres Meisters Lucius!
I... Ich werde dich befreien.
Ich habe es gar nicht bemerkt.
Nein, ich wollte es nicht bemerken.
Ich war nie so talentiert ...
... wie Yuno!
Ich hatte Angst davor, dass ich schwach sein könnte.

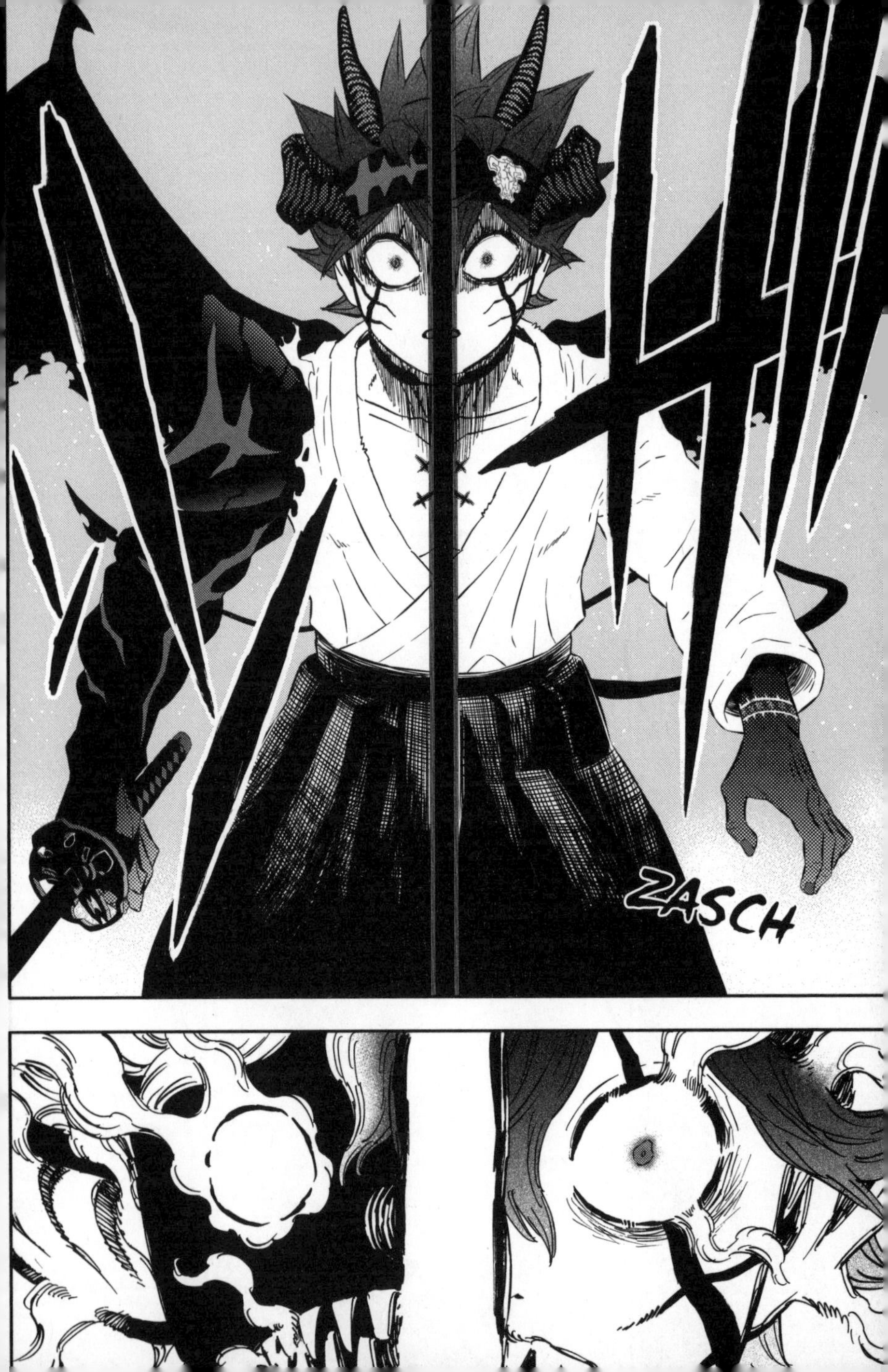
ZASCH

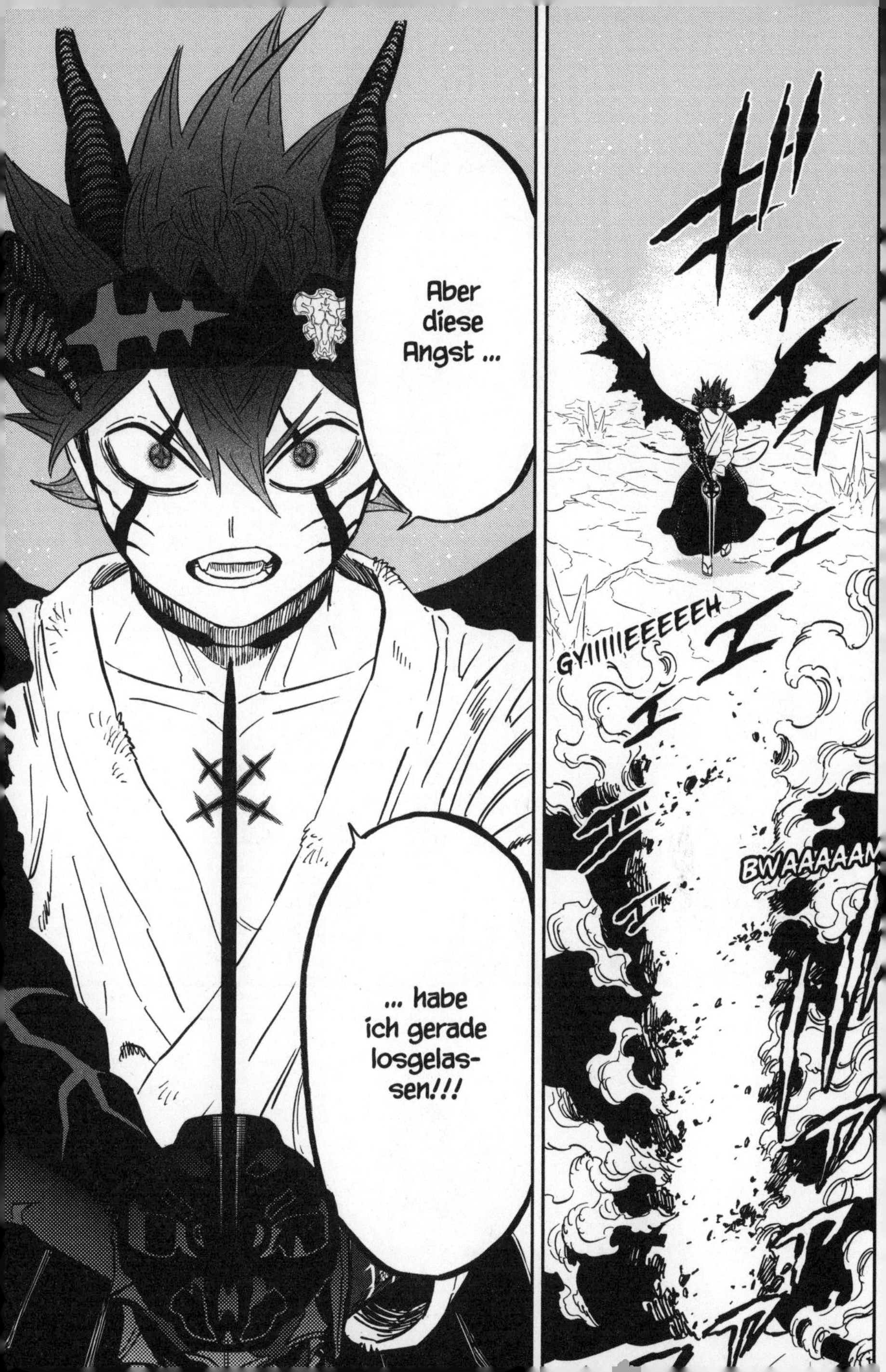
GYIIIIIIEEEEEEH
BWAAAAAM
Aber diese Angst ...
... habe ich gerade losgelas-sen!!!

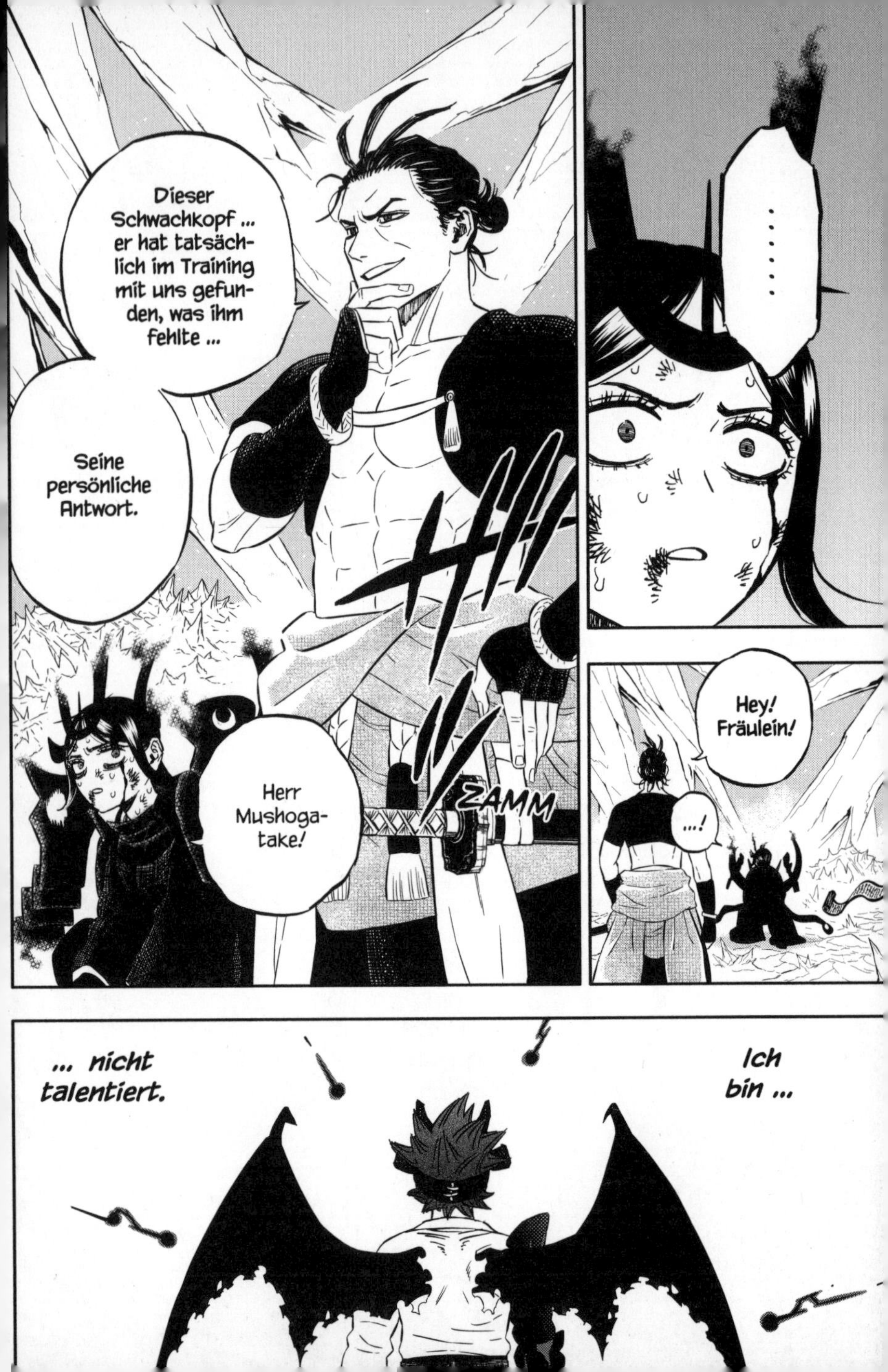
……
Dieser Schwachkopf … er hat tatsächlich im Training mit uns gefunden, was ihm fehlte …
Seine persönliche Antwort.
Herr Mushogatake!
ZAMM
Hey! Fräulein!
…!
Ich bin …
… nicht talentiert.

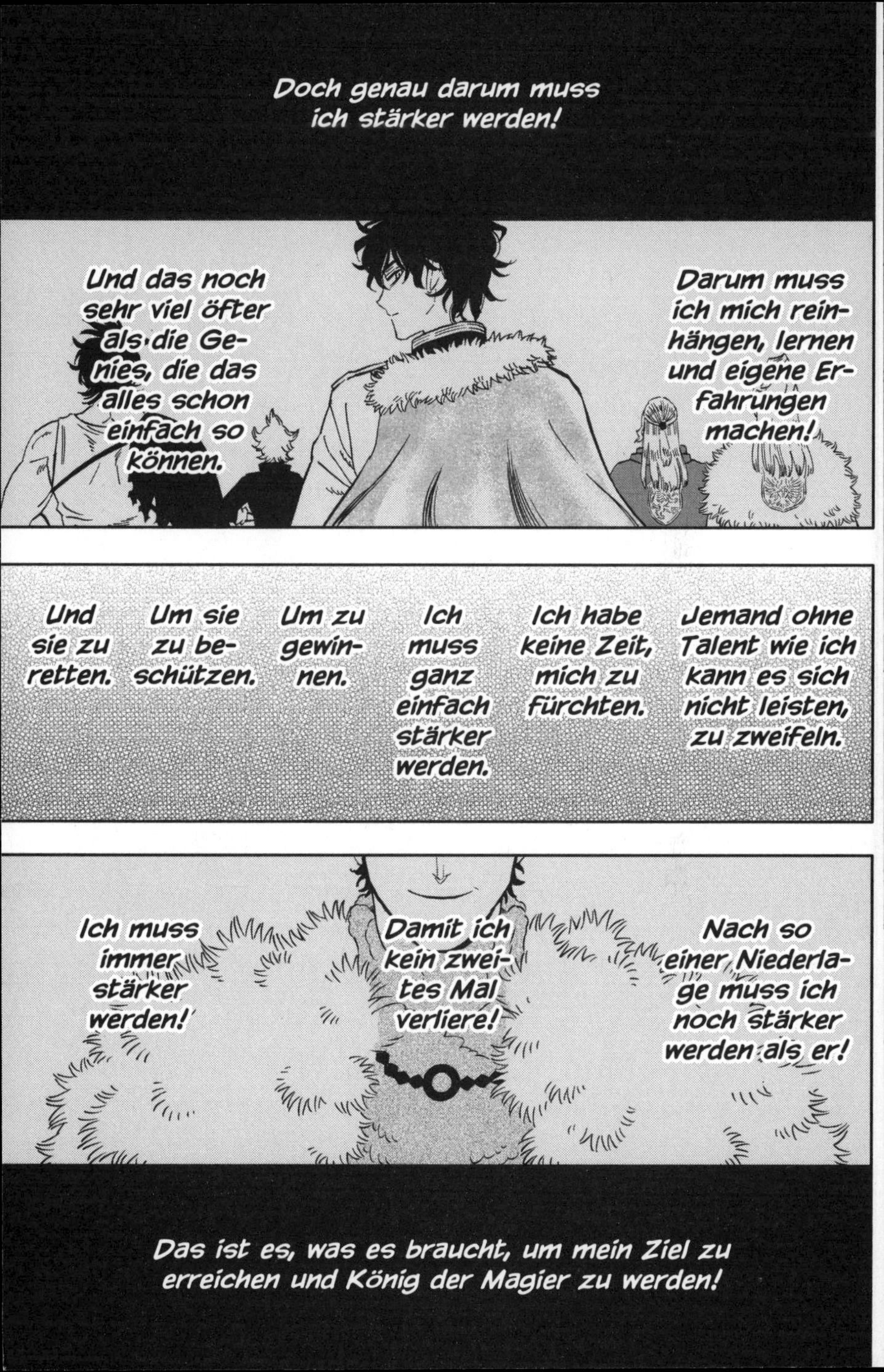
Doch genau darum muss ich stärker werden!
Darum muss ich mich reinhängen, lernen und eigene Erfahrungen machen!
Und das noch sehr viel öfter als die Genies, die das alles schon einfach so können.
Jemand ohne Talent wie ich kann es sich nicht leisten, zu zweifeln.
Ich habe keine Zeit, mich zu fürchten.
Ich muss ganz einfach stärker werden.
Um zu gewinnen.
Um sie zu beschützen.
Und sie zu retten.
Nach so einer Niederlage muss ich noch stärker werden als er!
Damit ich kein zweites Mal verliere!
Ich muss immer stärker werden!
Das ist es, was es braucht, um mein Ziel zu erreichen und König der Magier zu werden!

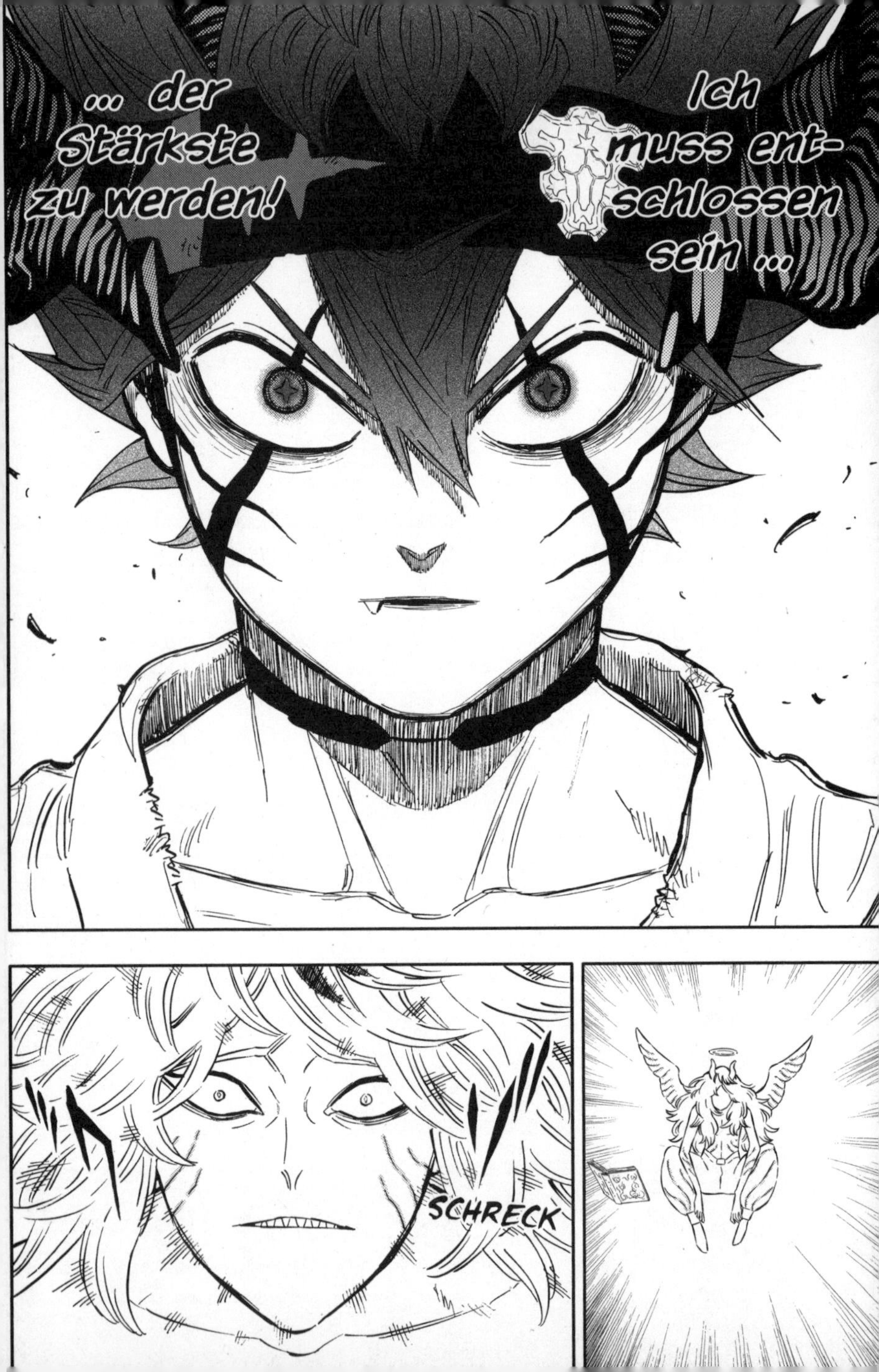
Ich muss ent-schlossen sein ...
... der Stärkste zu werden!
SCHRECK

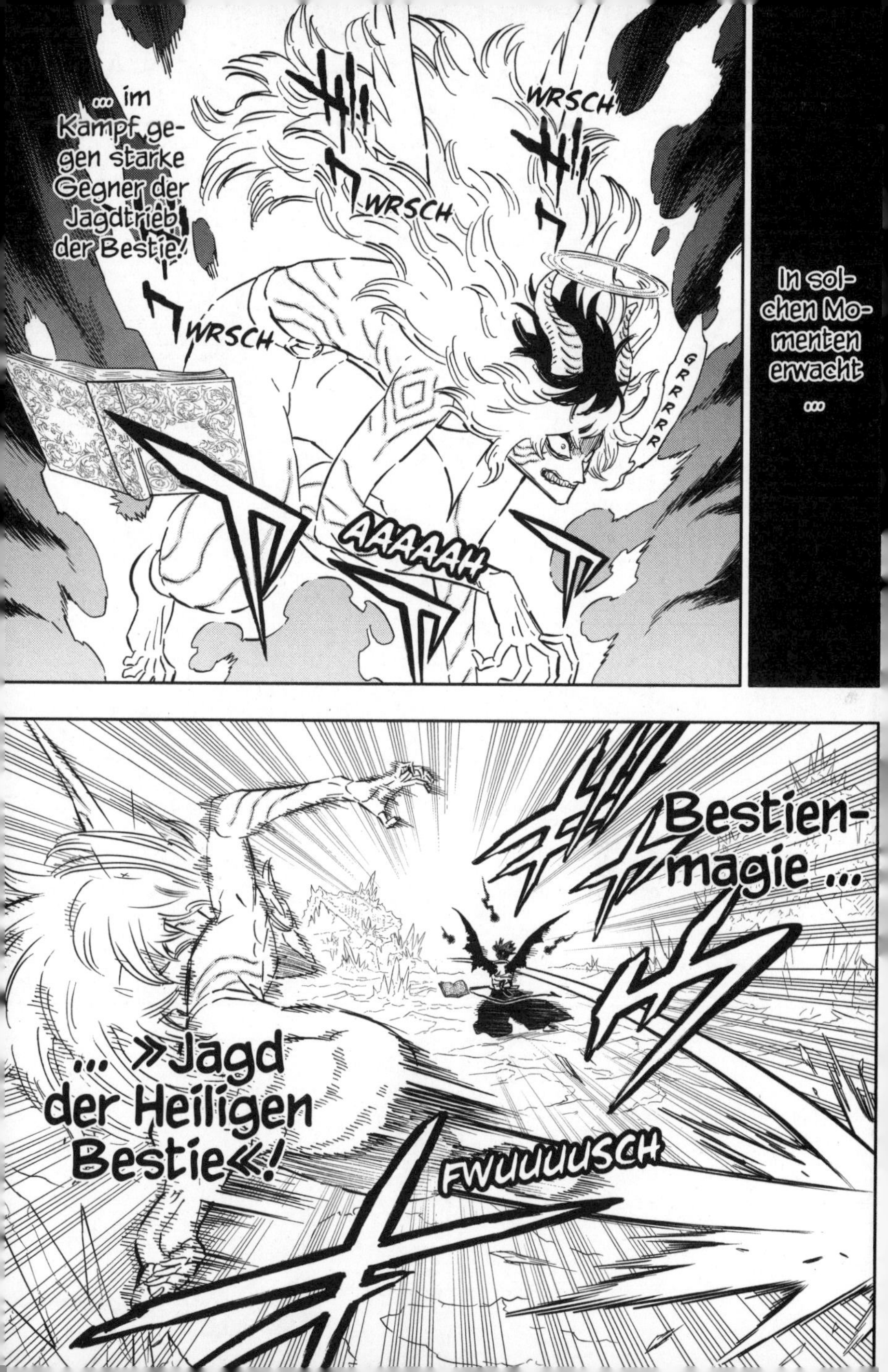

In solchen Momenten erwacht ...
... im Kampf gegen starke Gegner der Jagdtrieb der Bestie!
WRSCH
WRSCH
WRSCH
GRRRRRR
AAAAAAH
Bestienmagie ...
... »Jagd der Heiligen Bestie«!
FWUUUUSCH

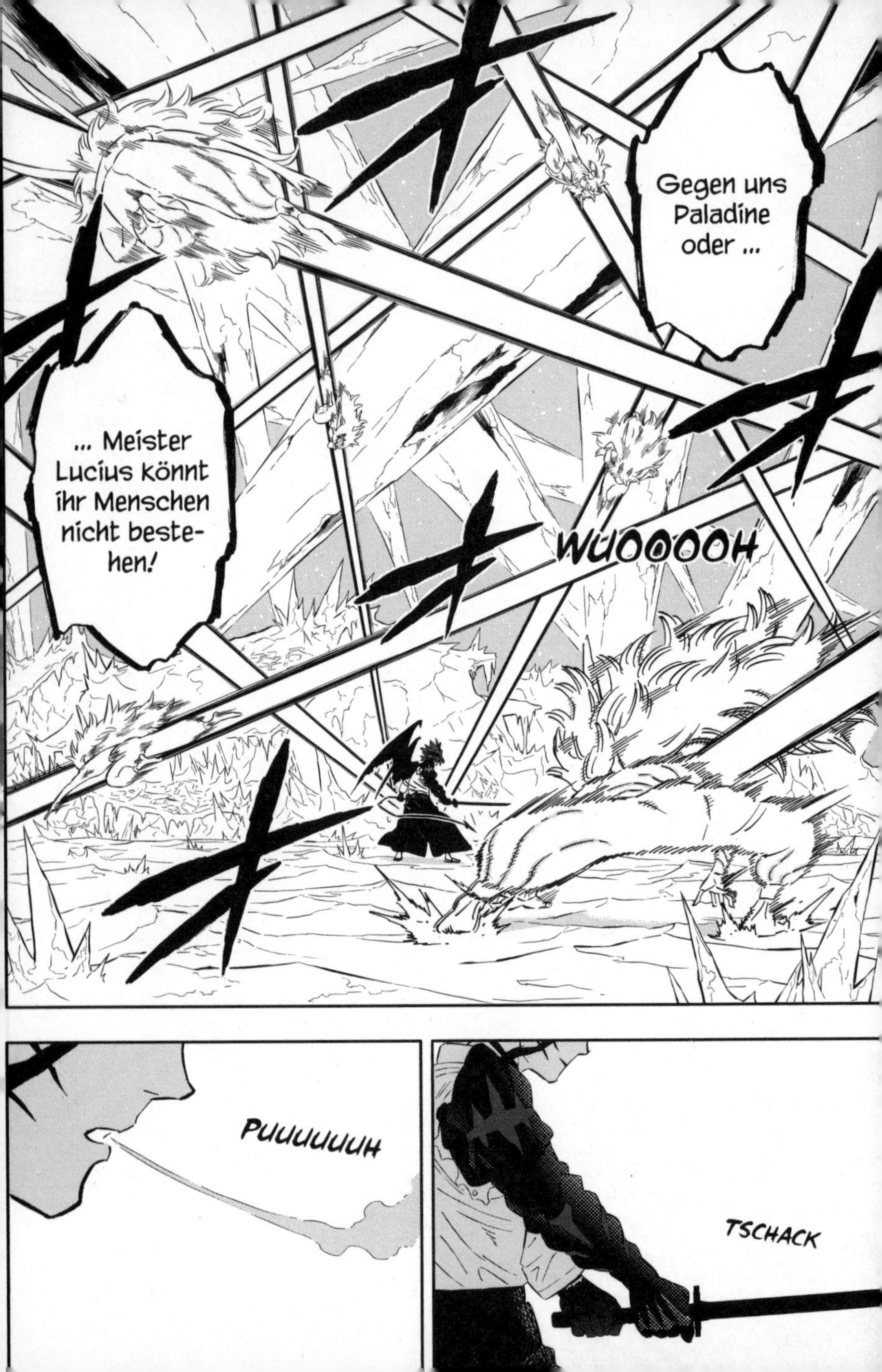
Gegen uns Paladine oder ...
... Meister Lucius könnt ihr Menschen nicht beste-hen!
WUOOOOH
PUUUUUUH
TSCHACK

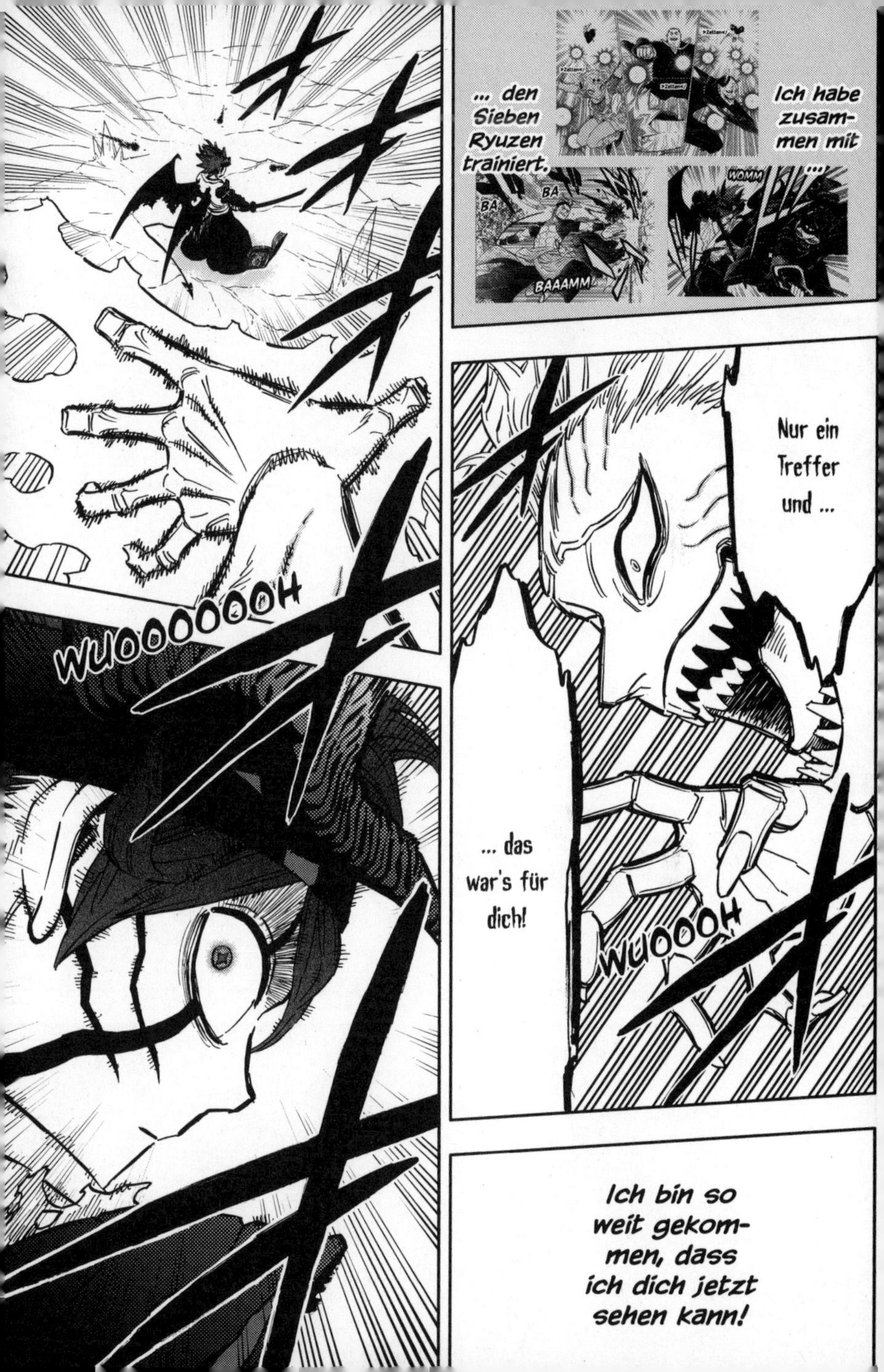
Ich habe zusammen mit ...
... den Sieben Ryuzen trainiert.
WOMM
BA
BA
BAAAMM
Nur ein Treffer und ...
... das war's für dich!
WUOOOH
Ich bin so weit gekommen, dass ich dich jetzt sehen kann!
WUOOOOOOOH

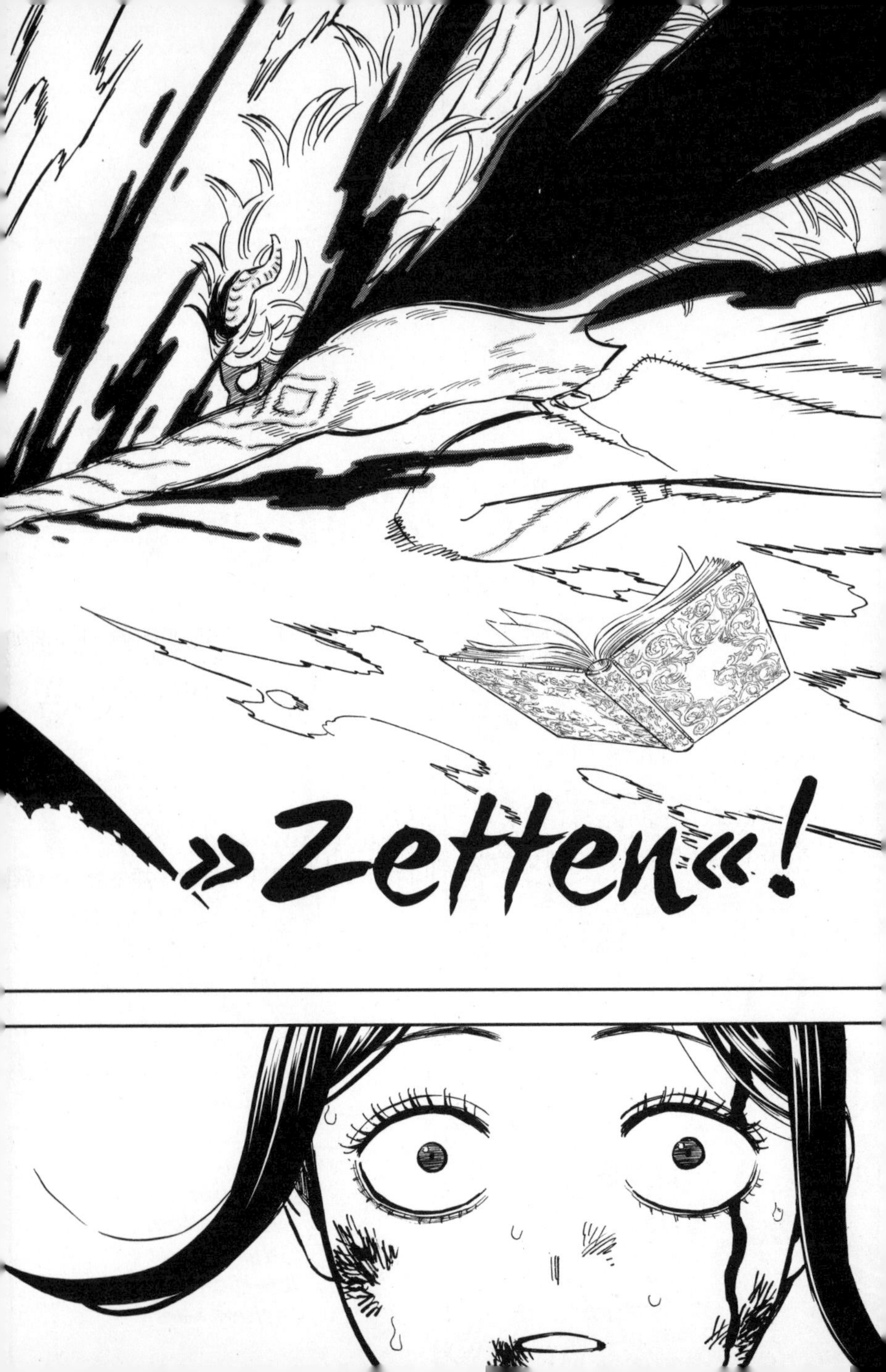
»Zetten«!

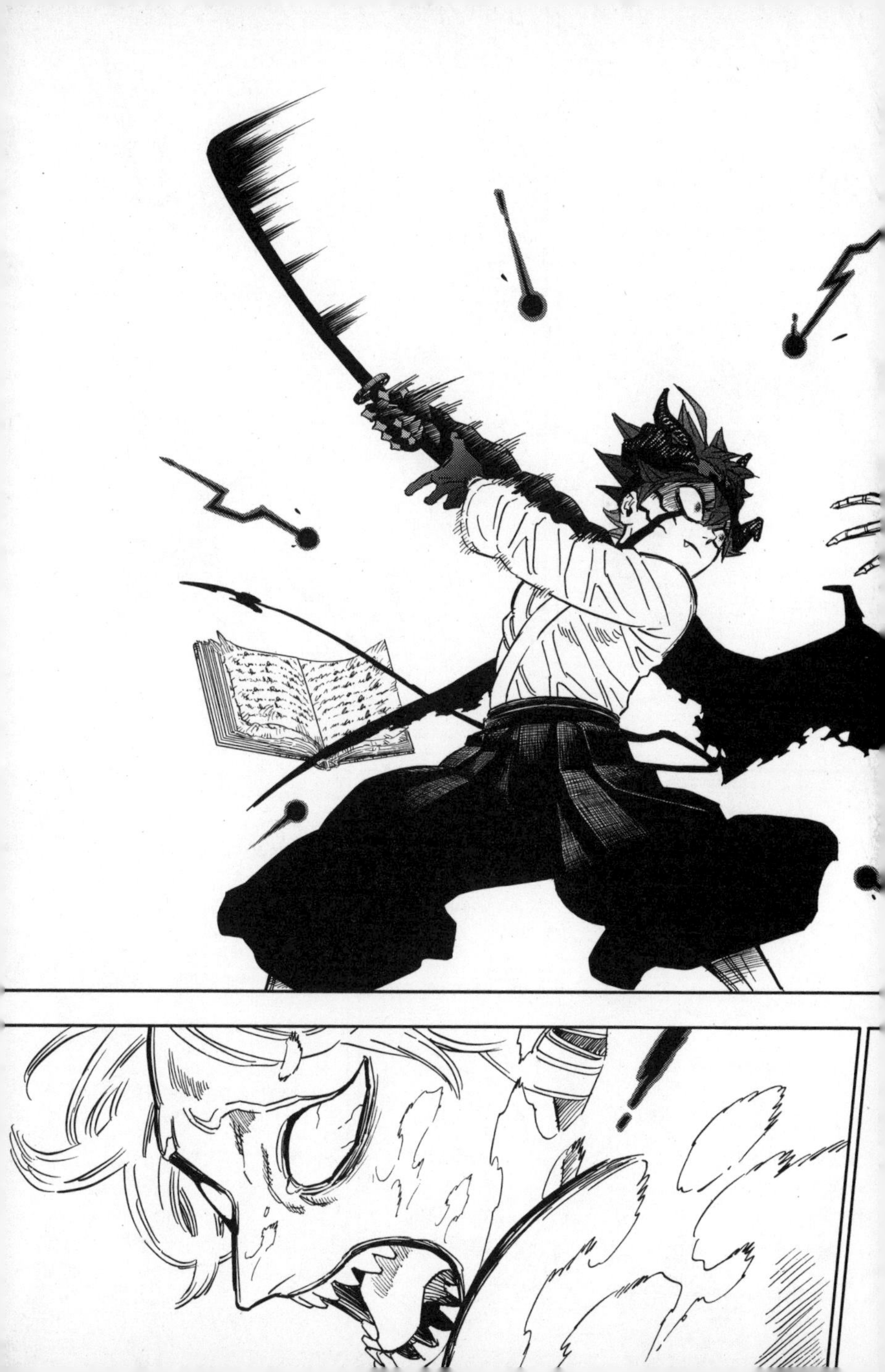

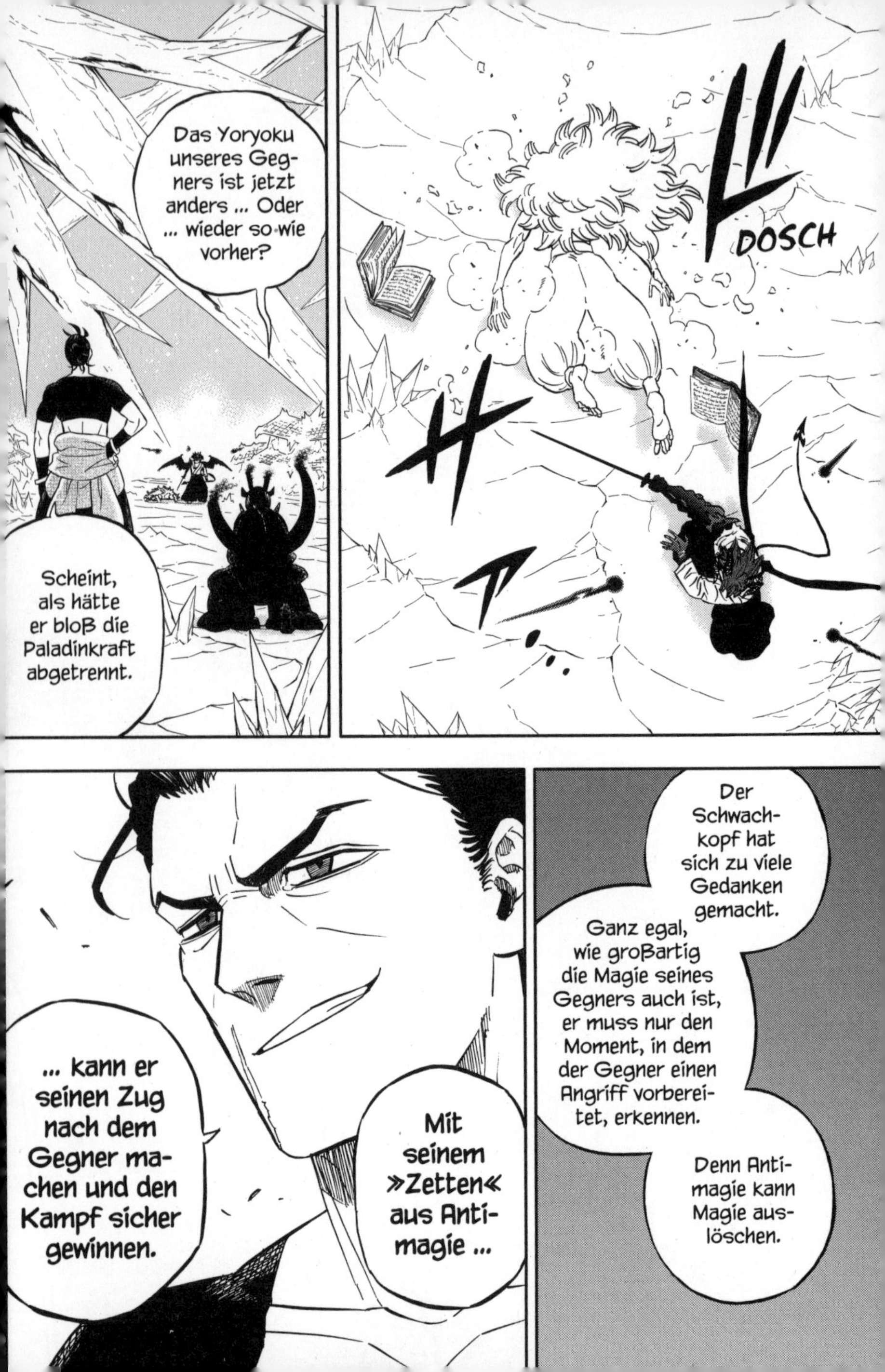
DOSCH
Das Yoryoku unseres Gegners ist jetzt anders ... Oder ... wieder so wie vorher?
Scheint, als hätte er bloß die Paladinkraft abgetrennt.
Der Schwachkopf hat sich zu viele Gedanken gemacht.
Ganz egal, wie großartig die Magie seines Gegners auch ist, er muss nur den Moment, in dem der Gegner einen Angriff vorbereitet, erkennen.
Denn Antimagie kann Magie auslöschen.
Mit seinem »Zetten« aus Antimagie ...
... kann er seinen Zug nach dem Gegner machen und den Kampf sicher gewinnen.

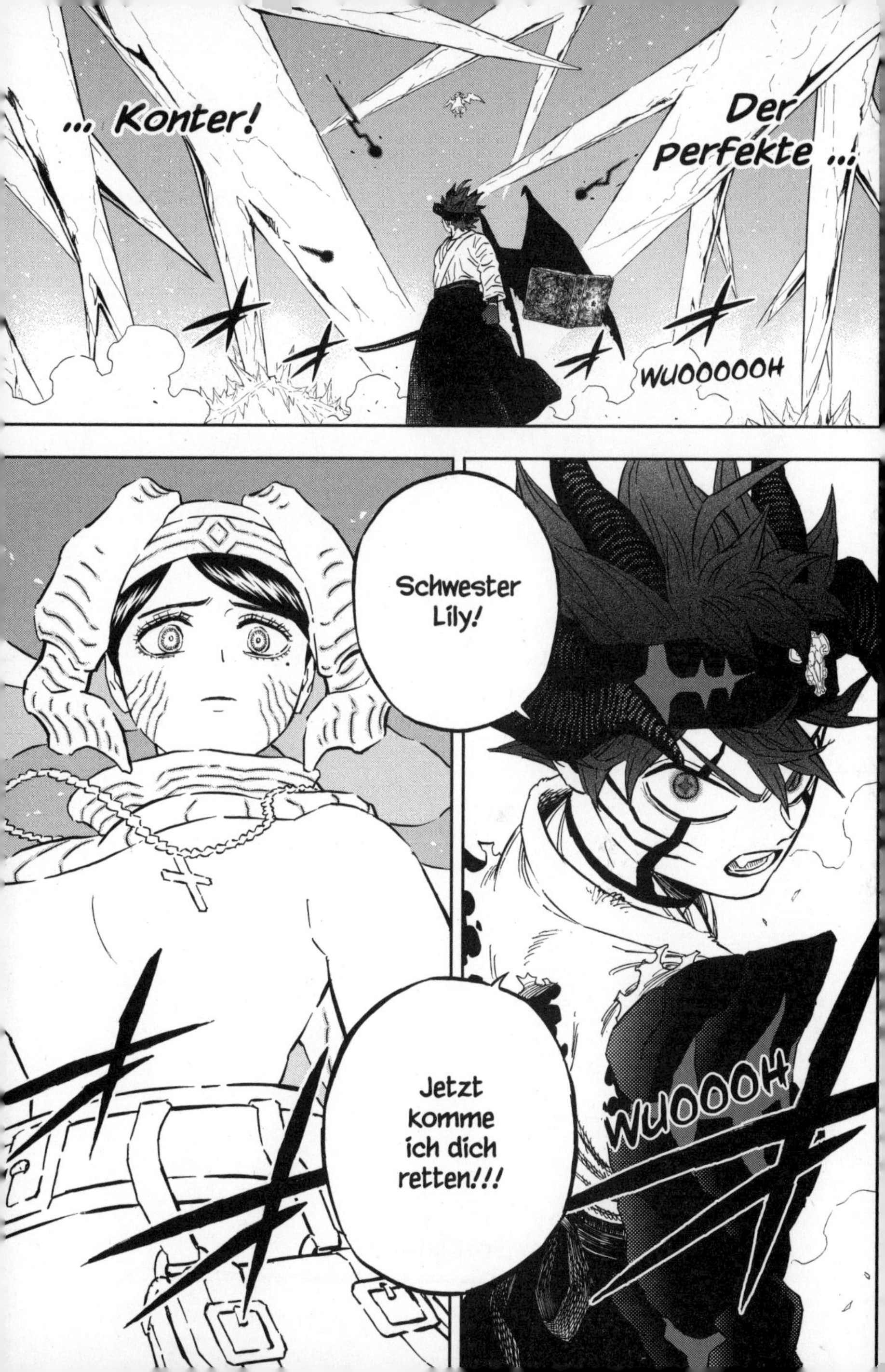

Der perfekte ...
... Konter!
WUOOOOOH
Schwester Lily!
Jetzt komme ich dich retten!!!
WUOOOH

Imari Komari

Alter: 22 Jahre
Größe: 160 cm
Geburtstag: 23. Mai
Sternzeichen: Zwillinge
Blutgruppe: B
Mag: Udon,
schrille Dinge,
niedliche Dinge

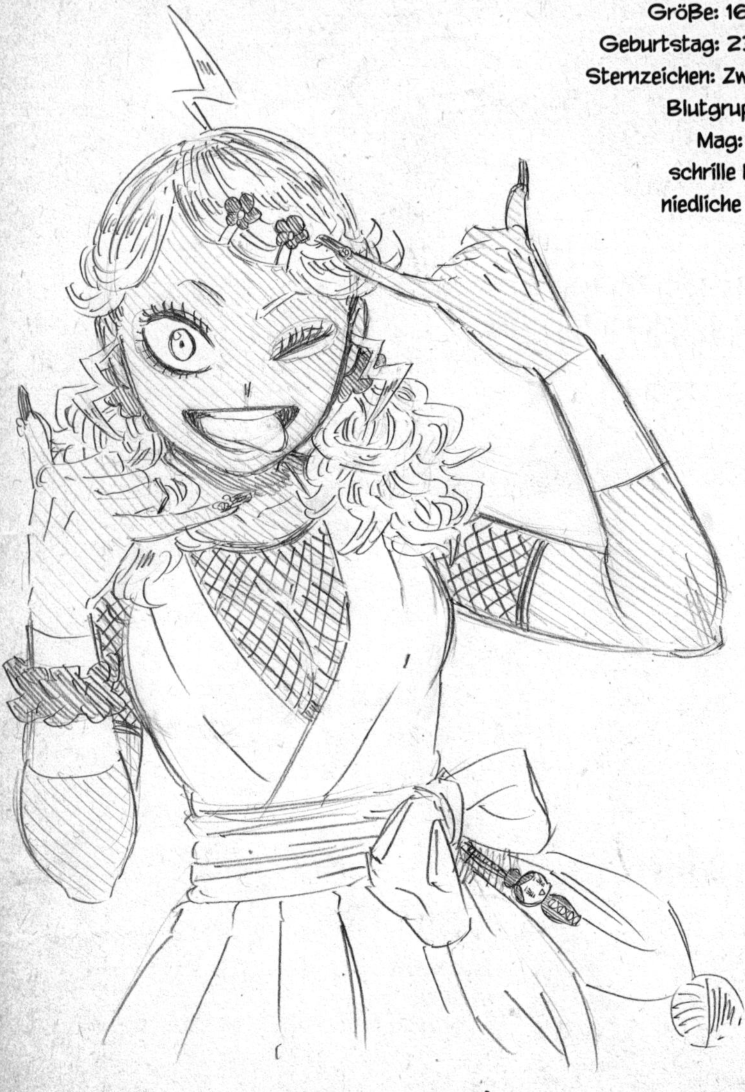

CHARAKTERPROFIL

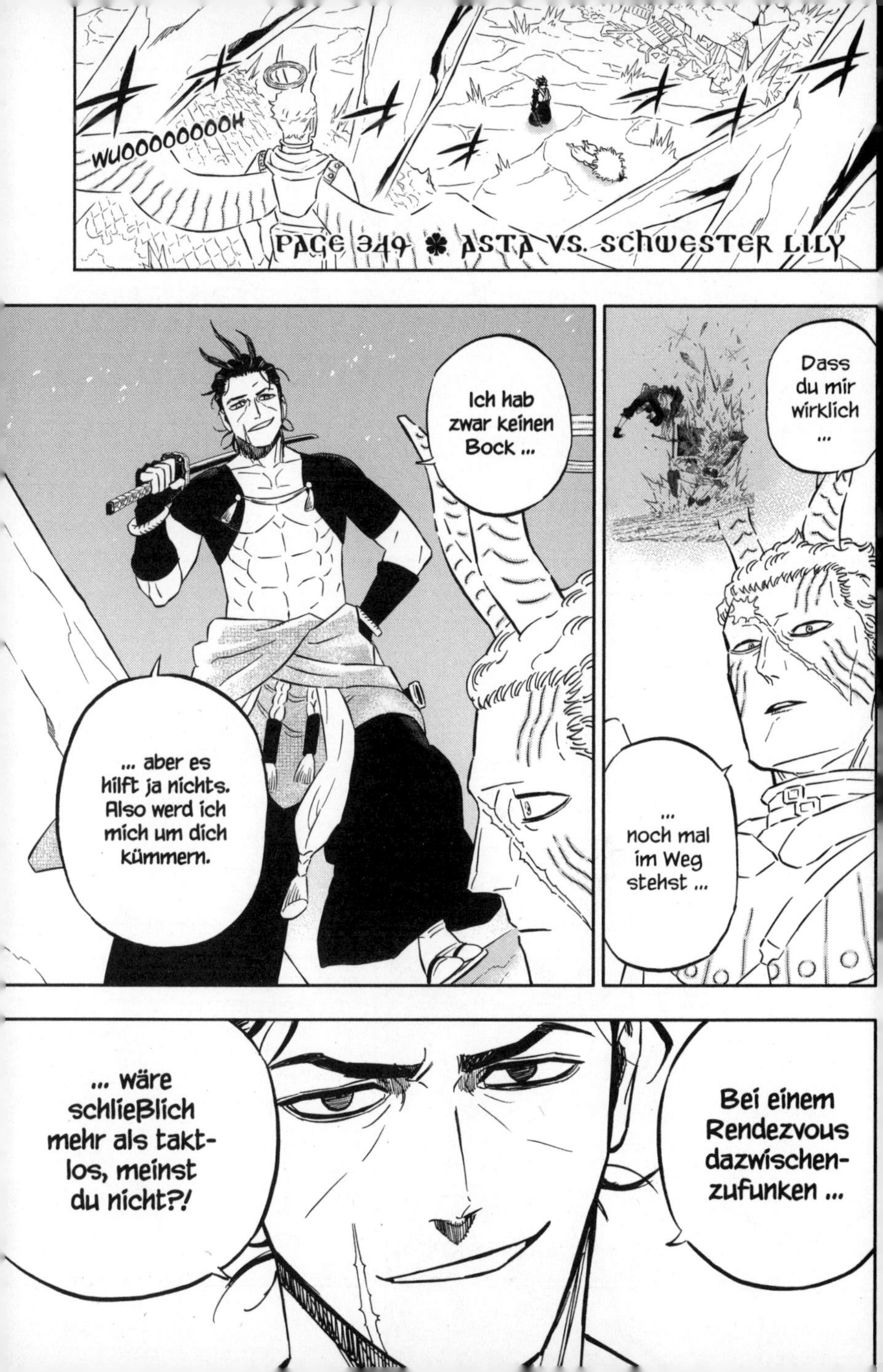
WUOOOOOOOOH
PAGE 349 ✽ ASTA VS. SCHWESTER LILY
Dass du mir wirklich ...
... noch mal im Weg stehst ...
Ich hab zwar keinen Bock ...
... aber es hilft ja nichts. Also werd ich mich um dich kümmern.
Bei einem Rendezvous dazwischen-zufunken ...
... wäre schließlich mehr als takt-los, meinst du nicht?!

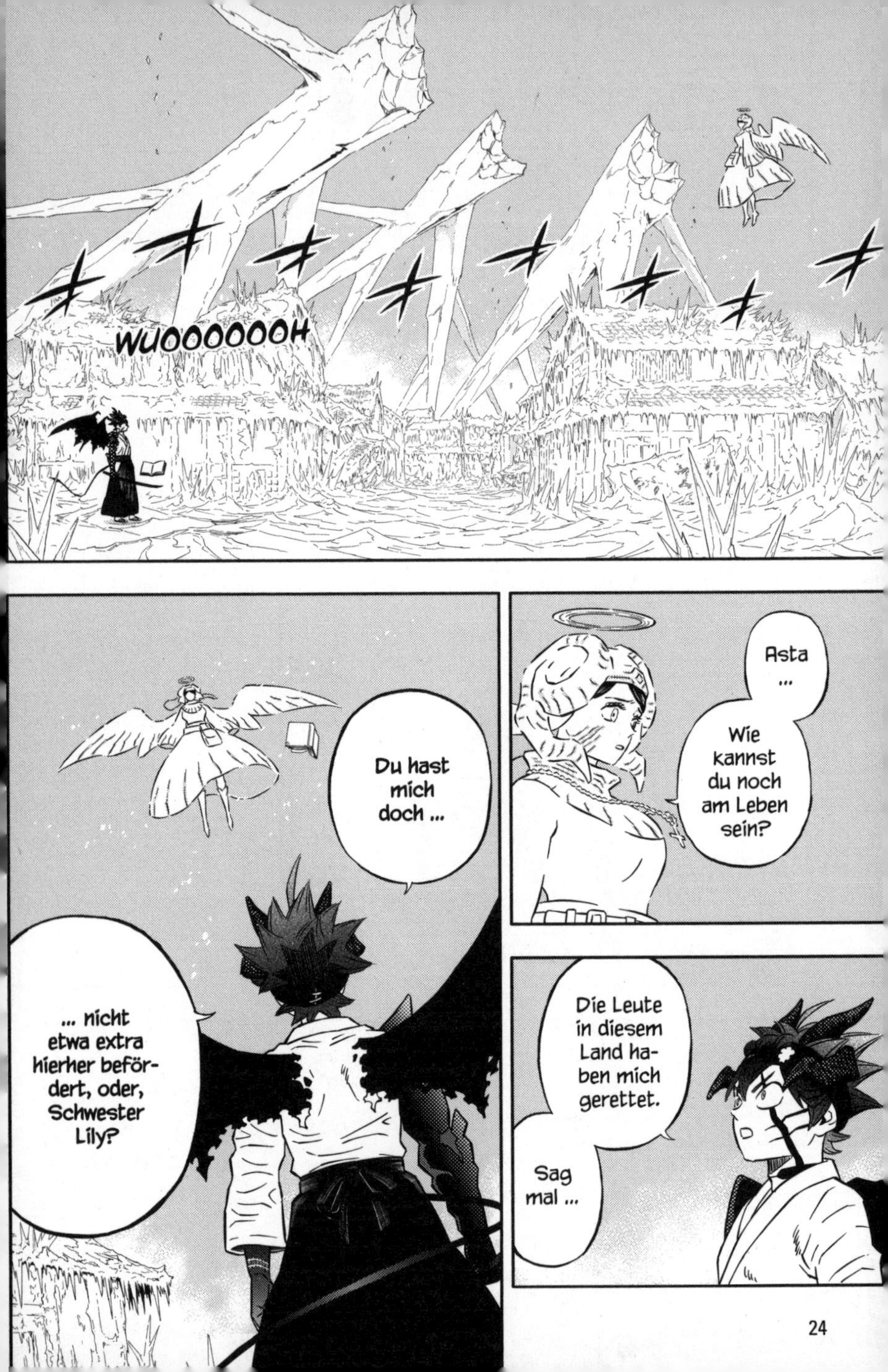
WUOOOOOOH
Asta ...
Wie kannst du noch am Leben sein?
Die Leute in diesem Land haben mich gerettet.
Sag mal ...
Du hast mich doch ...
... nicht etwa extra hierher befördert, oder, Schwester Lily?

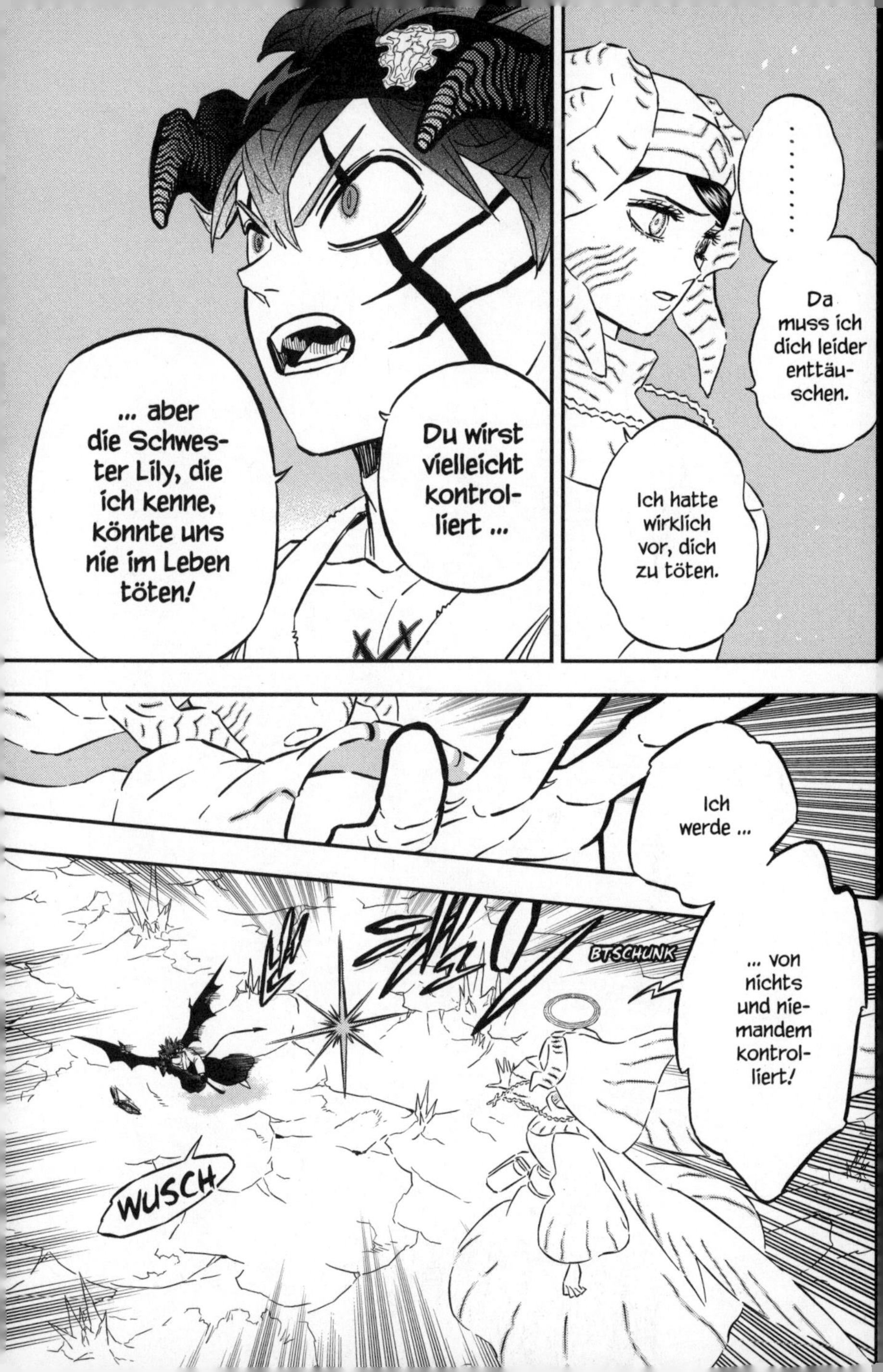
......
Da muss ich dich leider enttäuschen.
Ich hatte wirklich vor, dich zu töten.
Du wirst vielleicht kontrolliert ...
... aber die Schwester Lily, die ich kenne, könnte uns nie im Leben töten!
Ich werde ...
BTSCHUNK
... von nichts und niemandem kontrolliert!
WUSCH

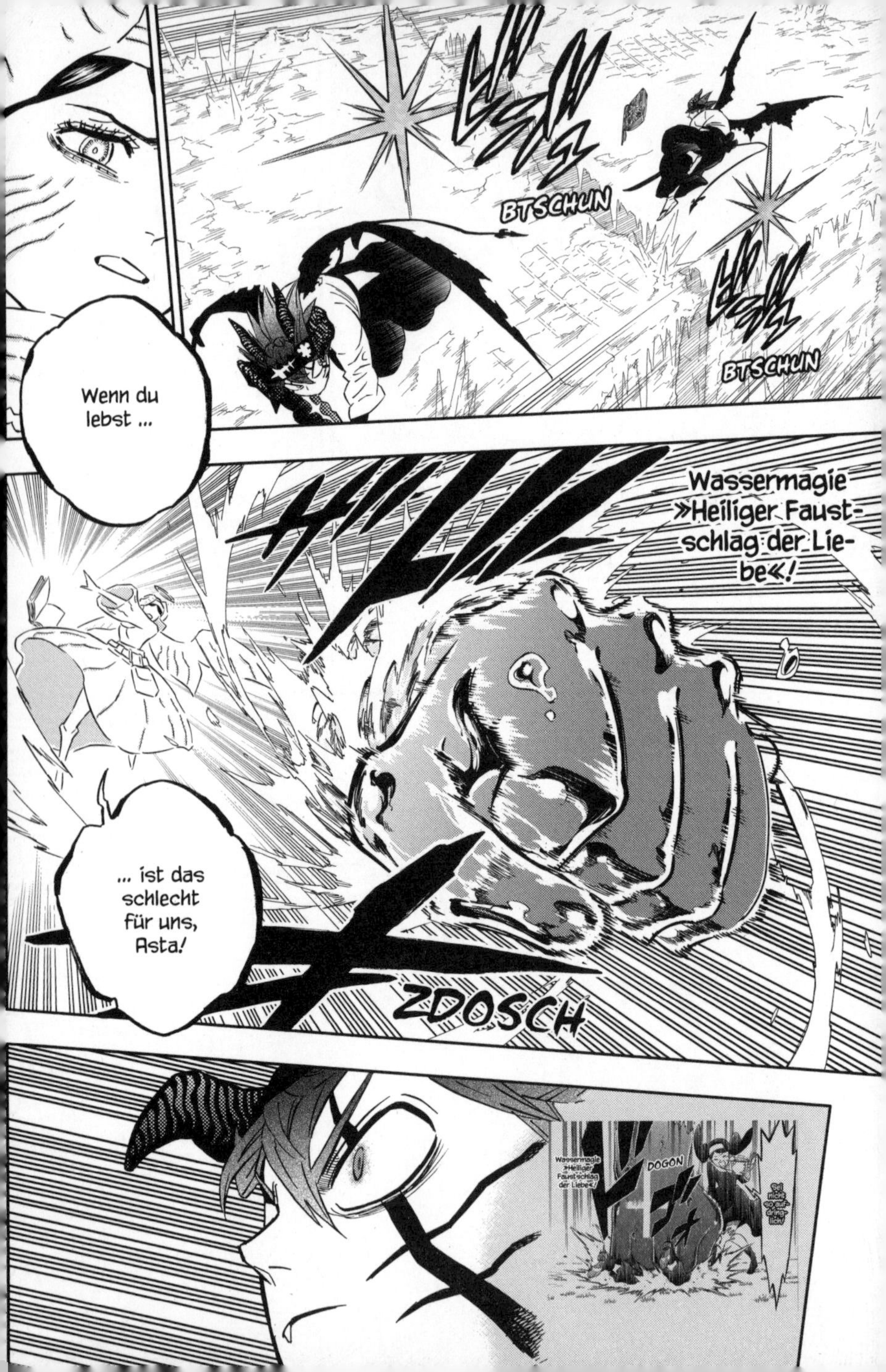
BTSCHUN
BTSCHUN
Wenn du lebst ...
Wassermagie »Heiliger Faustschlag der Liebe«!
... ist das schlecht für uns, Asta!
ZDOSCH
Sei nicht so aufdringlich!
DOGON
Wassermagie »Heiliger Faustschlag der Liebe«!

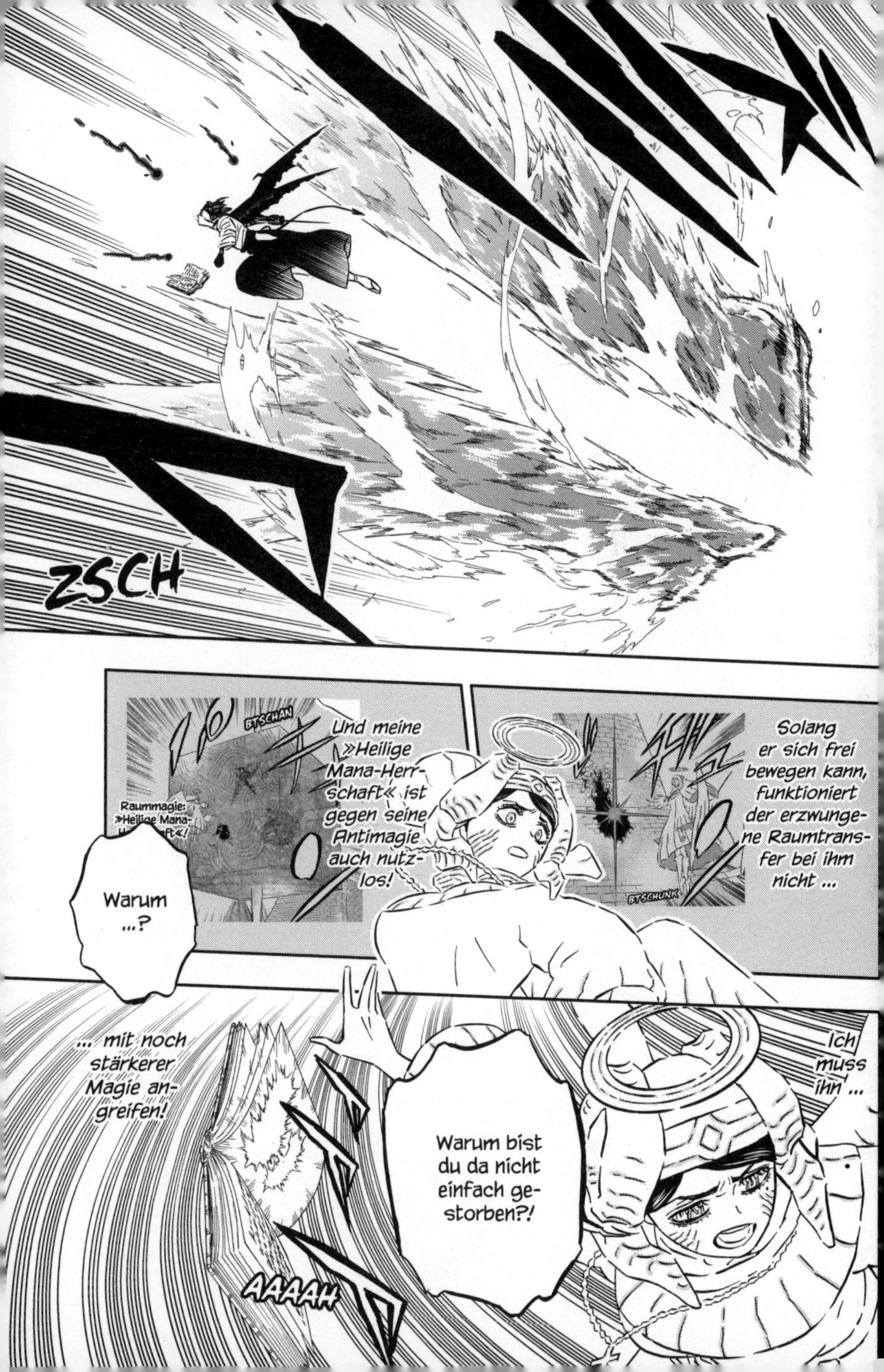

ZSCH
Solang er sich frei bewegen kann, funktioniert der erzwungene Raumtransfer bei ihm nicht ...
BTSCHUNK
Und meine »Heilige Mana-Herrschaft« ist gegen seine Antimagie auch nutzlos!
BTSCHAN
Raummagie: »Heilige Mana-
Warum ...?
Ich muss ihn ...
... mit noch stärkerer Magie angreifen!
Warum bist du da nicht einfach gestorben?!
AAAAH

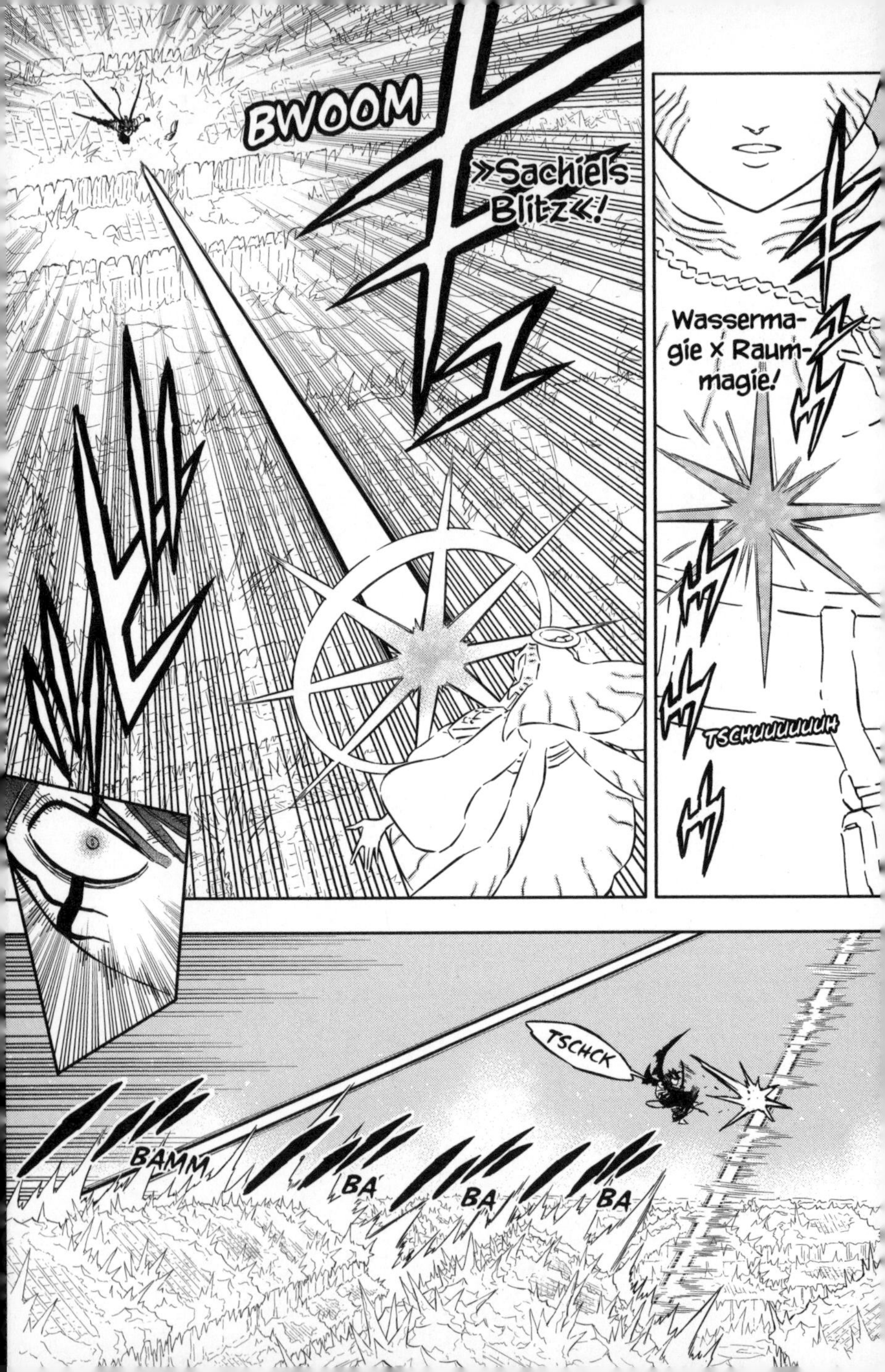
BWOOM
»Sachiels Blitz«!
Wassermagie x Raummagie!
TSCHUUUUUUUH
TSCHCK
BAMM
BA
BA
BA

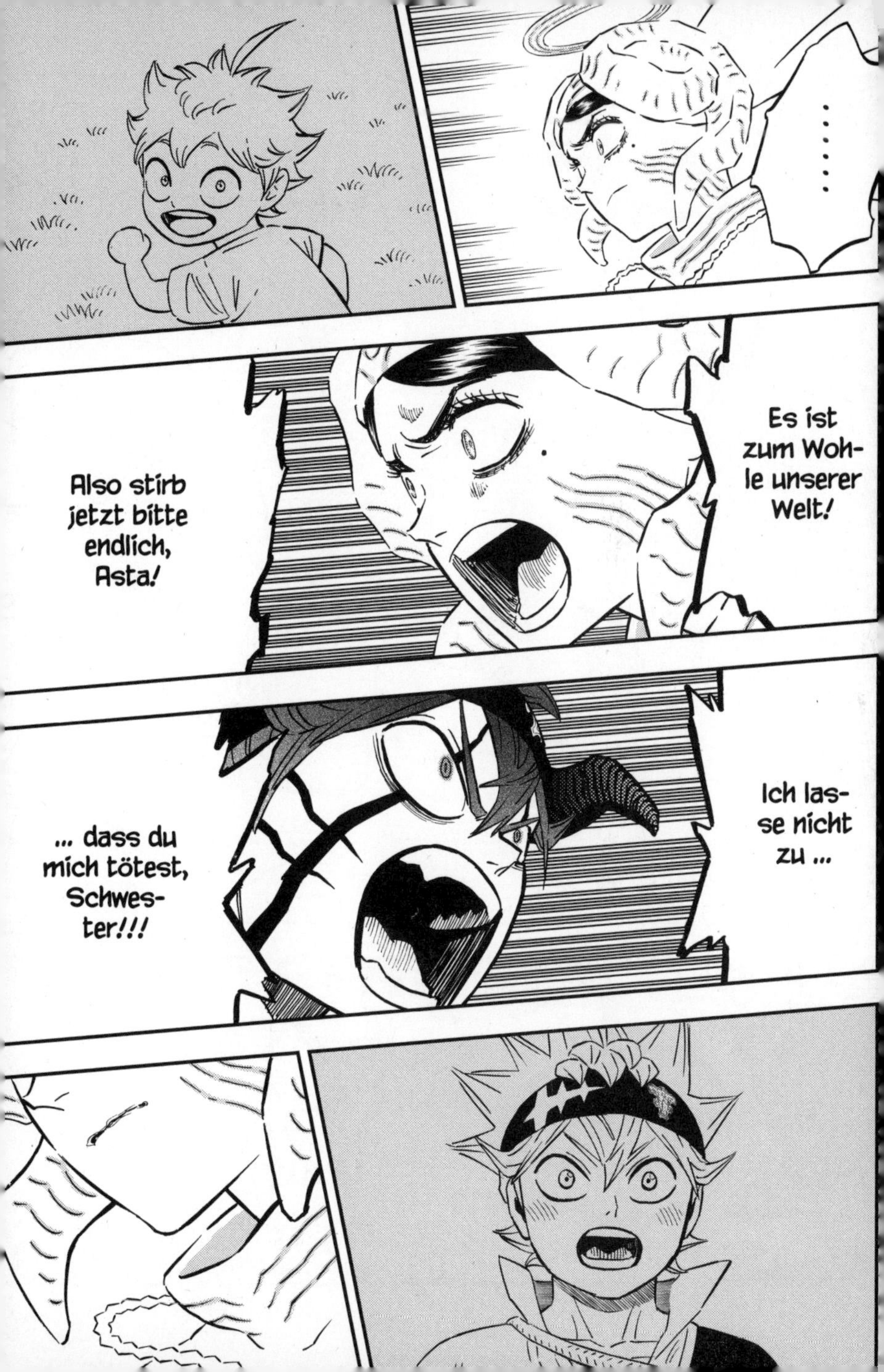
......
Es ist zum Wohle unserer Welt!
Also stirb jetzt bitte endlich, Asta!
Ich lasse nicht zu ...
... dass du mich tötest, Schwester!!!

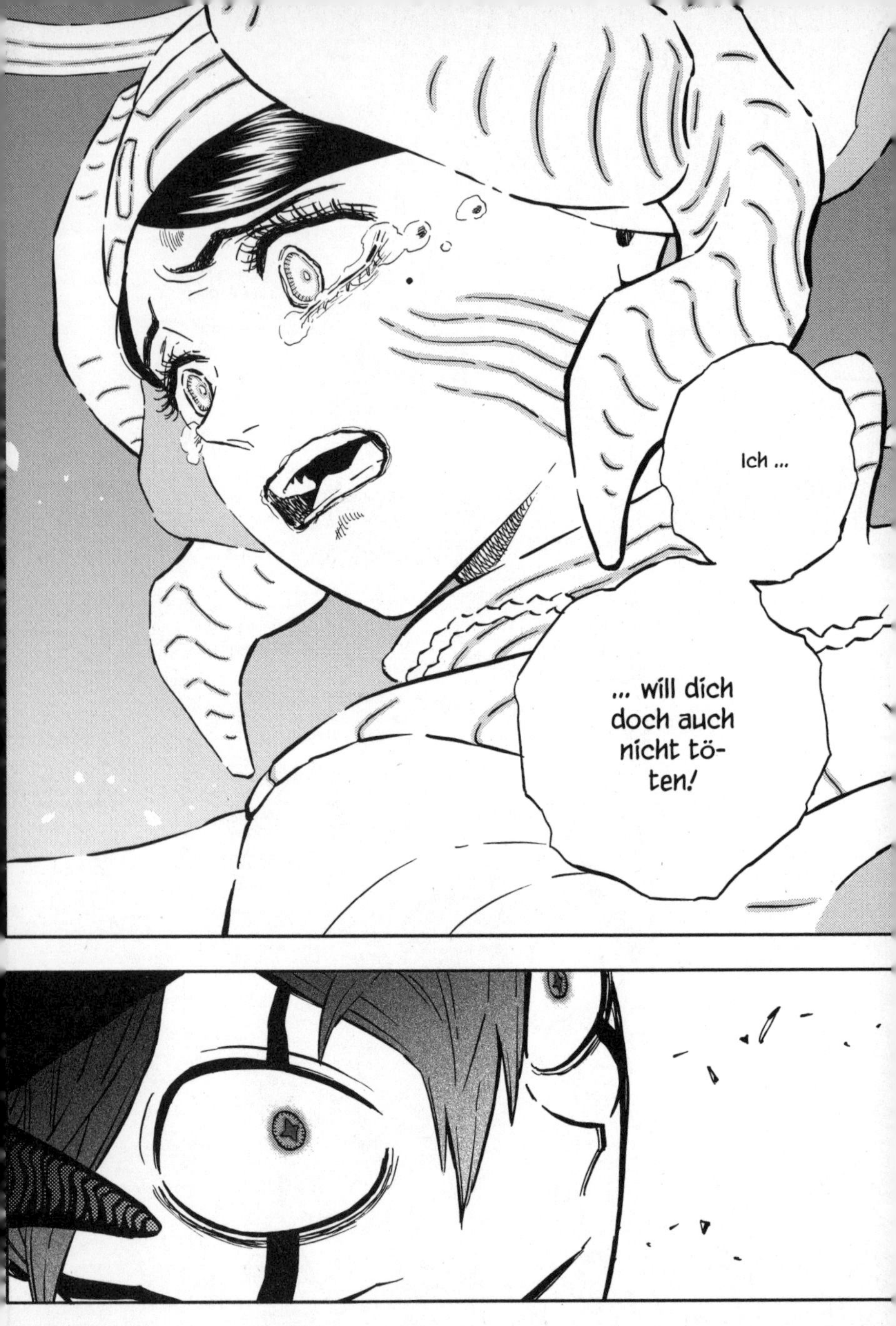
Ich ...
... will dich doch auch nicht tö-ten!

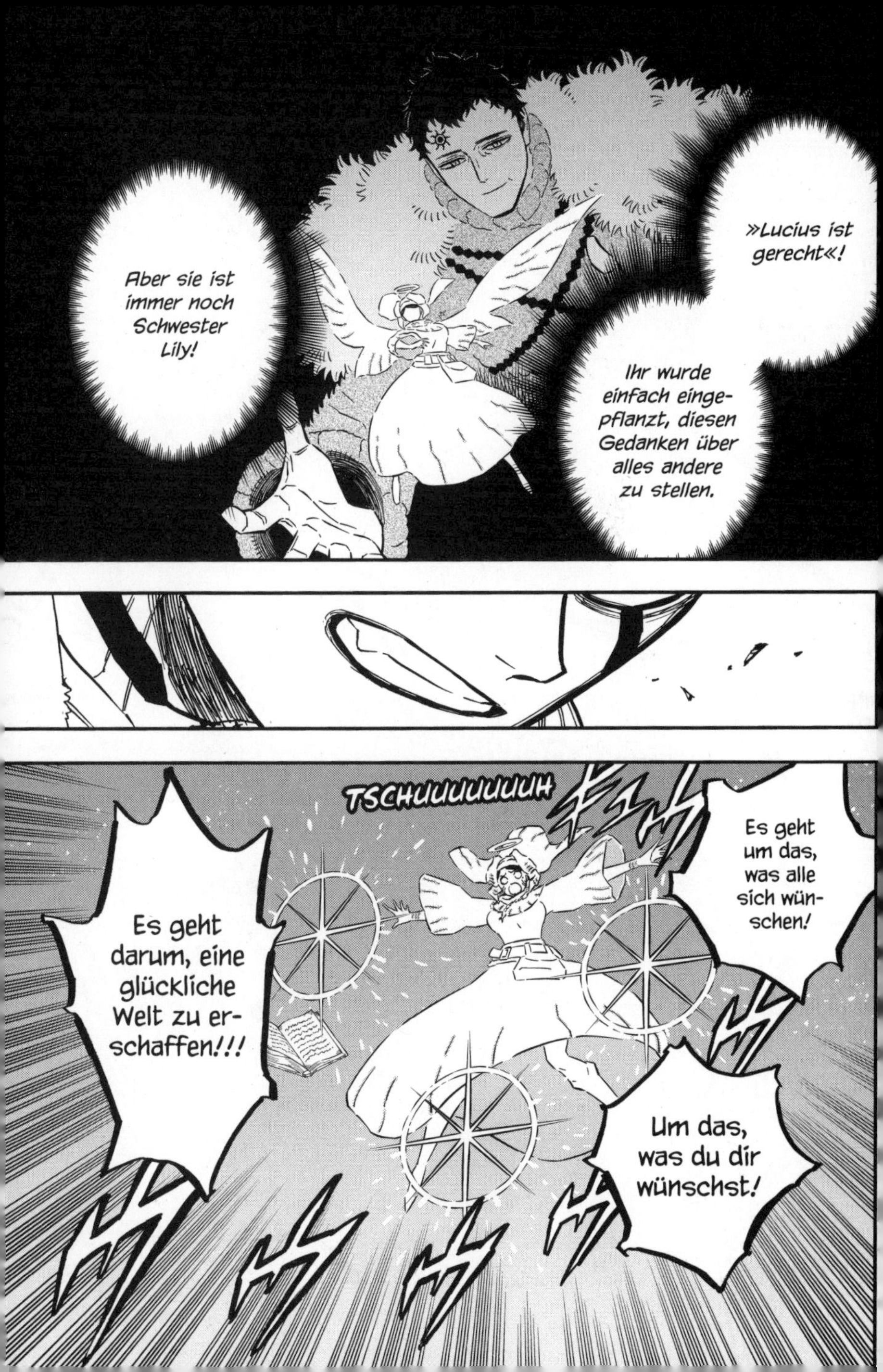
»Lucius ist gerecht«!
Ihr wurde einfach eingepflanzt, diesen Gedanken über alles andere zu stellen.
Aber sie ist immer noch Schwester Lily!
TSCHUUUUUUUUH
Es geht um das, was alle sich wünschen!
Es geht darum, eine glückliche Welt zu erschaffen!!!
Um das, was du dir wünschst!

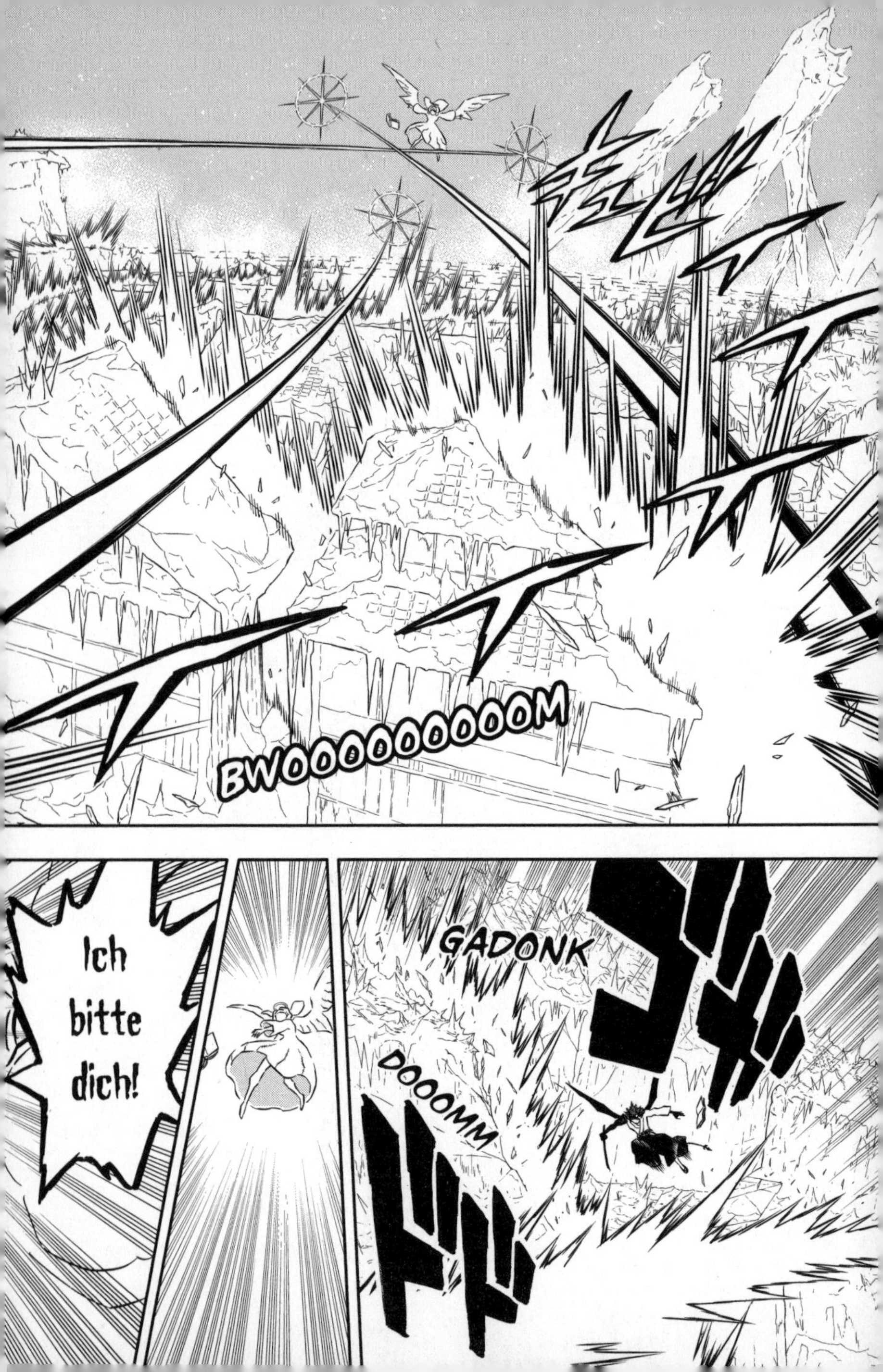
BWOOOOOOOOOOM
Ich bitte dich!
GADONK
DOOOMM

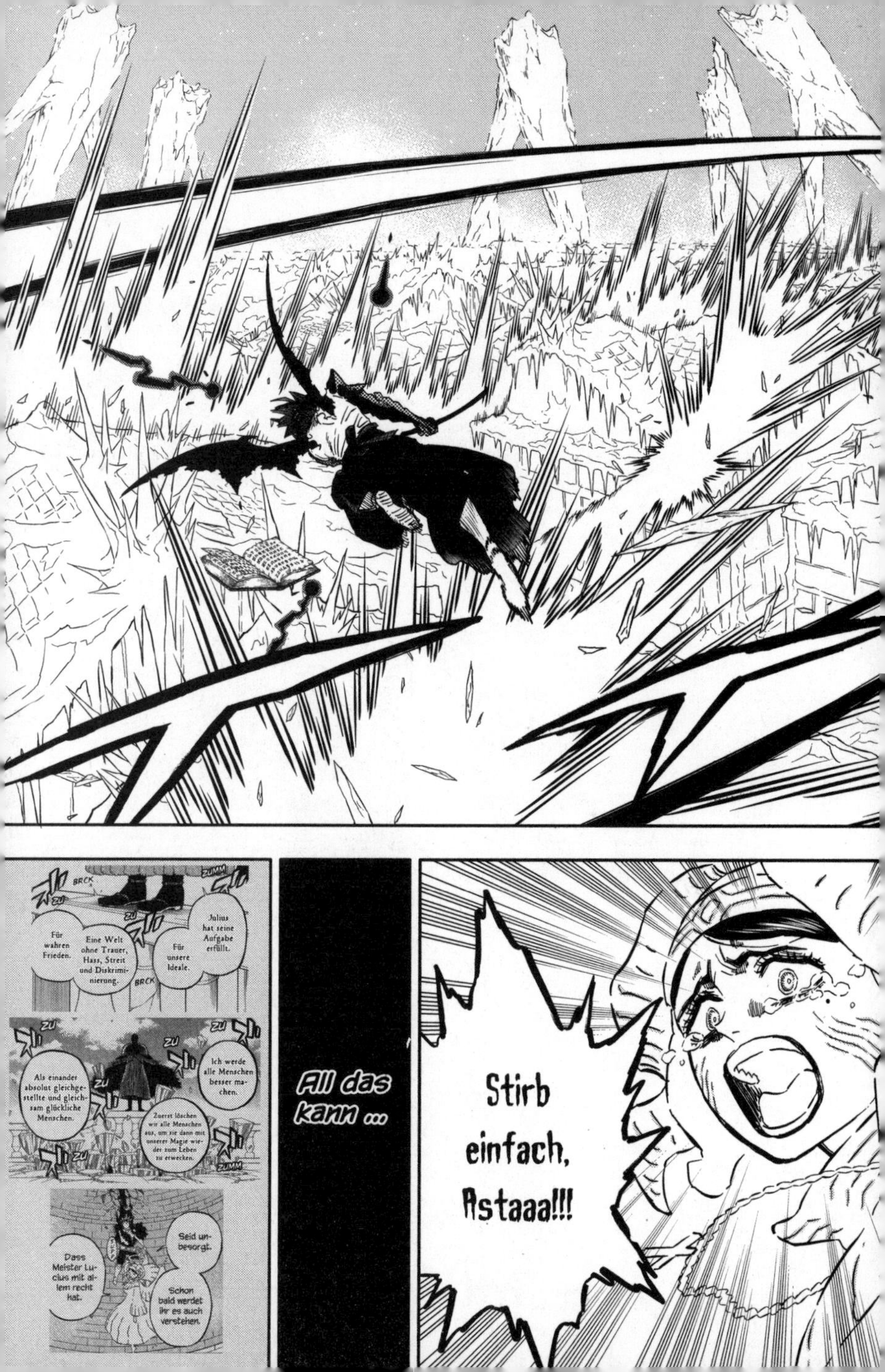
Stirb einfach, Astaaa!!!
All das kann ...
ZUMM
BRCK
ZU
Julius hat seine Aufgabe erfüllt.
Für unsere Ideale.
Eine Welt ohne Trauer, Hass, Streit und Diskriminierung.
Für wahren Frieden.
BRCK
ZU
Ich werde alle Menschen besser machen.
Zuerst löschen wir alle Menschen aus, um sie dann mit unserer Magie wieder zum Leben zu erwecken.
Als einander absolut gleichgestellte und gleichsam glückliche Menschen.
ZUMM
ZU
Seid unbesorgt.
Schon bald werdet ihr es auch verstehen.
Dass Meister Lucius mit allem recht hat.

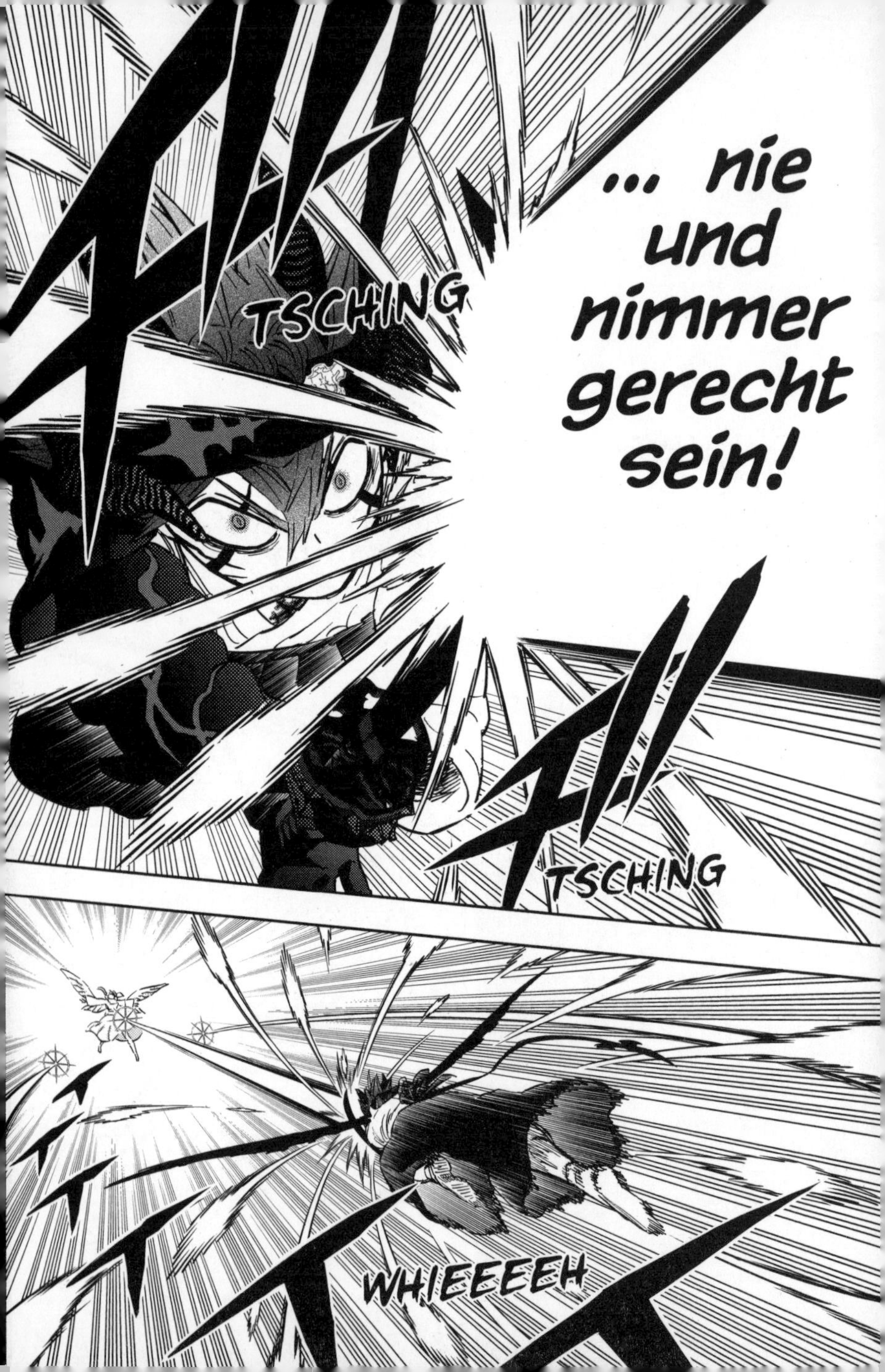
... nie und nimmer gerecht sein!
TSCHING
TSCHING
WHIEEEEEH

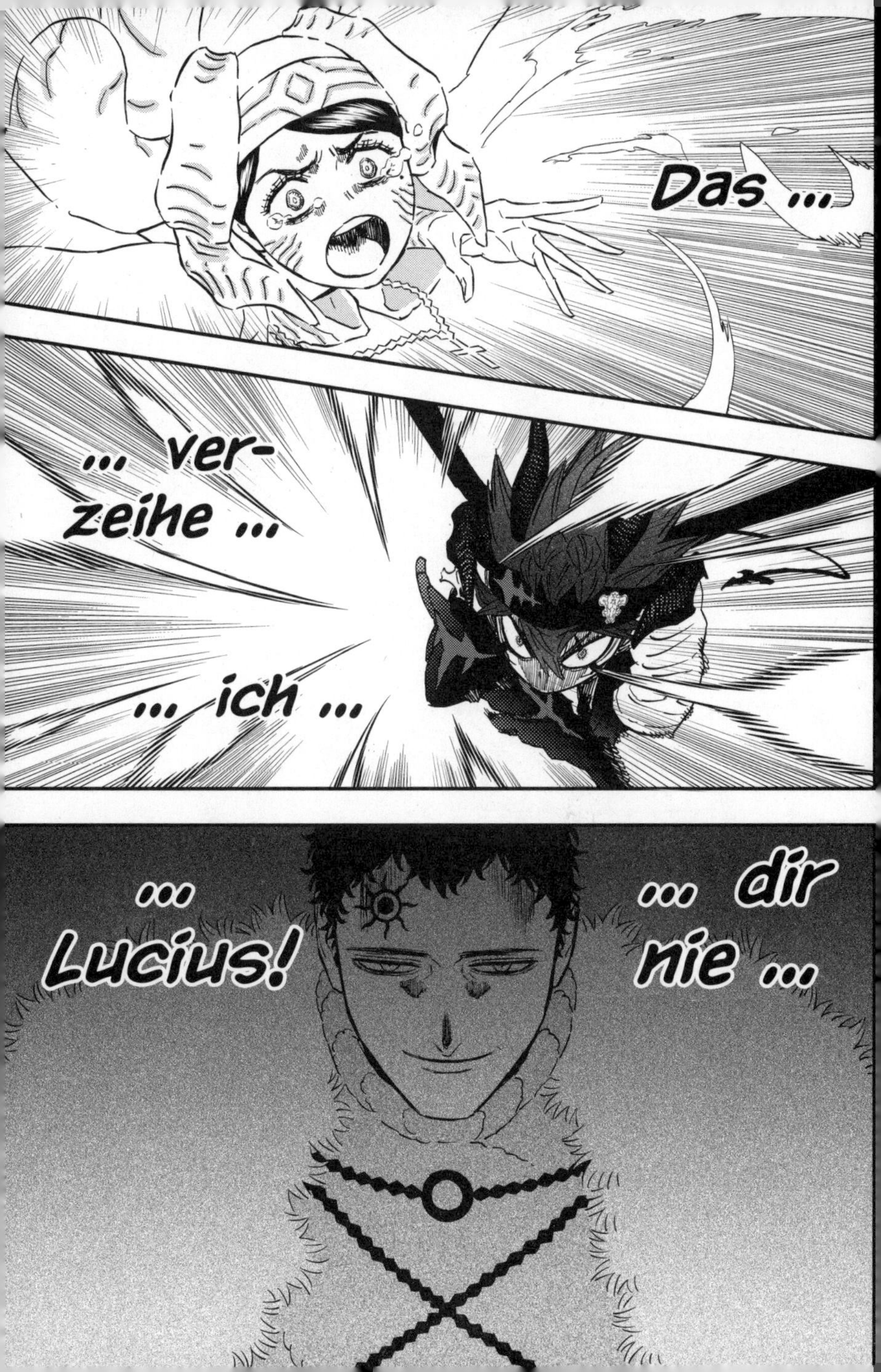
Das ...
... ver-
zeihe ...
... ich ...
... dir
nie ...
...
Lucius!

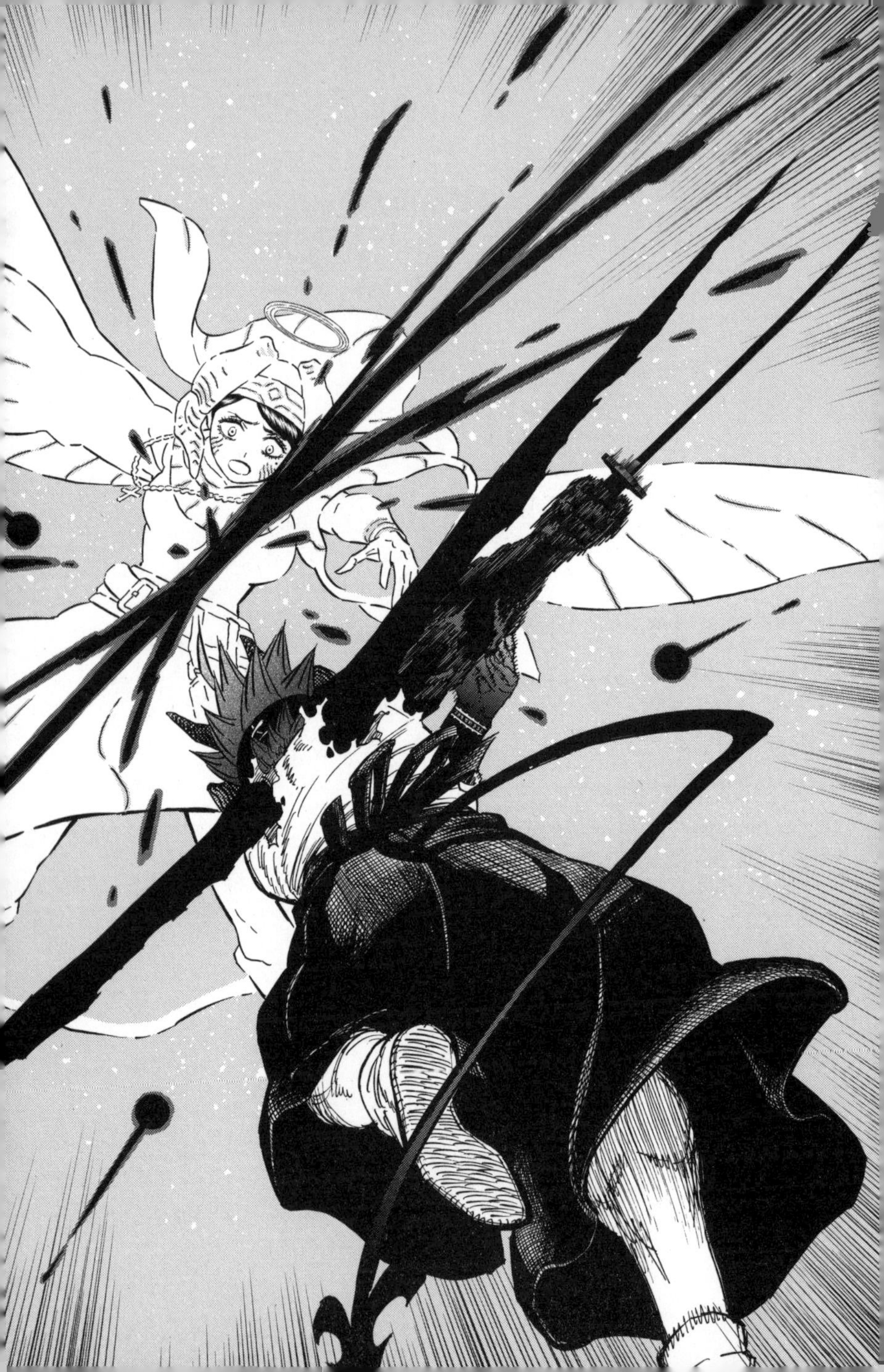

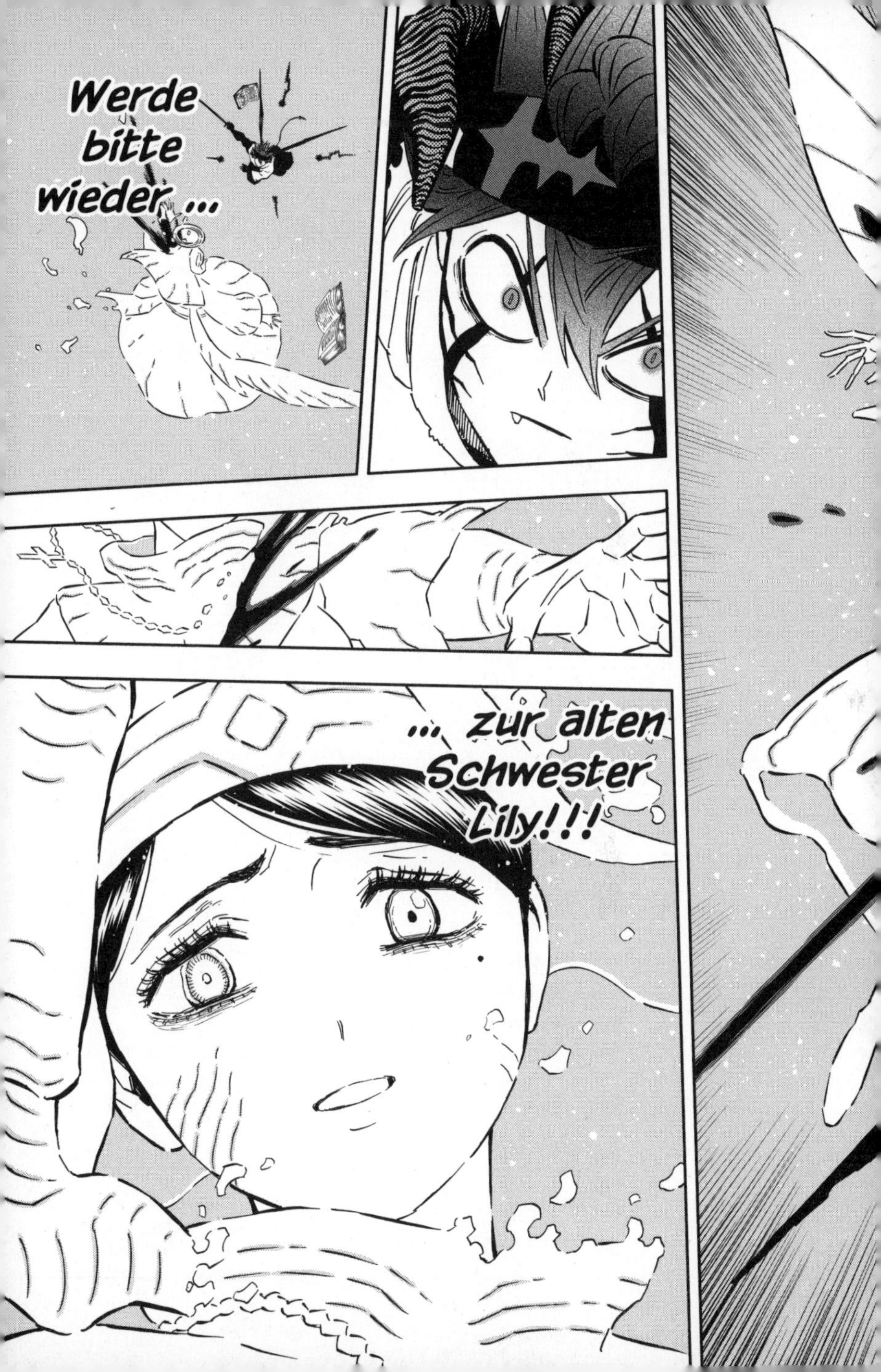
Werde bitte wieder ...
... zur alten Schwester Lily!!!

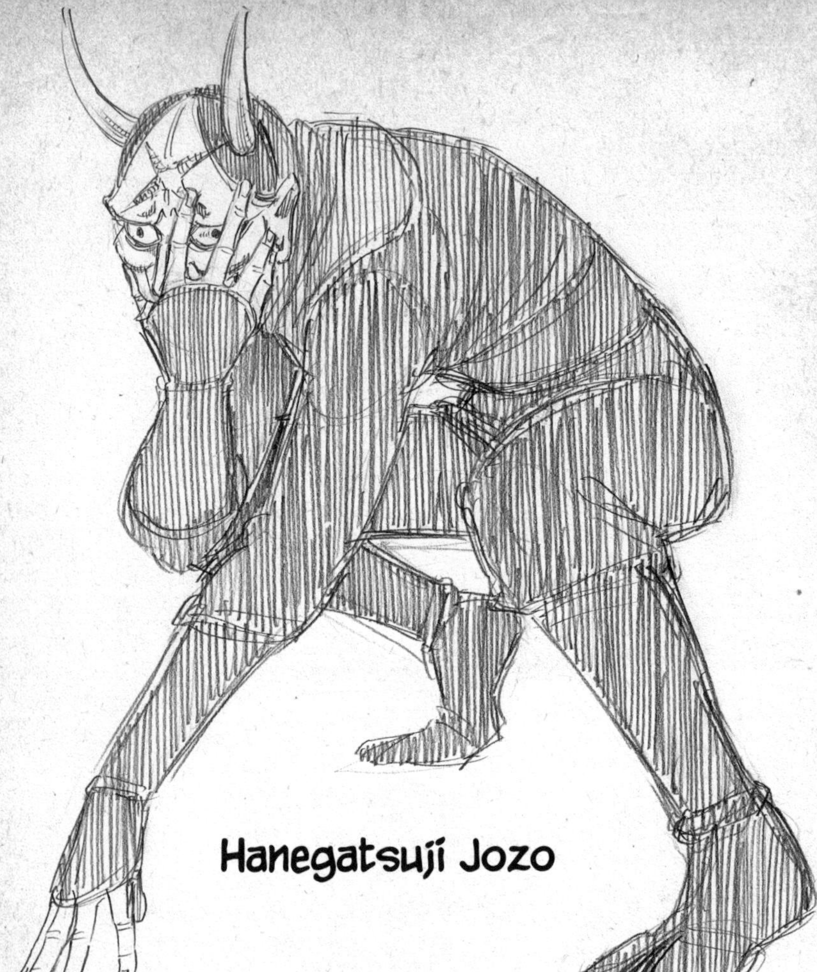

Hanegatsuji Jozo

Alter: 27 Jahre

Größe: 178 cm

Geburtstag: 5. Februar

Sternzeichen: Wassermann

Blutgruppe: A

Mag:

Soba, Nächte, in denen der Mond schön aussieht

CHARAKTERPROFIL

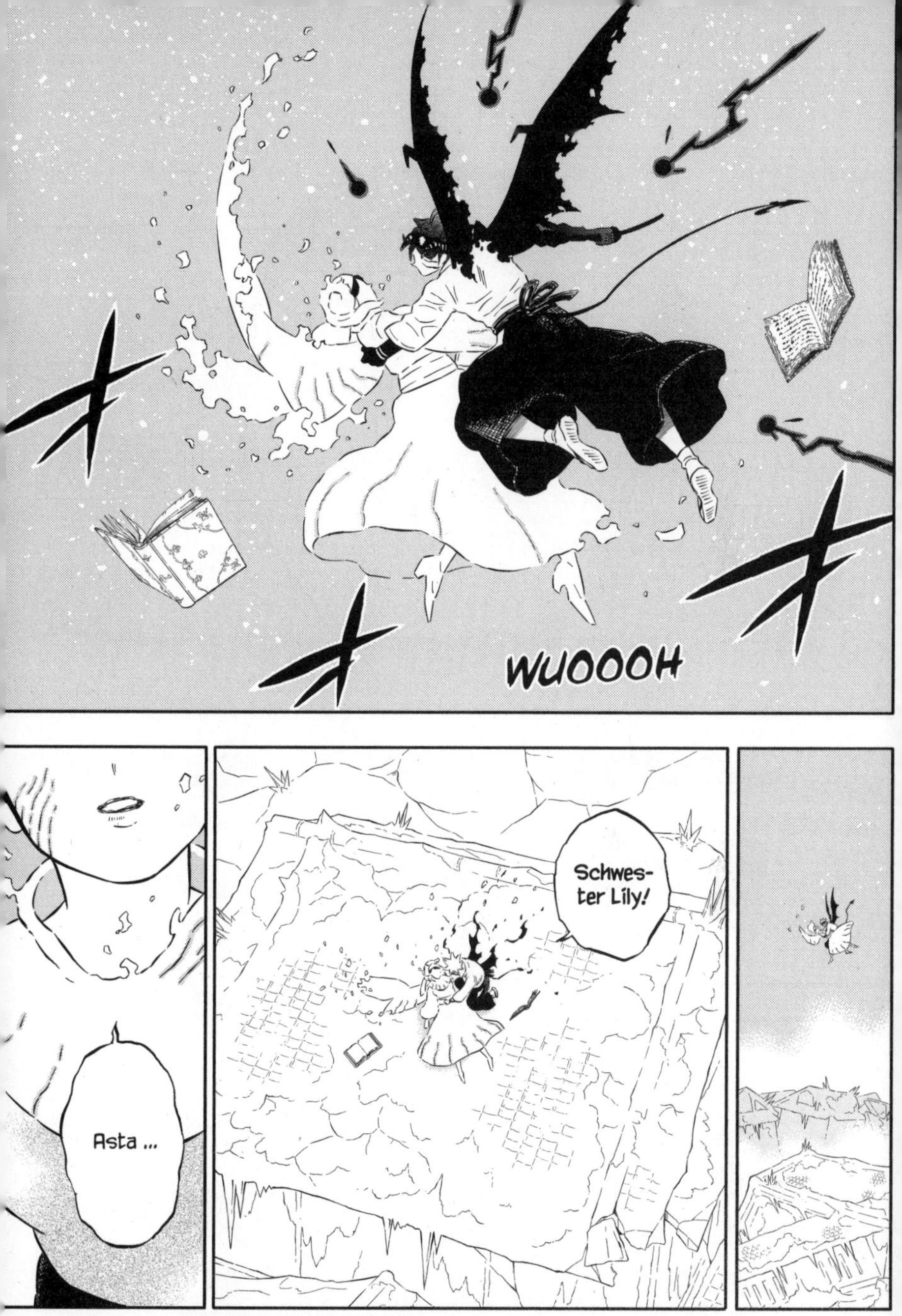

PAGE 350 ✿ DIE BEICHTE DER ORDENSFRAU

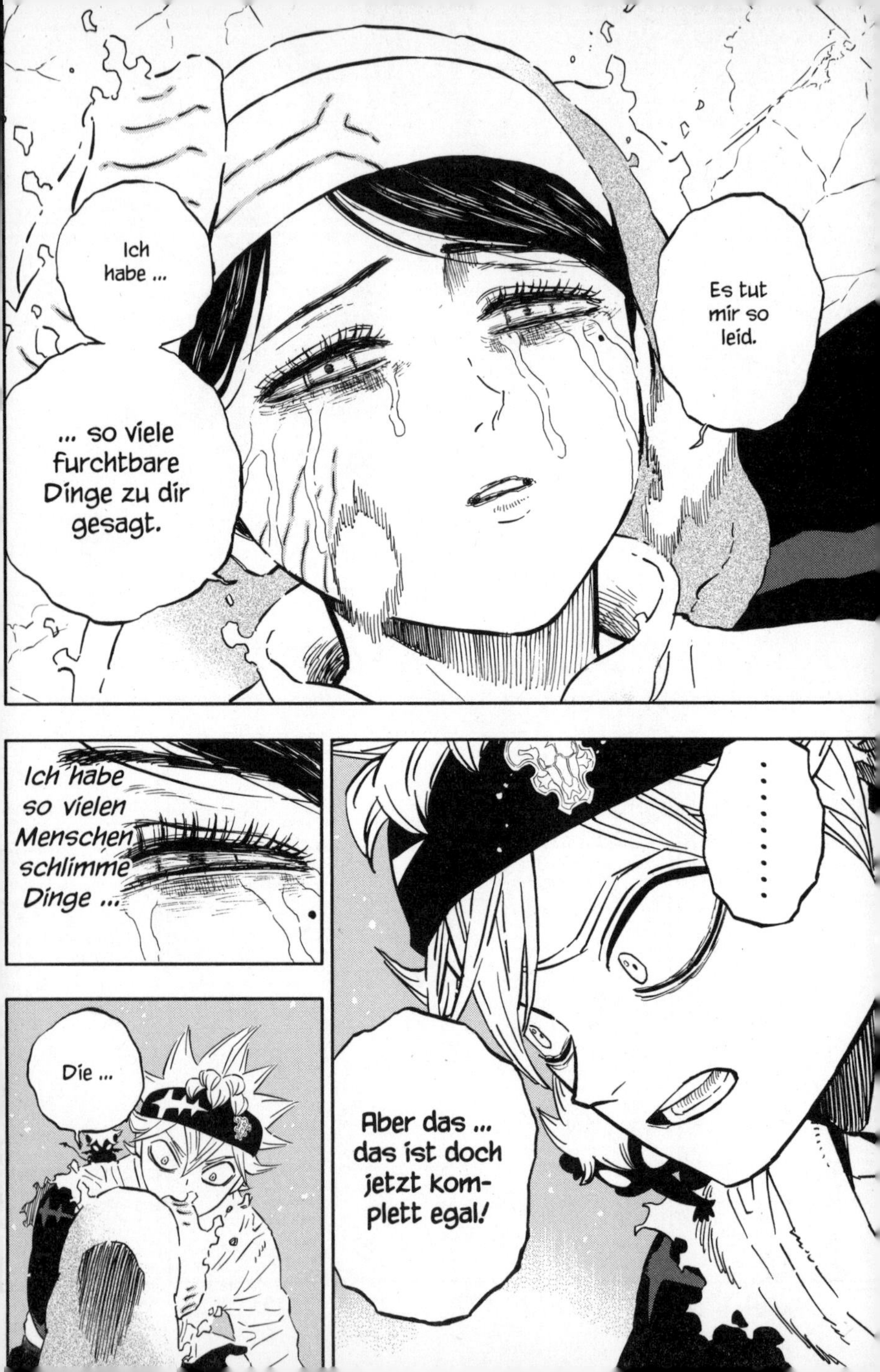
Es tut mir so leid.
Ich habe ...
... so viele furchtbare Dinge zu dir gesagt.
Ich habe so vielen Menschen schlimme Dinge ...
....
Aber das ... das ist doch jetzt komplett egal!
Die ...

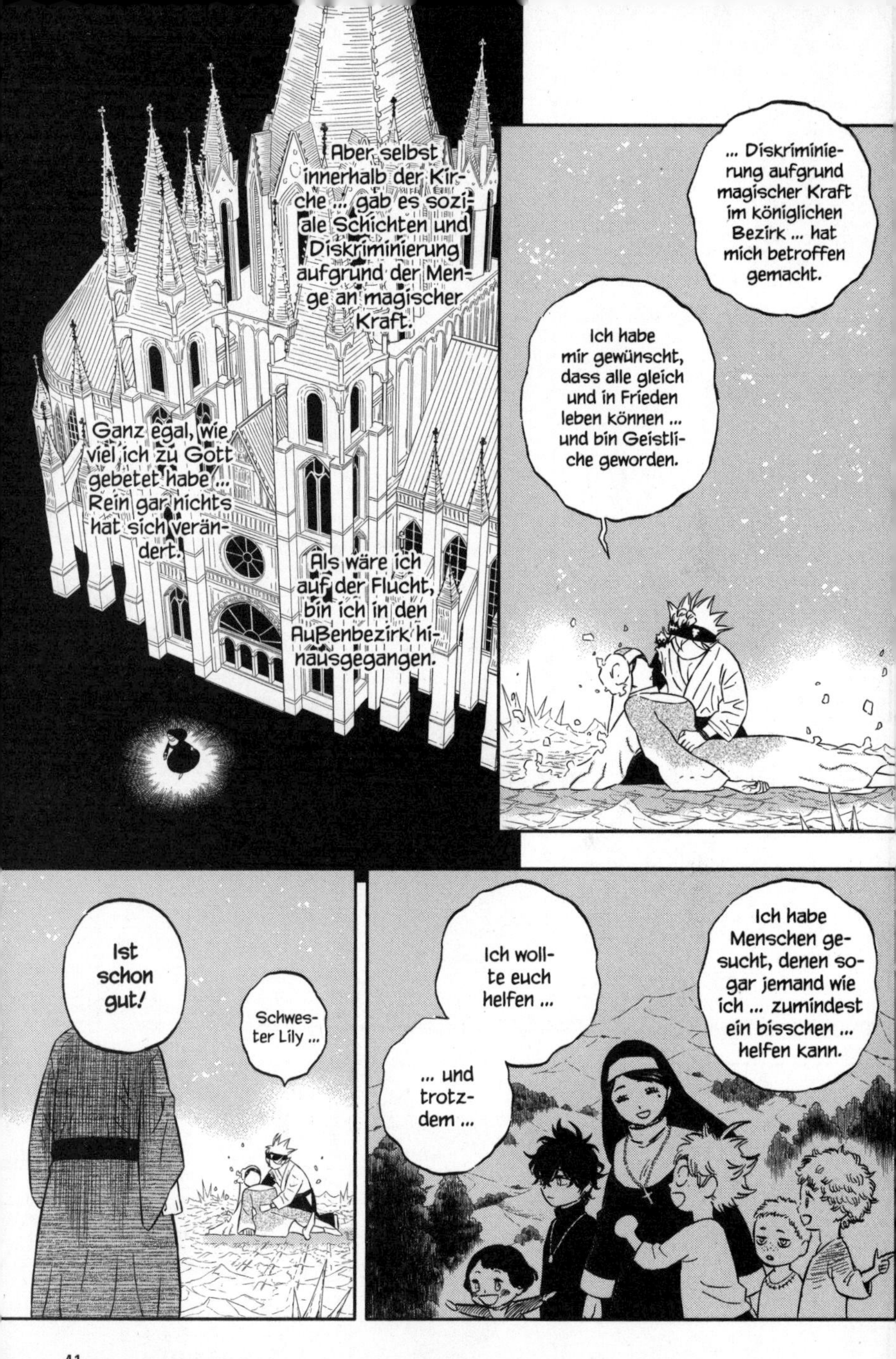
Aber selbst innerhalb der Kirche ... gab es soziale Schichten und Diskriminierung aufgrund der Menge an magischer Kraft.
... Diskriminierung aufgrund magischer Kraft im königlichen Bezirk ... hat mich betroffen gemacht.
Ich habe mir gewünscht, dass alle gleich und in Frieden leben können ... und bin Geistliche geworden.
Ganz egal, wie viel ich zu Gott gebetet habe ... Rein gar nichts hat sich verändert.
Als wäre ich auf der Flucht, bin ich in den Außenbezirk hinausgegangen.
Ich habe Menschen gesucht, denen sogar jemand wie ich ... zumindest ein bisschen ... helfen kann.
Ich wollte euch helfen ...
... und trotzdem ...
Schwester Lily ...
Ist schon gut!

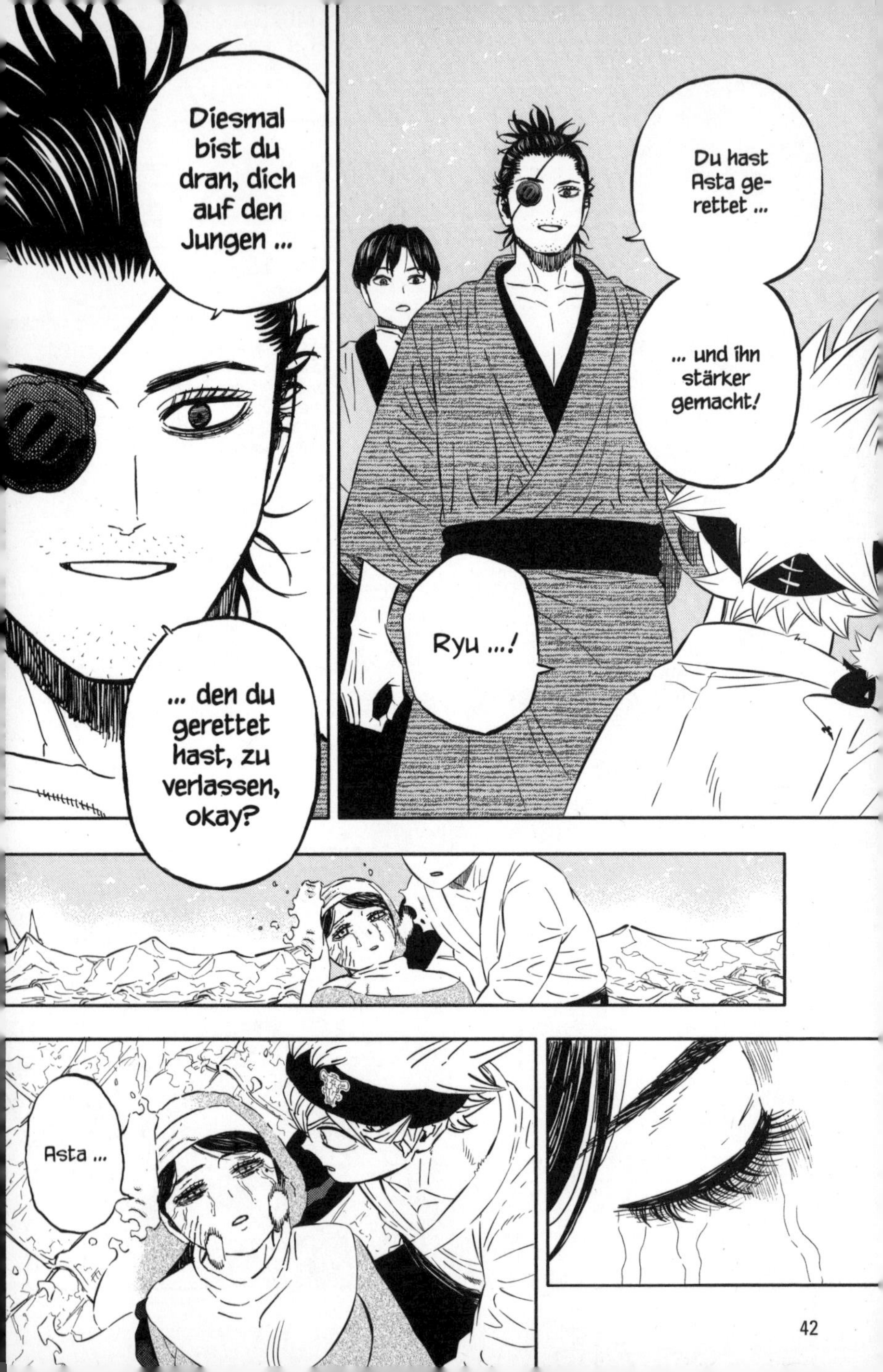
Du hast Asta gerettet ...
... und ihn stärker gemacht!
Diesmal bist du dran, dich auf den Jungen ...
... den du gerettet hast, zu verlassen, okay?
Ryu ...!
Asta ...

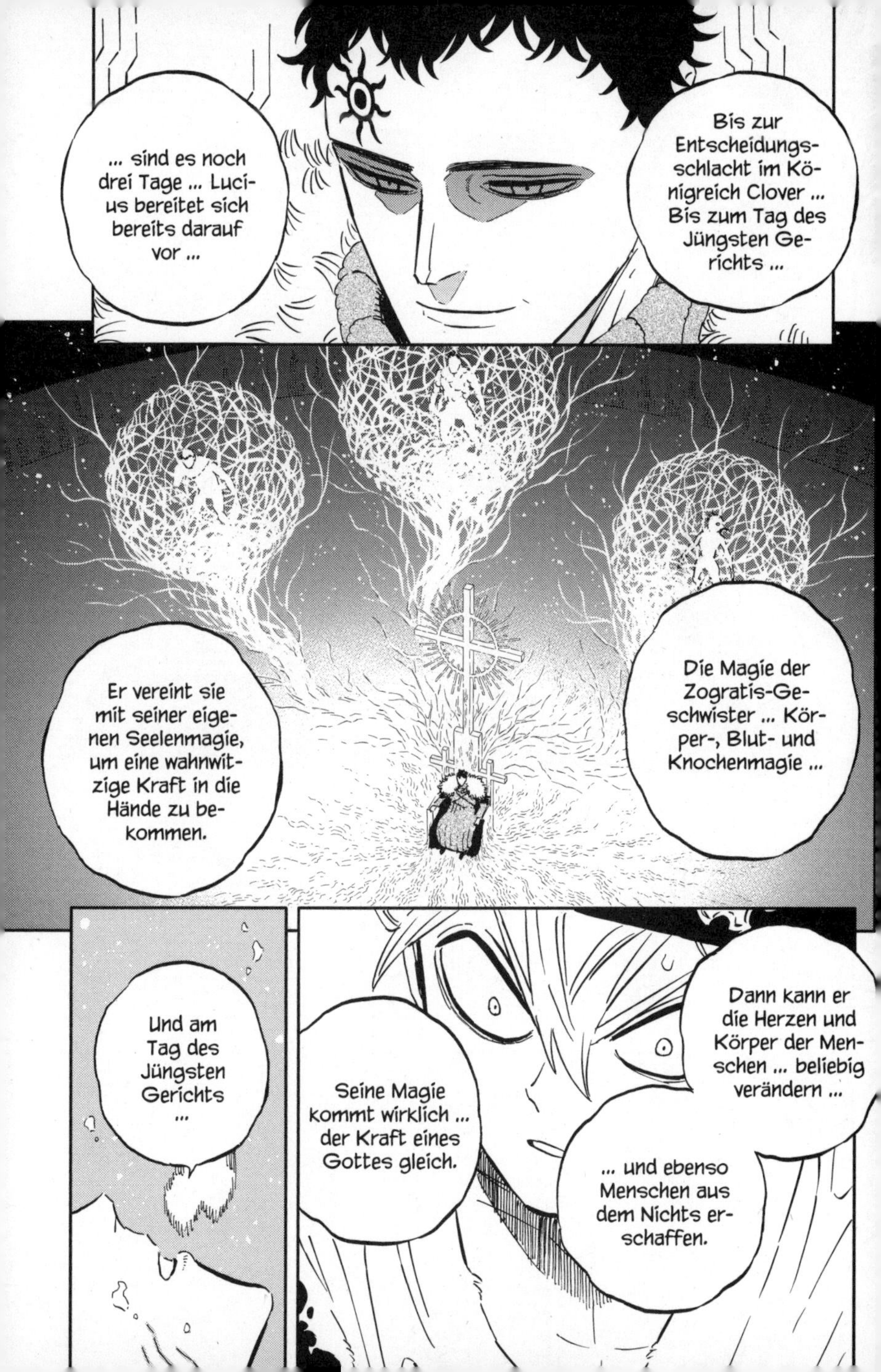

Bis zur Entscheidungsschlacht im Königreich Clover ... Bis zum Tag des Jüngsten Gerichts ...
... sind es noch drei Tage ... Lucius bereitet sich bereits darauf vor ...
Die Magie der Zogratis-Geschwister ... Körper-, Blut- und Knochenmagie ...
Er vereint sie mit seiner eigenen Seelenmagie, um eine wahnwitzige Kraft in die Hände zu bekommen.
Dann kann er die Herzen und Körper der Menschen ... beliebig verändern ...
... und ebenso Menschen aus dem Nichts erschaffen.
Seine Magie kommt wirklich ... der Kraft eines Gottes gleich.
Und am Tag des Jüngsten Gerichts ...

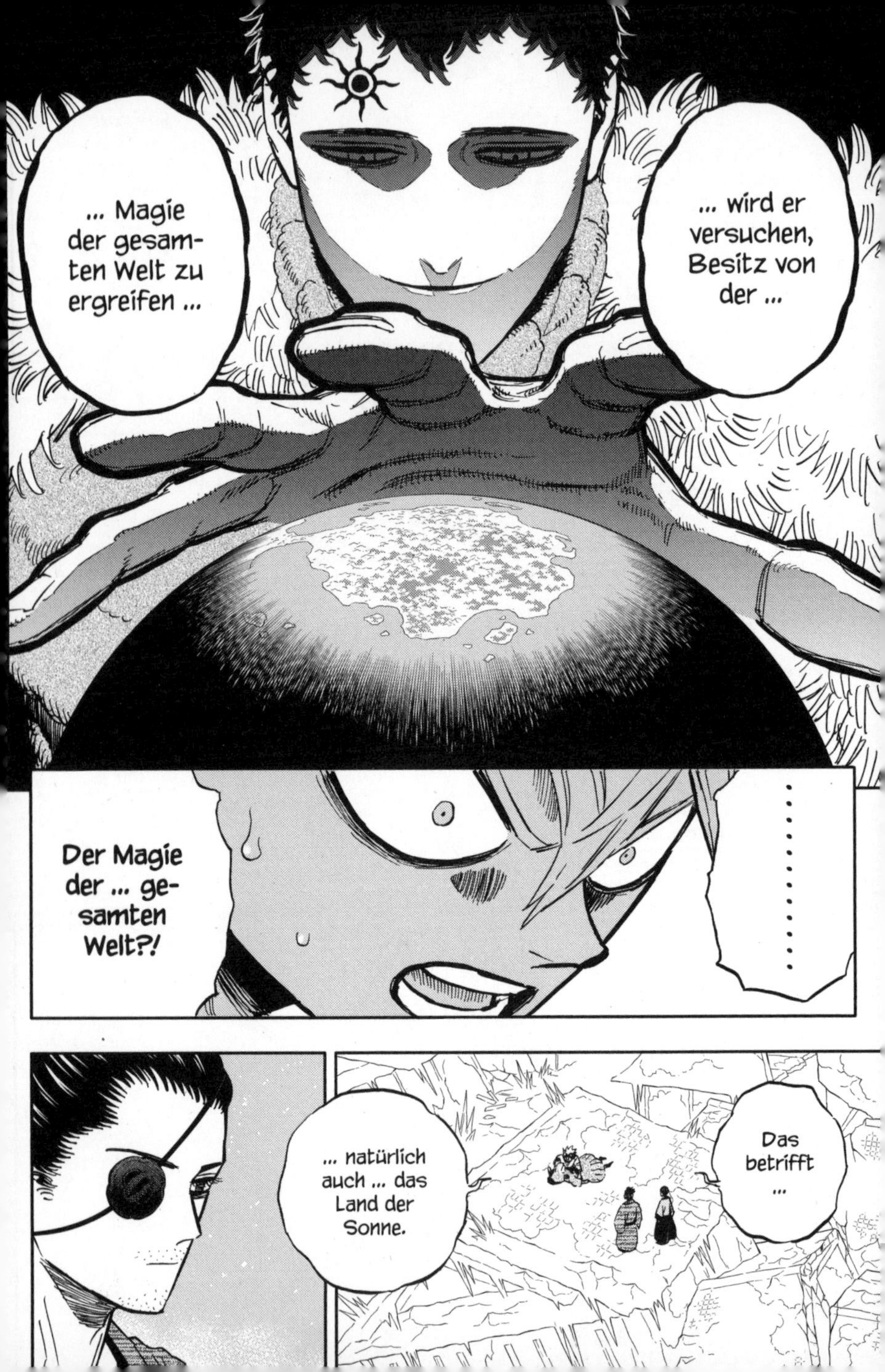
... wird er versuchen, Besitz von der ...
... Magie der gesamten Welt zu ergreifen ...
....
Der Magie der ... gesamten Welt?!
Das betrifft ...
... natürlich auch ... das Land der Sonne.

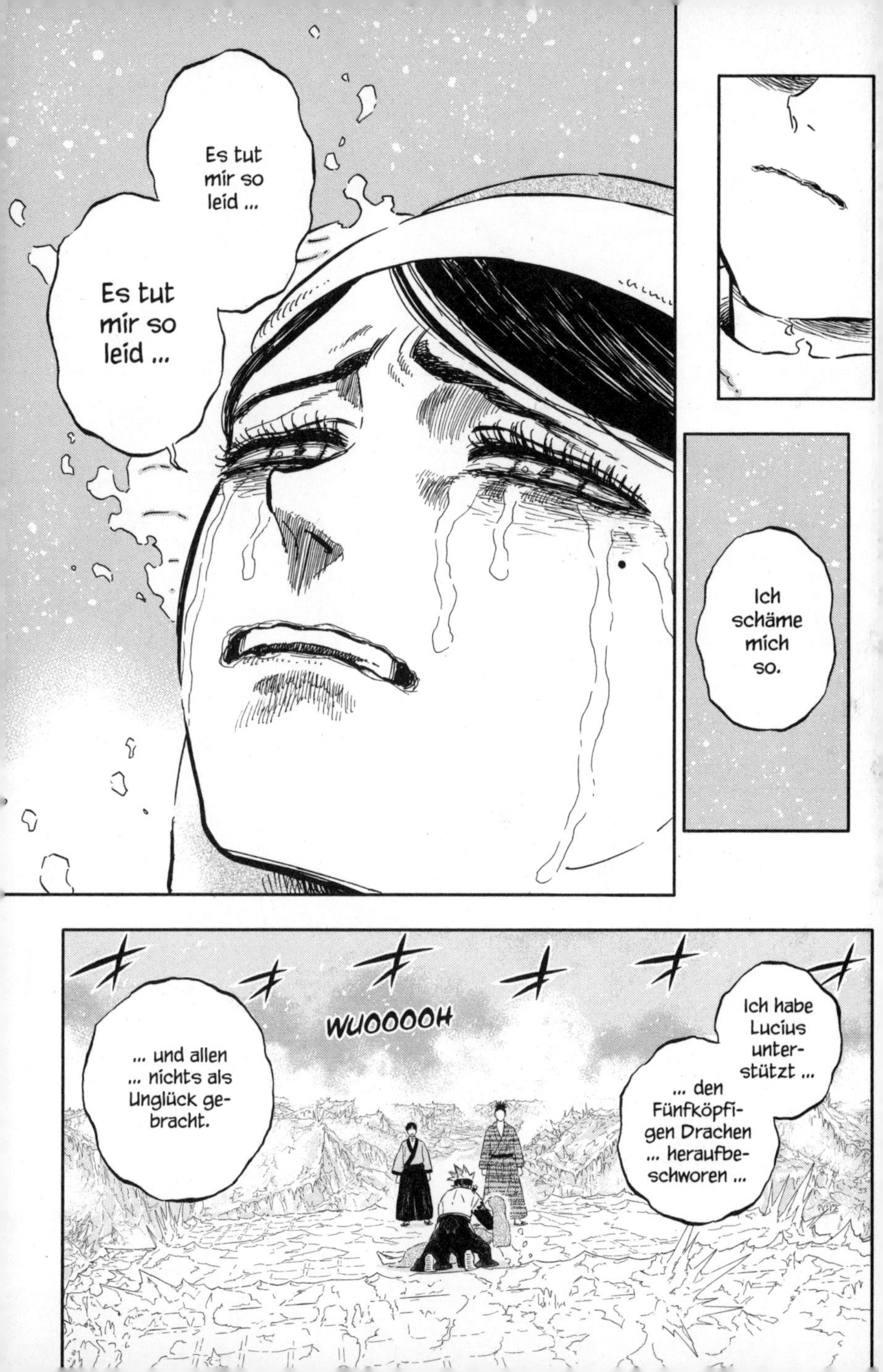
Es tut mir so leid ...
Es tut mir so leid ...
Ich schäme mich so.
Ich habe Lucius unterstützt ...
... den Fünfköpfigen Drachen ... heraufbeschworen ...
WUOOOOH
... und allen ... nichts als Unglück gebracht.

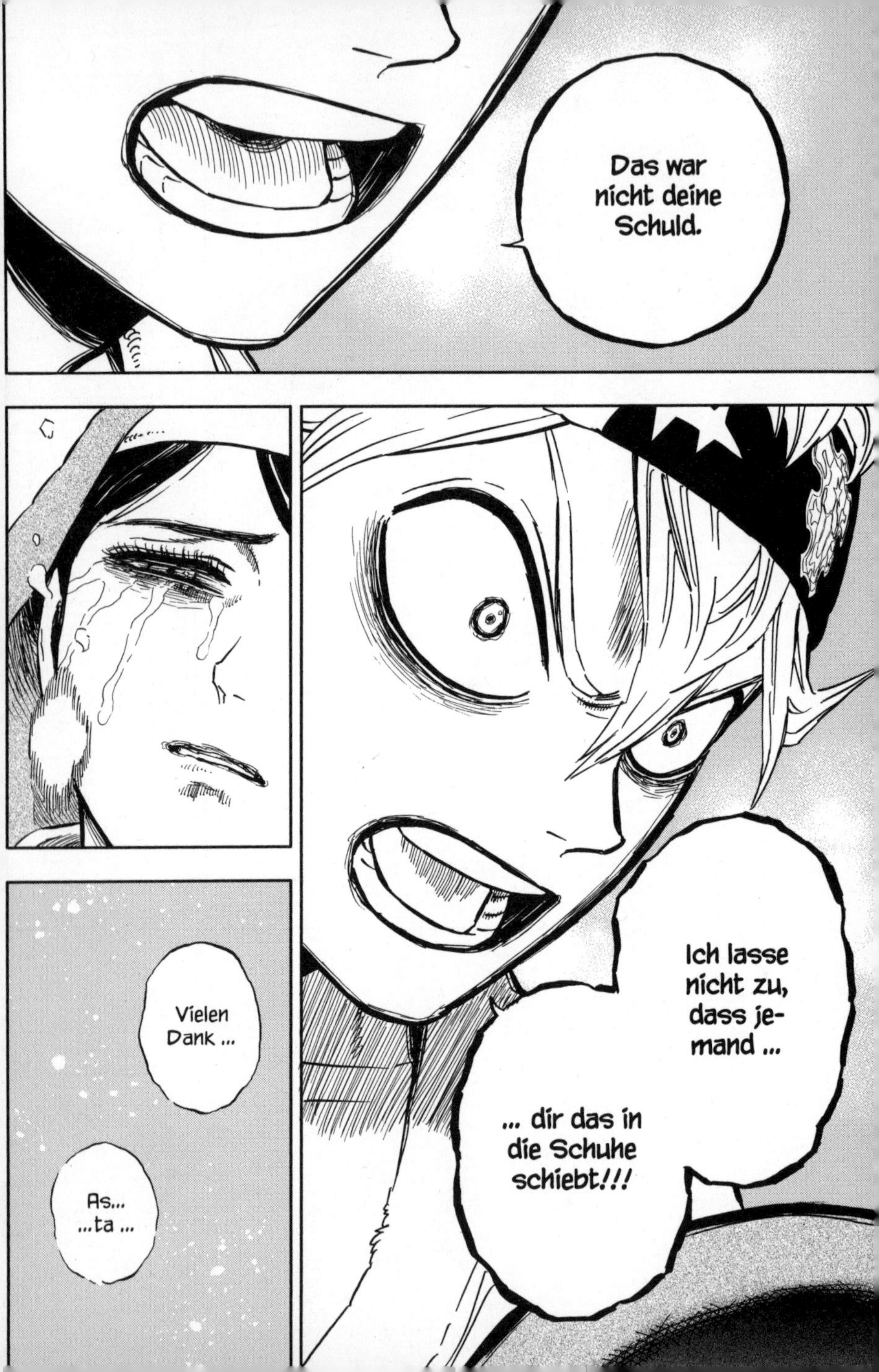
Das war nicht deine Schuld.
Ich lasse nicht zu, dass je- mand ...
... dir das in die Schuhe schiebt!!!
Vielen Dank ...
As... ...ta ...

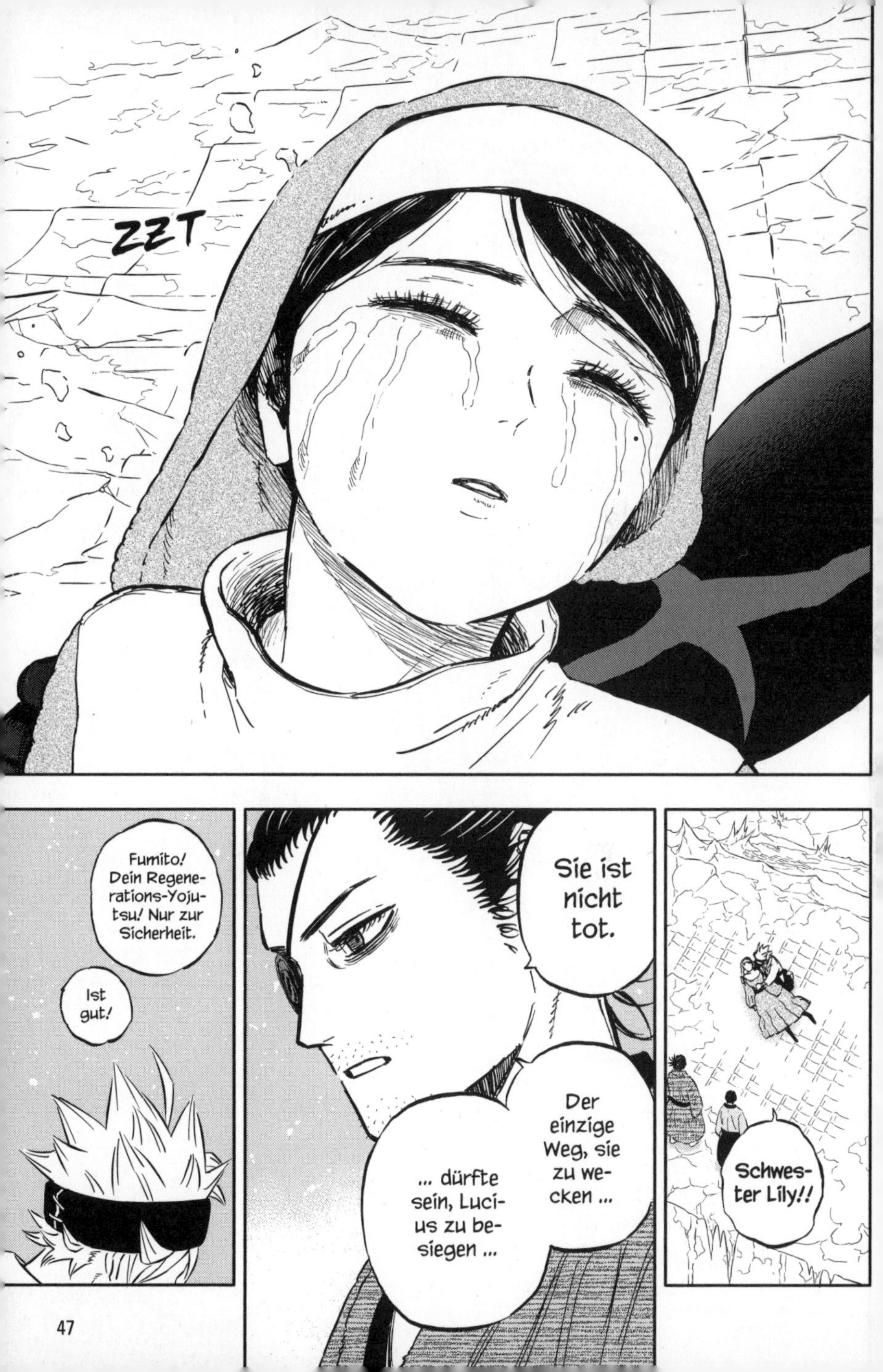
ZZT
Schwester Lily!!
Sie ist nicht tot.
Der einzige Weg, sie zu wecken ...
... dürfte sein, Lucius zu besiegen ...
Fumito! Dein Regenerations-Yojutsu! Nur zur Sicherheit.
Ist gut!

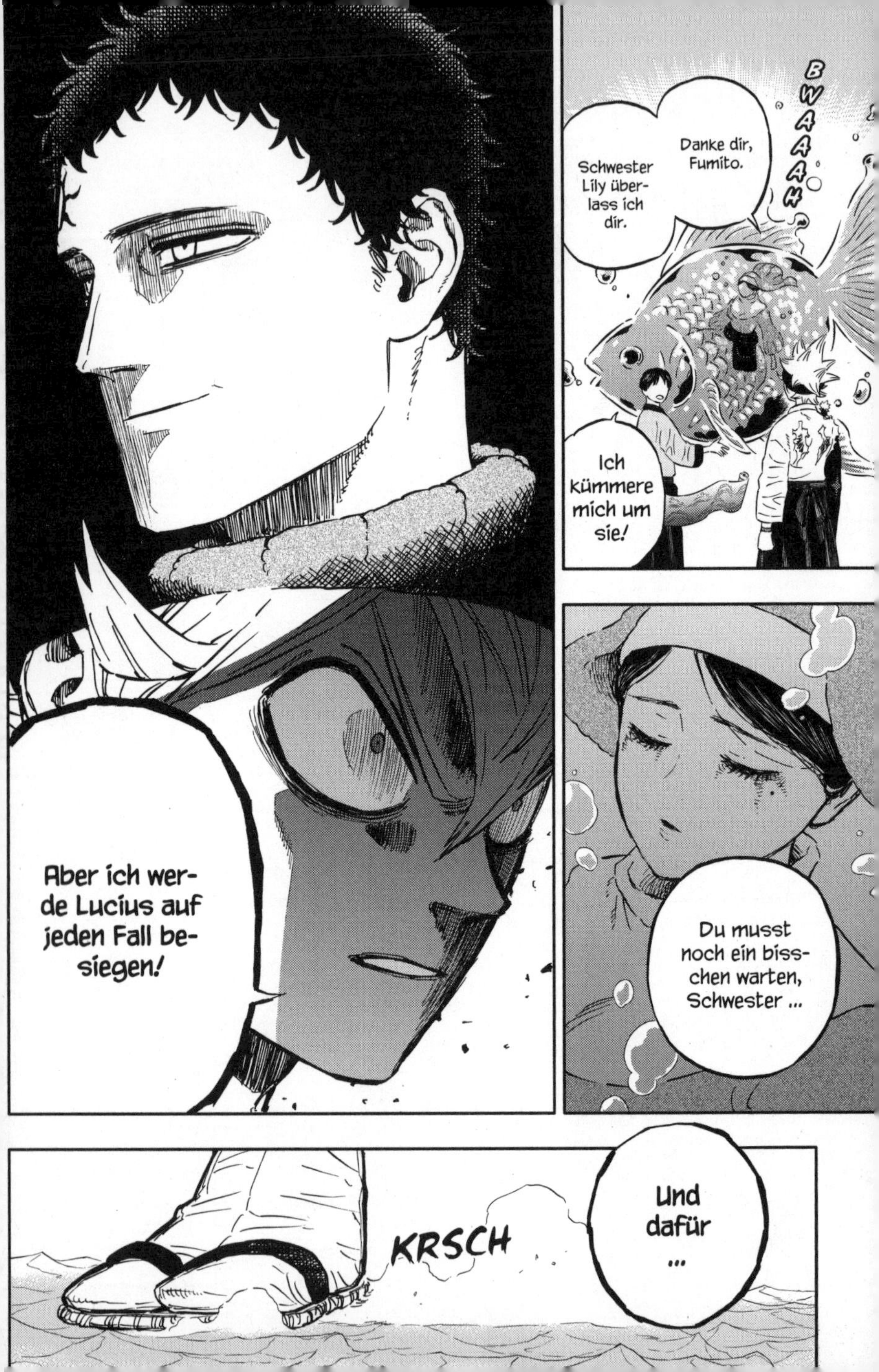
Danke dir, Fumito.
Schwester Lily überlass ich dir.
BWAAAAH
Ich kümmere mich um sie!
Du musst noch ein bisschen warten, Schwester …
Aber ich werde Lucius auf jeden Fall besiegen!
Und dafür …
KRSCH

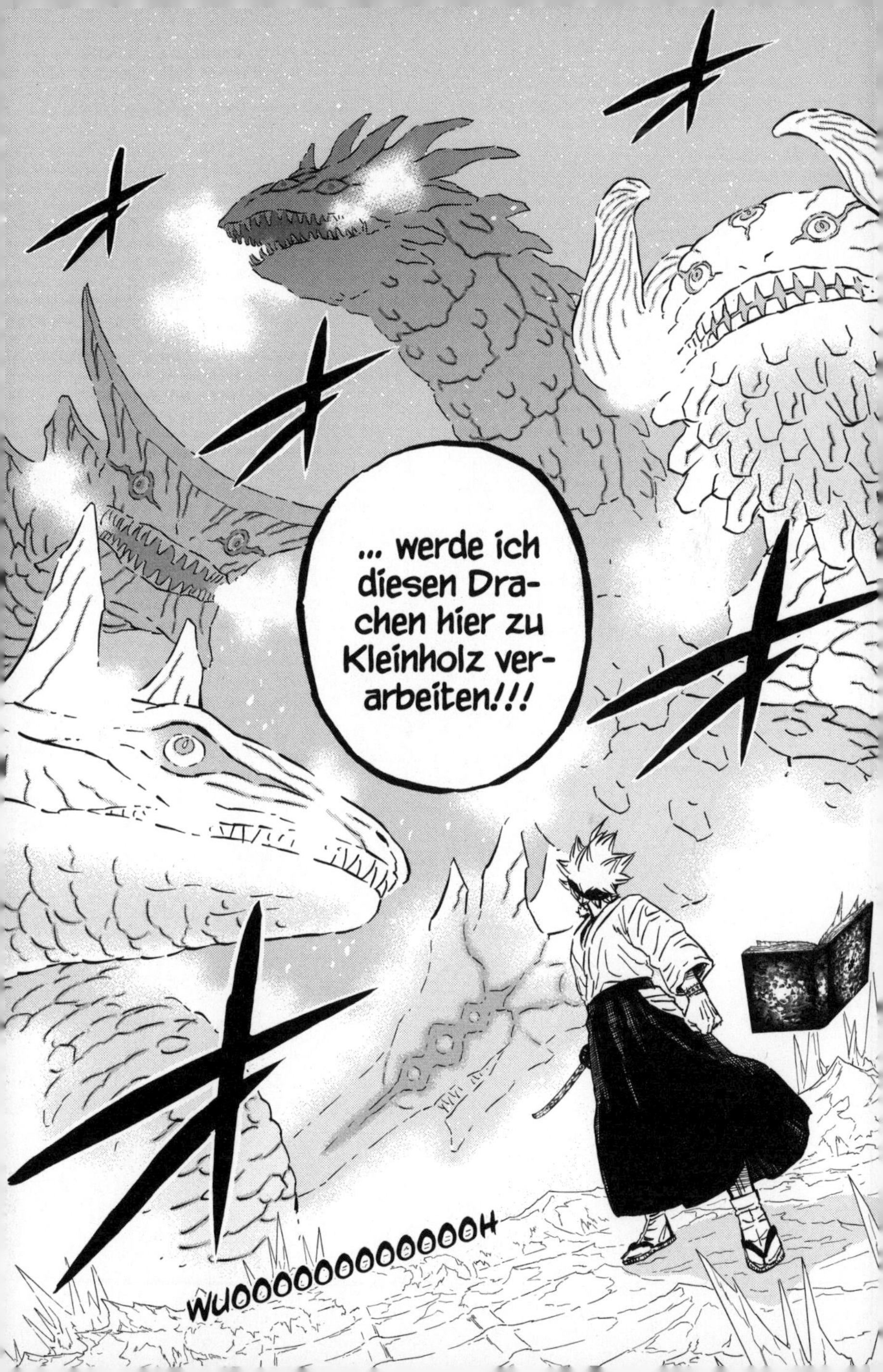
... werde ich diesen Drachen hier zu Kleinholz verarbeiten!!!
WUOOOOOOOOOOOOOOH

Kezokaku Ginnojomorifuyu

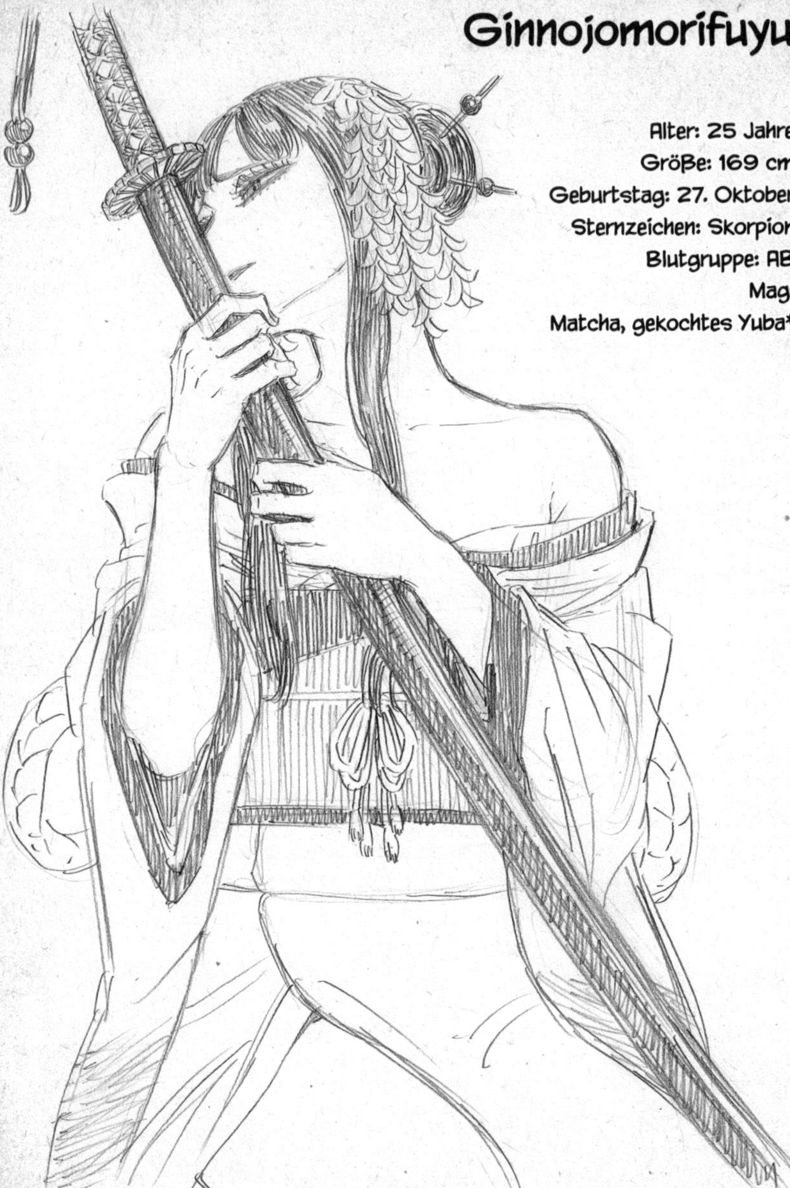

Alter: 25 Jahre
Größe: 169 cm
Geburtstag: 27. Oktober
Sternzeichen: Skorpion
Blutgruppe: AB
Mag:
Matcha, gekochtes Yuba*

CHARAKTERPROFIL

* Speise aus der Haut, die sich beim Erhitzen von Sojamilch bildet.

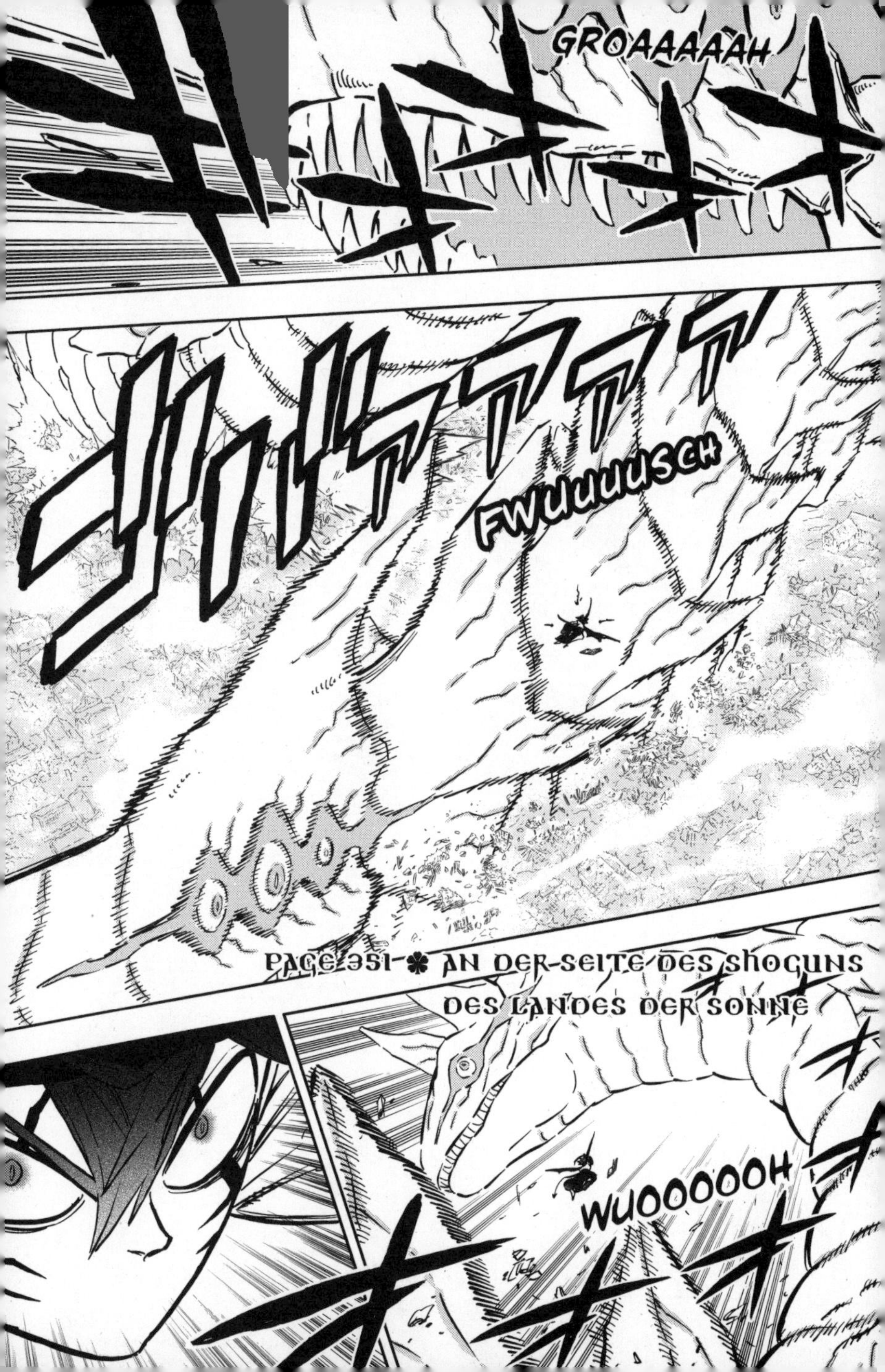
GROAAAAAH
FWUUUUUSCH
PAGE 351 ✤ AN DER SEITE DES SHOGUNS DES LANDES DER SONNE
WUOOOOOH

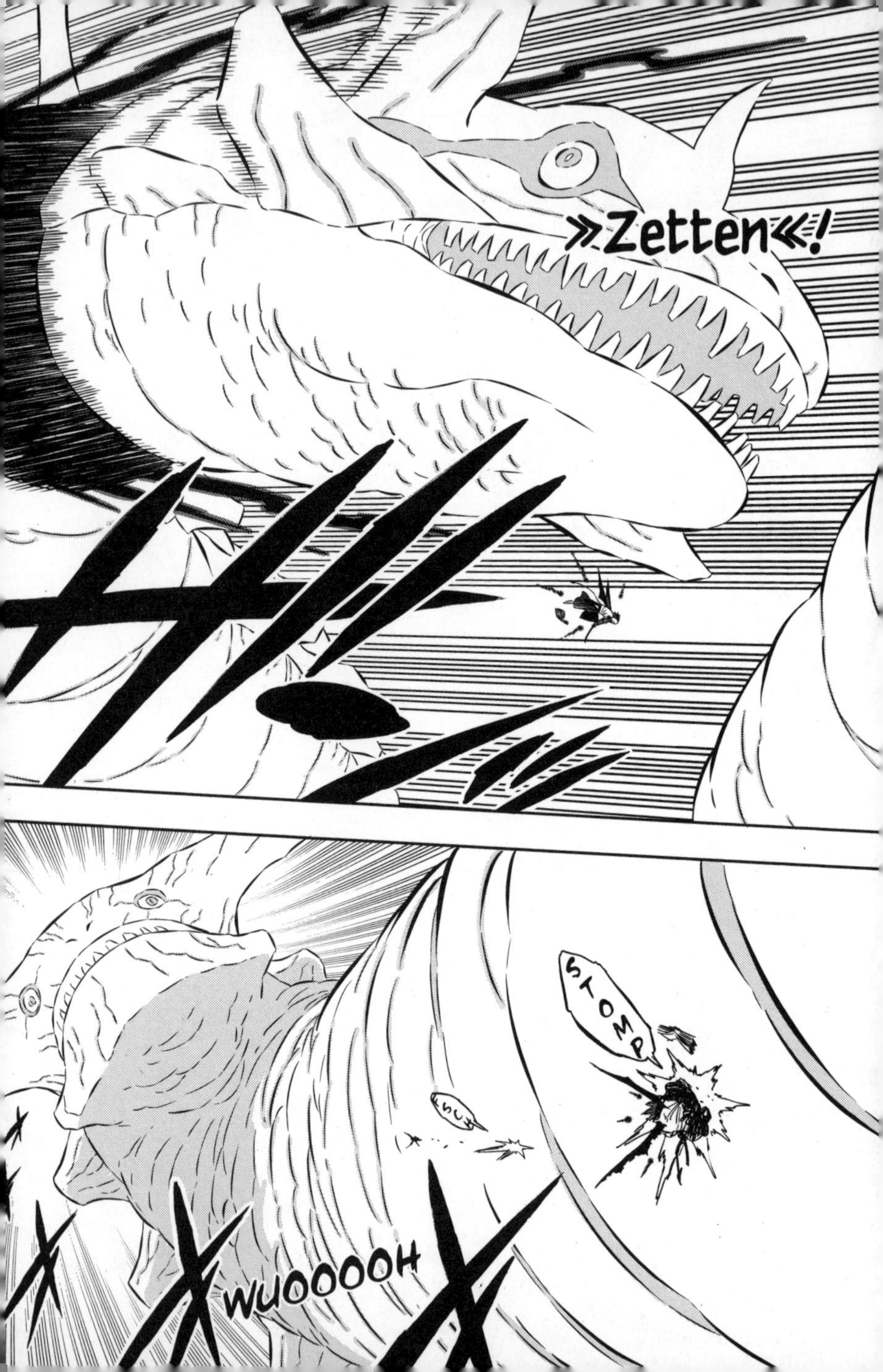
»Zetten«!
STOMP
WUOOOOH

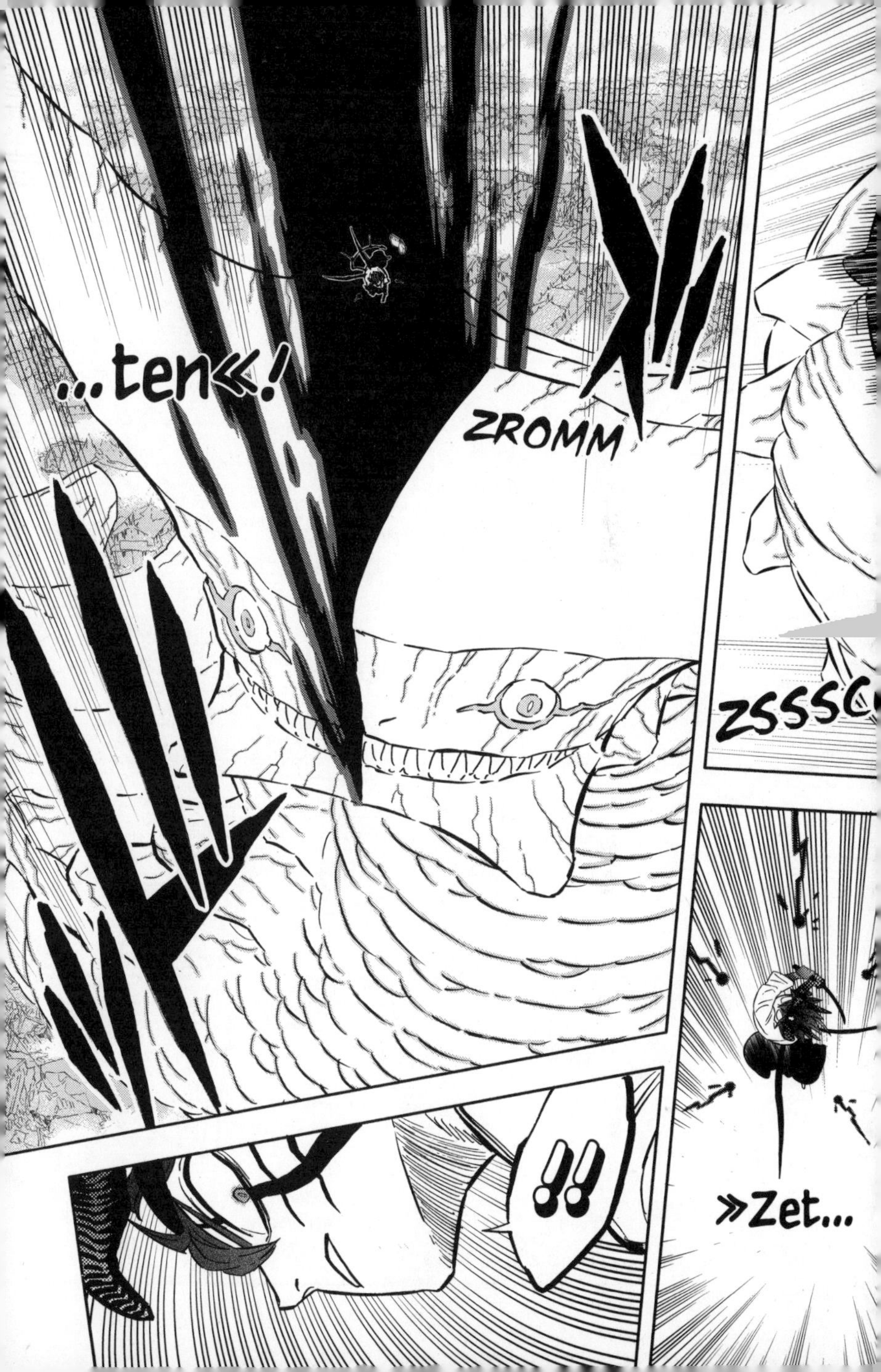
»Zet...
...ten«!
ZROMM
ZSSSC
!!

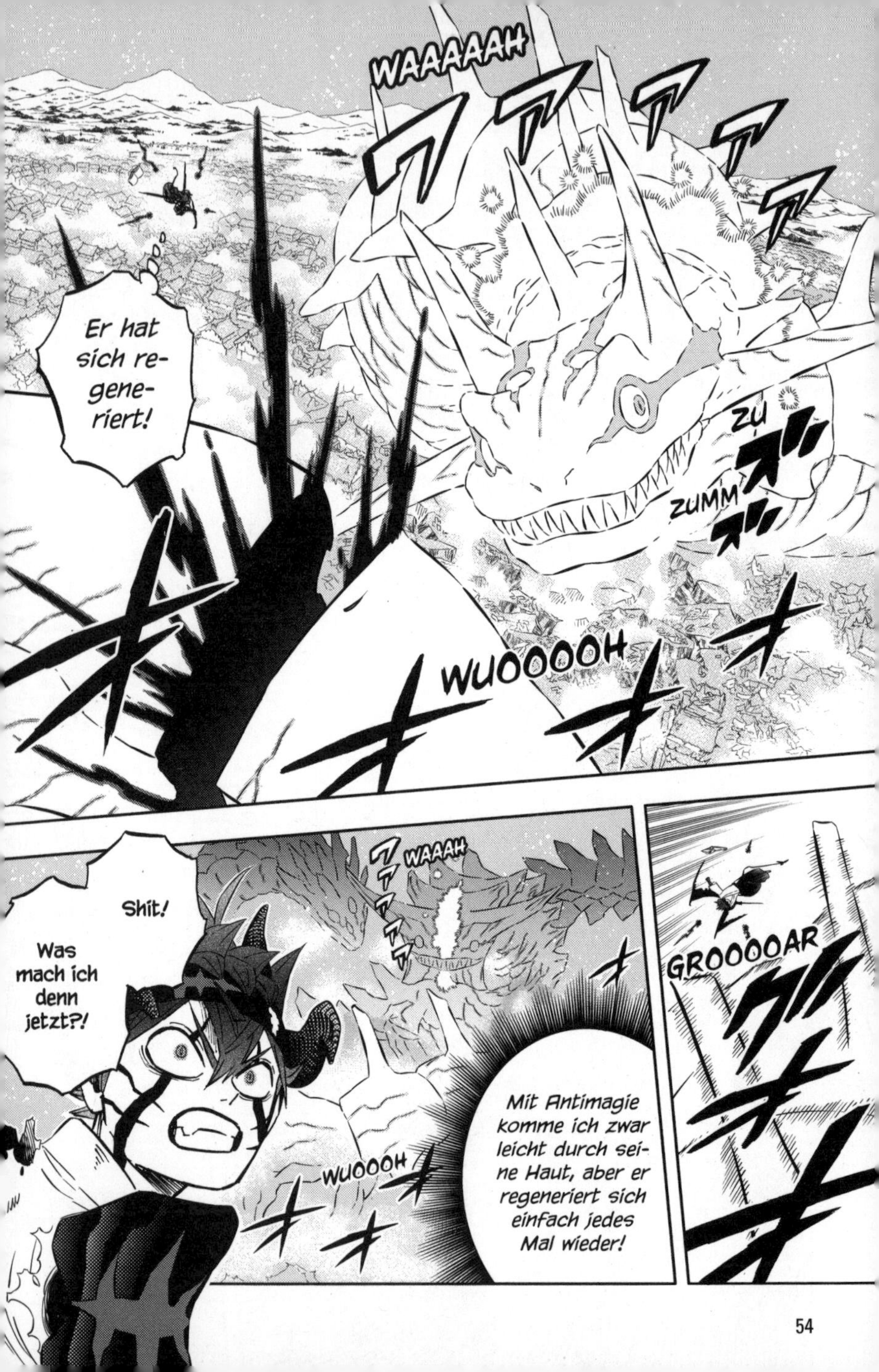
WAAAAAH
ZU
ZUMM
Er hat sich regeneriert!
WUOOOOH
GROOOOAR
WAAAH
Shit!
Was mach ich denn jetzt?!
Mit Antimagie komme ich zwar leicht durch seine Haut, aber er regeneriert sich einfach jedes Mal wieder!
WUOOOH

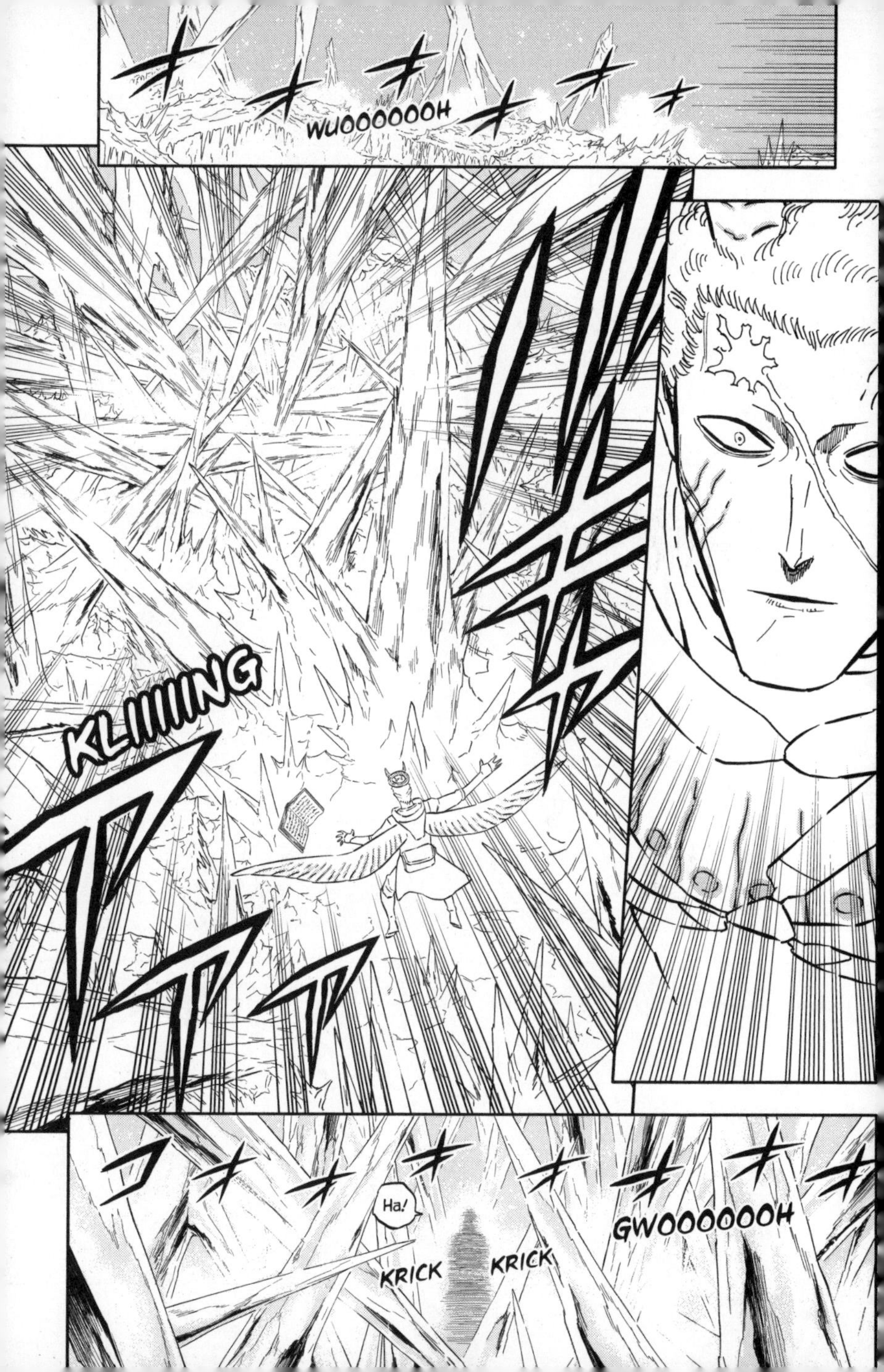

WUOOOOOOH
KLIIIIING
Ha!
KRICK
KRICK
GWOOOOOOH

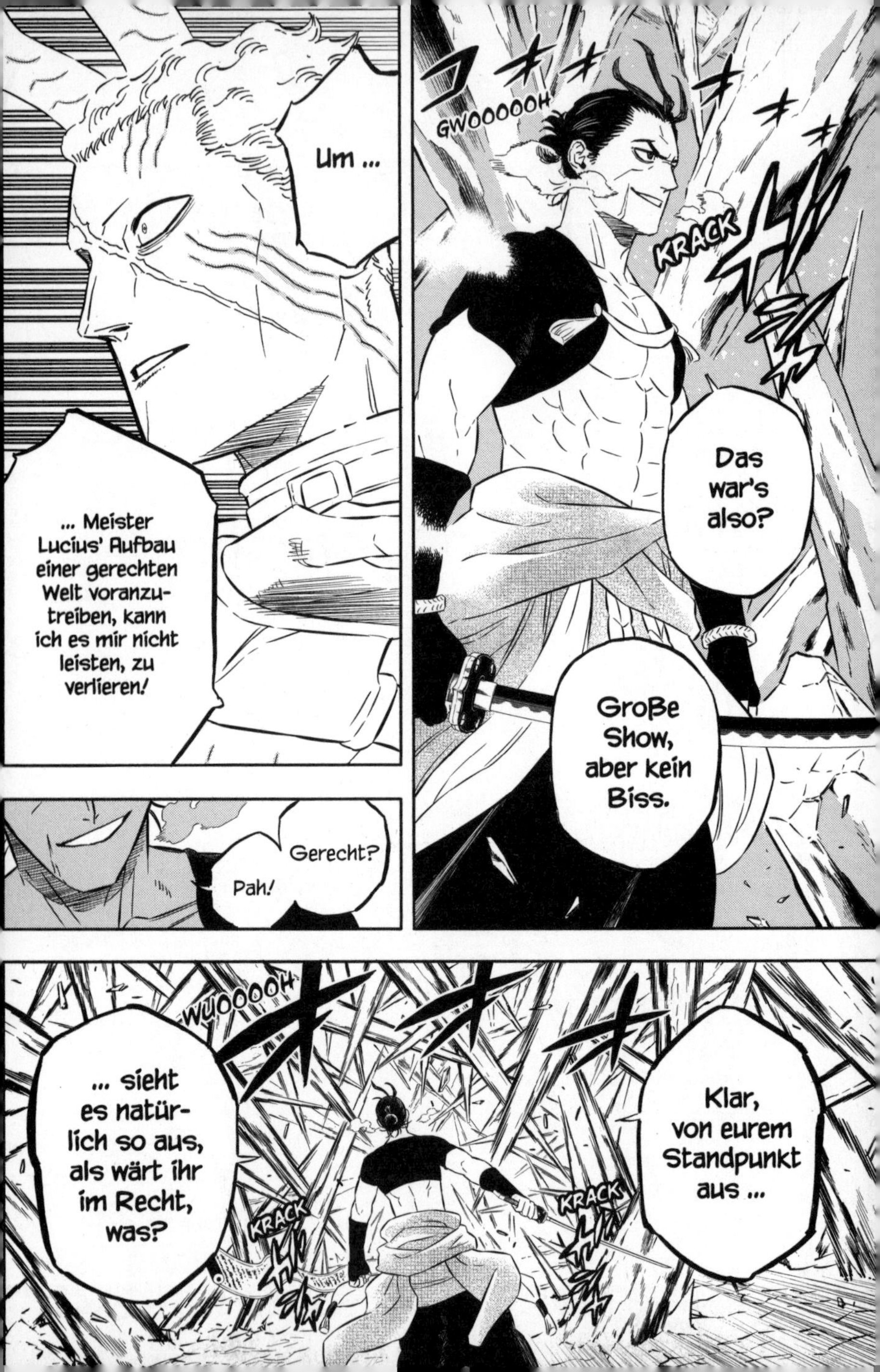

GWOOOOOH
KRACK
Das war's also?
Große Show, aber kein Biss.
Um ...
... Meister Lucius' Aufbau einer gerechten Welt voranzutreiben, kann ich es mir nicht leisten, zu verlieren!
Gerecht?
Pah!
WUOOOOH
Klar, von eurem Standpunkt aus ...
... sieht es natürlich so aus, als wärt ihr im Recht, was?
KRACK
KRACK

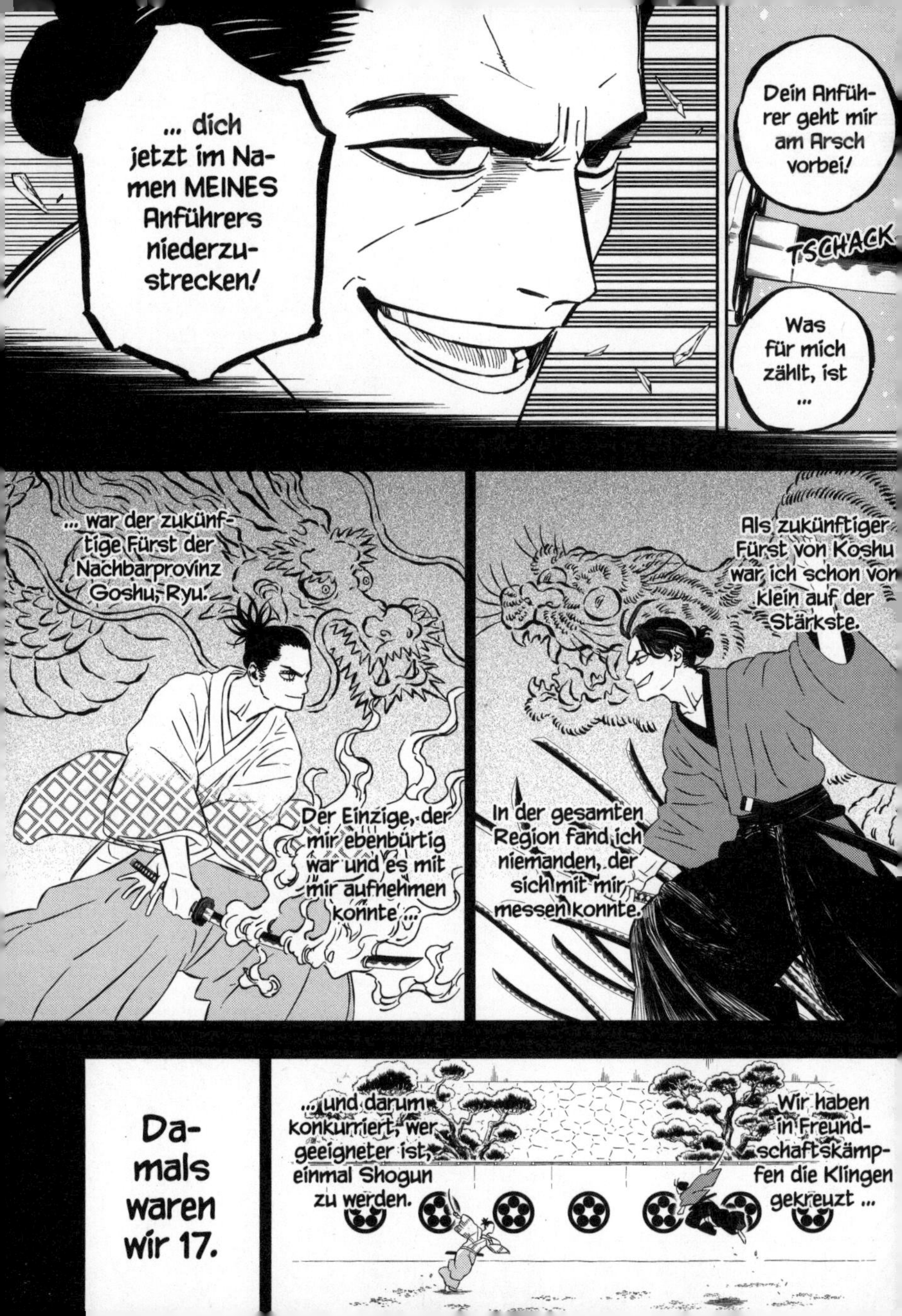

Dein Anführer geht mir am Arsch vorbei!
TSCHACK
Was für mich zählt, ist ...
... dich jetzt im Namen MEINES Anführers niederzustrecken!
Als zukünftiger Fürst von Koshu war ich schon von klein auf der Stärkste.
In der gesamten Region fand ich niemanden, der sich mit mir messen konnte.
Der Einzige, der mir ebenbürtig war und es mit mir aufnehmen konnte ...
... war der zukünftige Fürst der Nachbarprovinz Goshu, Ryu.
Wir haben in Freundschaftskämpfen die Klingen gekreuzt ...
... und darum konkurriert, wer geeigneter ist, einmal Shogun zu werden.
Damals waren wir 17.

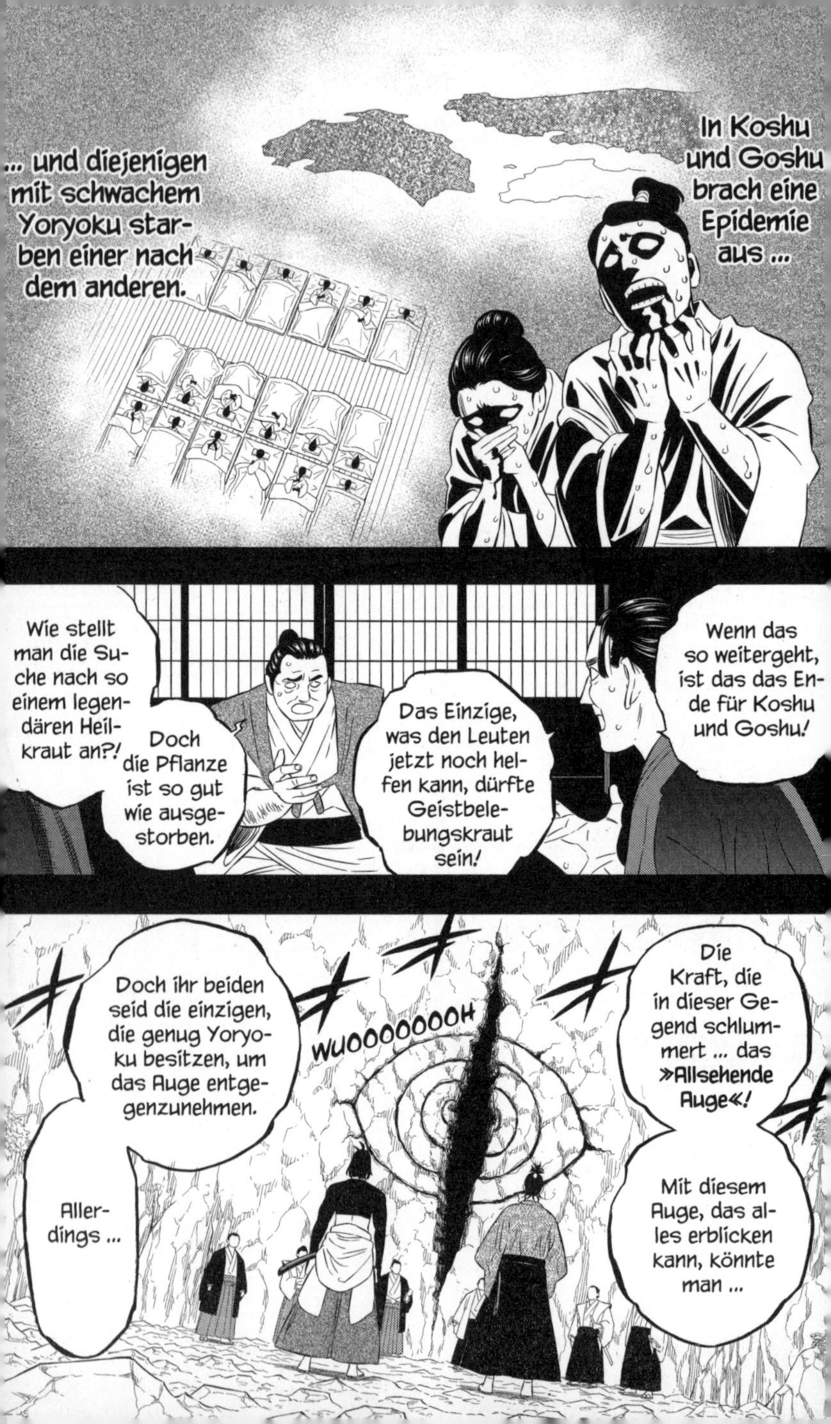

In Koshu und Goshu brach eine Epidemie aus ...
... und diejenigen mit schwachem Yoryoku starben einer nach dem anderen.
Wenn das so weitergeht, ist das das Ende für Koshu und Goshu!
Das Einzige, was den Leuten jetzt noch helfen kann, dürfte Geistbelebungskraut sein!
Doch die Pflanze ist so gut wie ausgestorben.
Wie stellt man die Suche nach so einem legendären Heilkraut an?!
Die Kraft, die in dieser Gegend schlummert ... das »Allsehende Auge«!
WUOOOOOOOOH
Mit diesem Auge, das alles erblicken kann, könnte man ...
Doch ihr beiden seid die einzigen, die genug Yoryoku besitzen, um das Auge entgegenzunehmen.
Allerdings ...

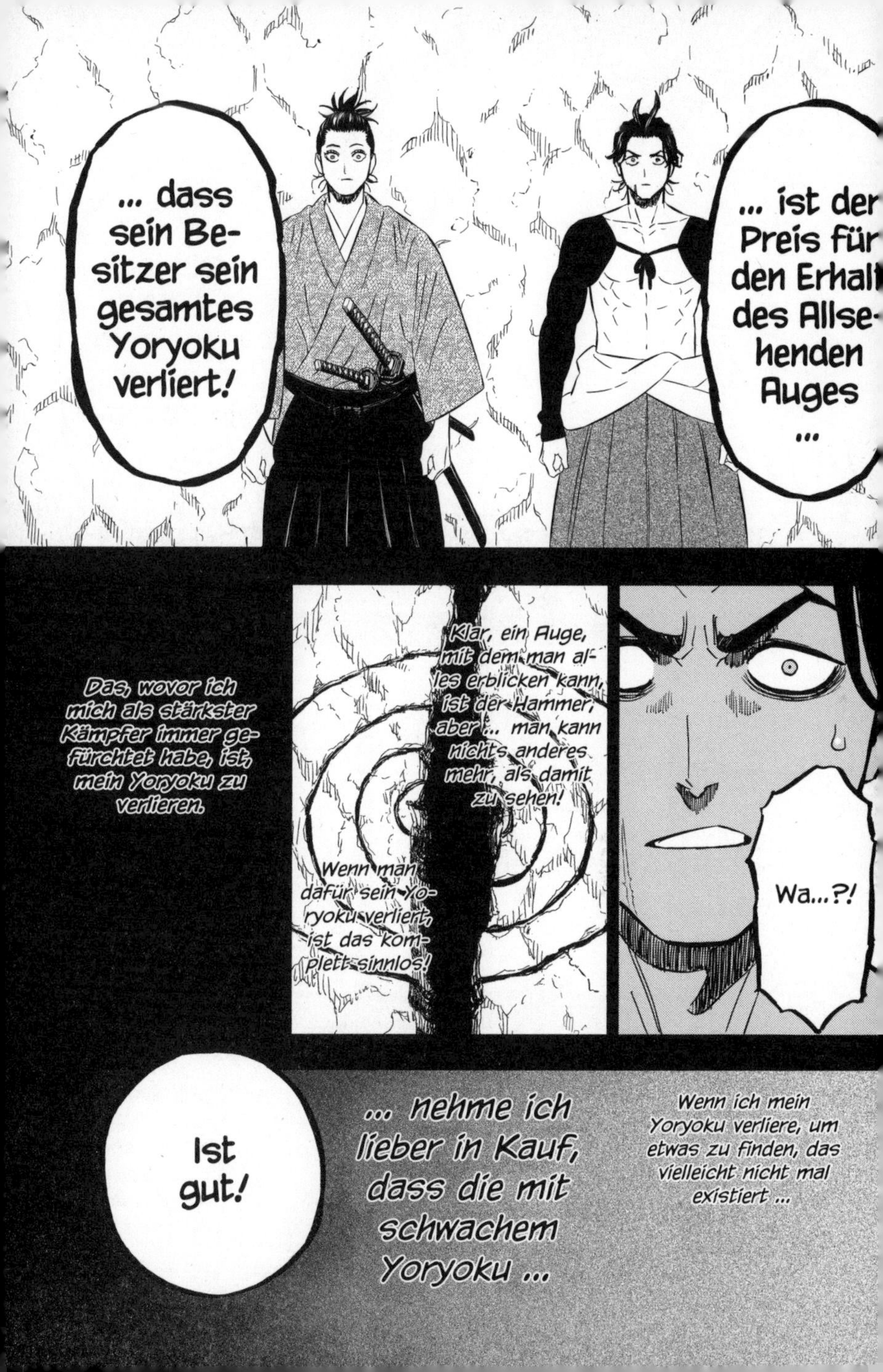

... ist der Preis für den Erhalt des Allsehenden Auges ...
... dass sein Besitzer sein gesamtes Yoryoku verliert!
Wa...?!
Klar, ein Auge, mit dem man alles erblicken kann, ist der Hammer, aber ... man kann nichts anderes mehr, als damit zu sehen!
Wenn man dafür sein Yoryoku verliert, ist das komplett sinnlos!
Das, wovor ich mich als stärkster Kämpfer immer gefürchtet habe, ist, mein Yoryoku zu verlieren.
Wenn ich mein Yoryoku verliere, um etwas zu finden, das vielleicht nicht mal existiert ...
... nehme ich lieber in Kauf, dass die mit schwachem Yoryoku ...
Ist gut!

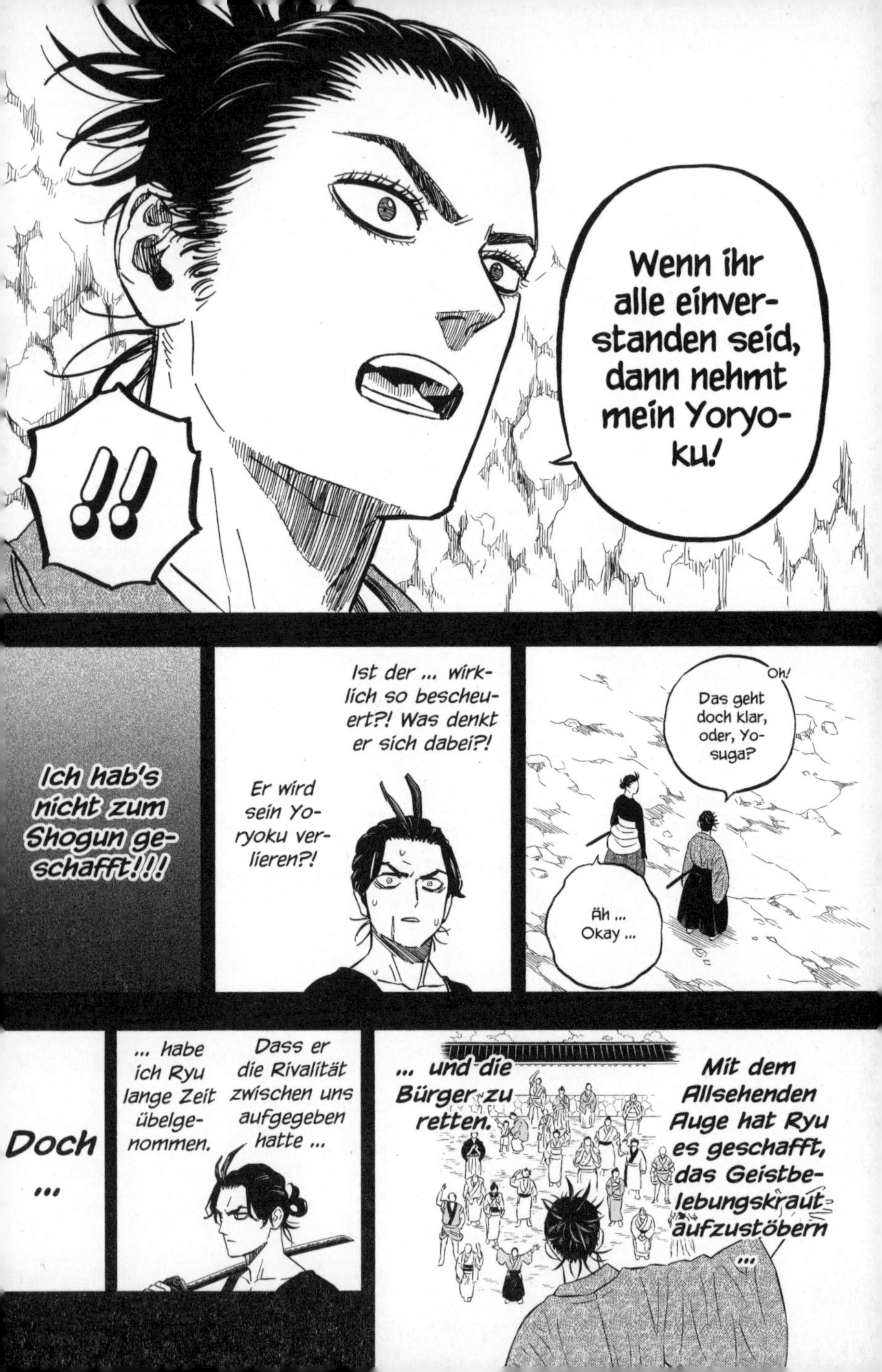
Wenn ihr alle einverstanden seid, dann nehmt mein Yoryoku!
!!
Oh!
Das geht doch klar, oder, Yosuga?
Äh ... Okay ...
Ist der ... wirklich so bescheuert?! Was denkt er sich dabei?!
Er wird sein Yoryoku verlieren?!
Ich hab's nicht zum Shogun geschafft!!!
Mit dem Allsehenden Auge hat Ryu es geschafft, das Geistbelebungskraut aufzustöbern ...
... und die Bürger zu retten.
Dass er die Rivalität zwischen uns aufgegeben hatte ...
... habe ich Ryu lange Zeit übelgenommen.
Doch ...

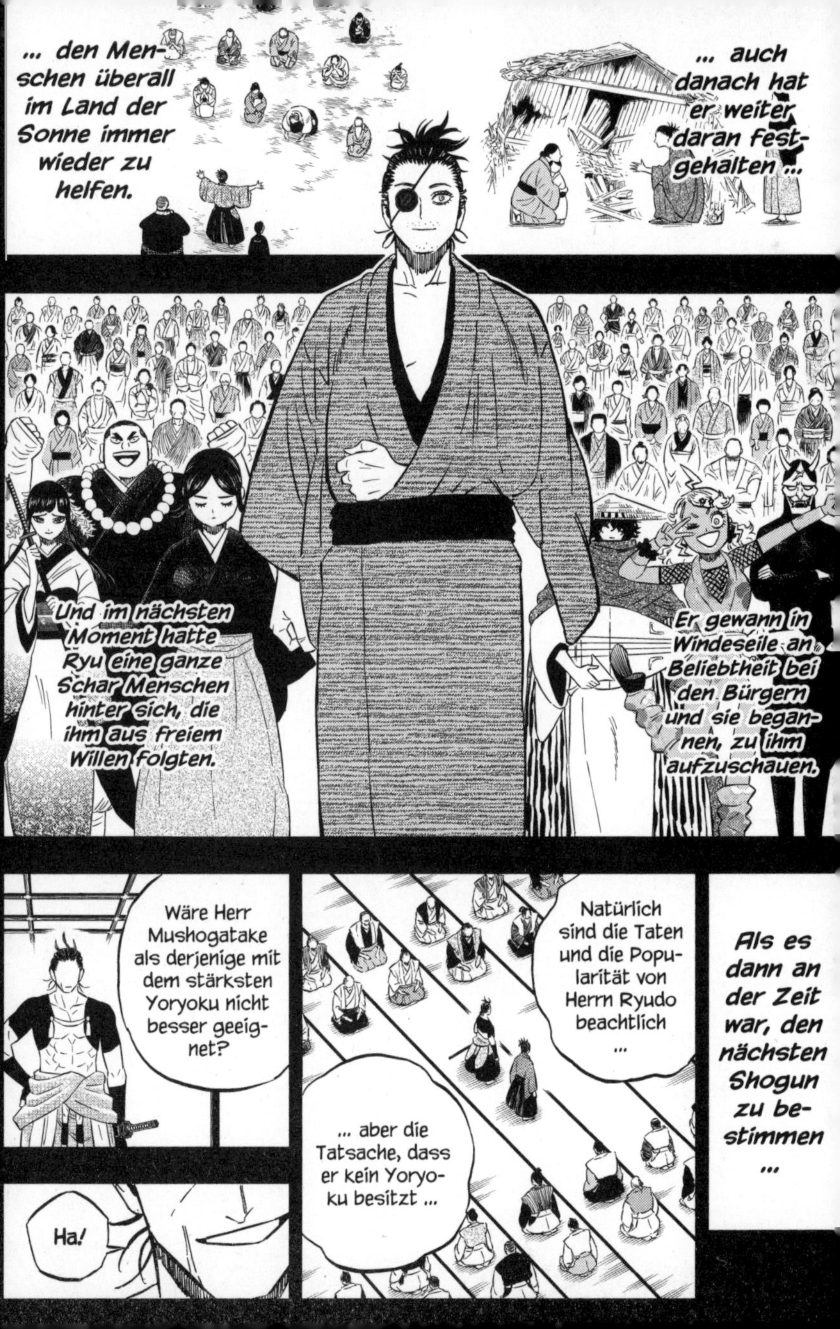
... auch danach hat er weiter daran festgehalten ...
... den Menschen überall im Land der Sonne immer wieder zu helfen.
Er gewann in Windeseile an Beliebtheit bei den Bürgern und sie begannen, zu ihm aufzuschauen.
Und im nächsten Moment hatte Ryu eine ganze Schar Menschen hinter sich, die ihm aus freiem Willen folgten.
Als es dann an der Zeit war, den nächsten Shogun zu bestimmen ...
Natürlich sind die Taten und die Popularität von Herrn Ryudo beachtlich ...
... aber die Tatsache, dass er kein Yoryoku besitzt ...
Wäre Herr Mushogatake als derjenige mit dem stärksten Yoryoku nicht besser geeignet?
Ha!

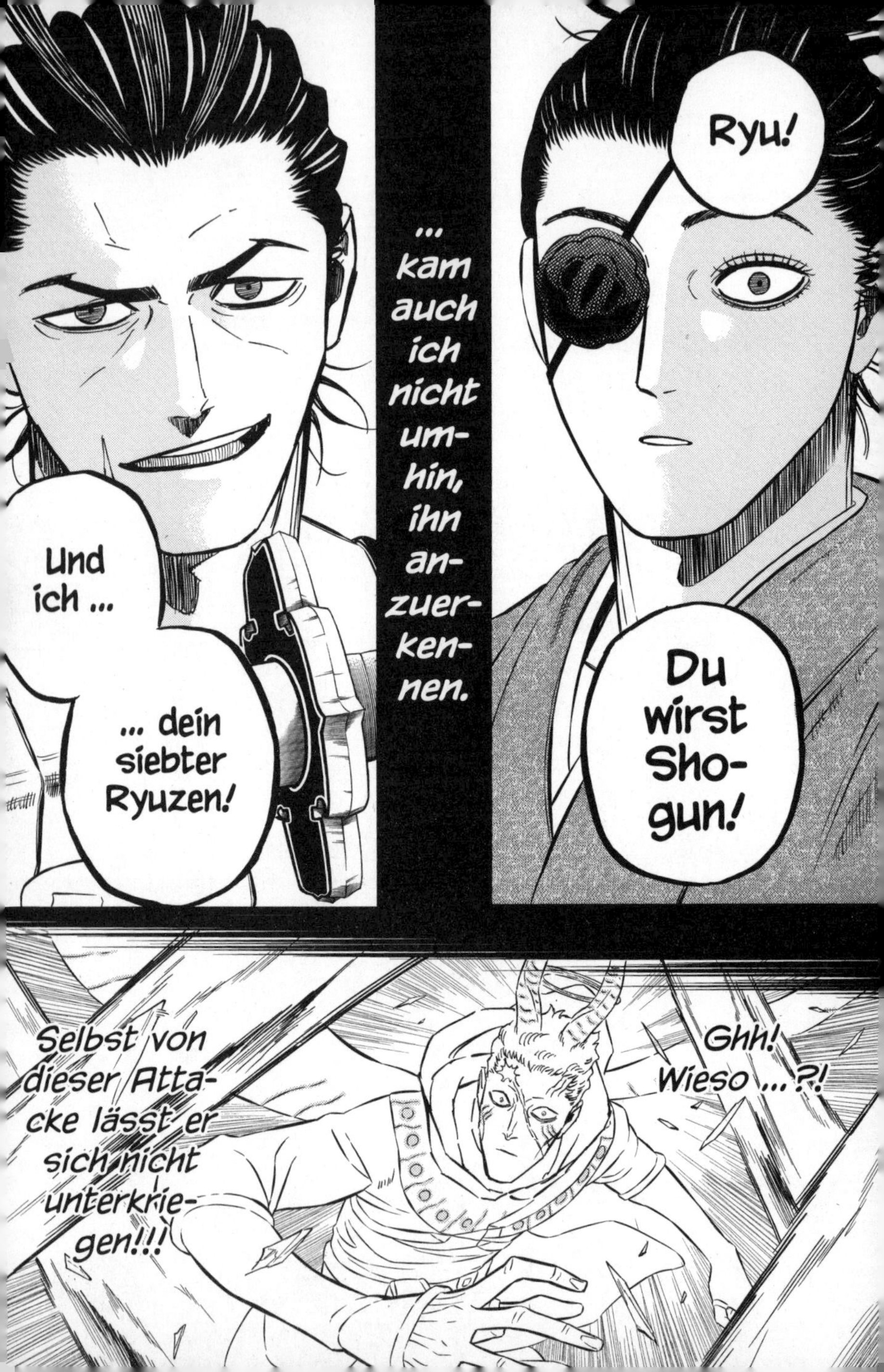
Ryu!
Du wirst Shogun!
... kam auch ich nicht umhin, ihn anzuerkennen.
Und ich ...
... dein siebter Ryuzen!
Ghh! Wieso ...?!
Selbst von dieser Attacke lässt er sich nicht unterkriegen!!!

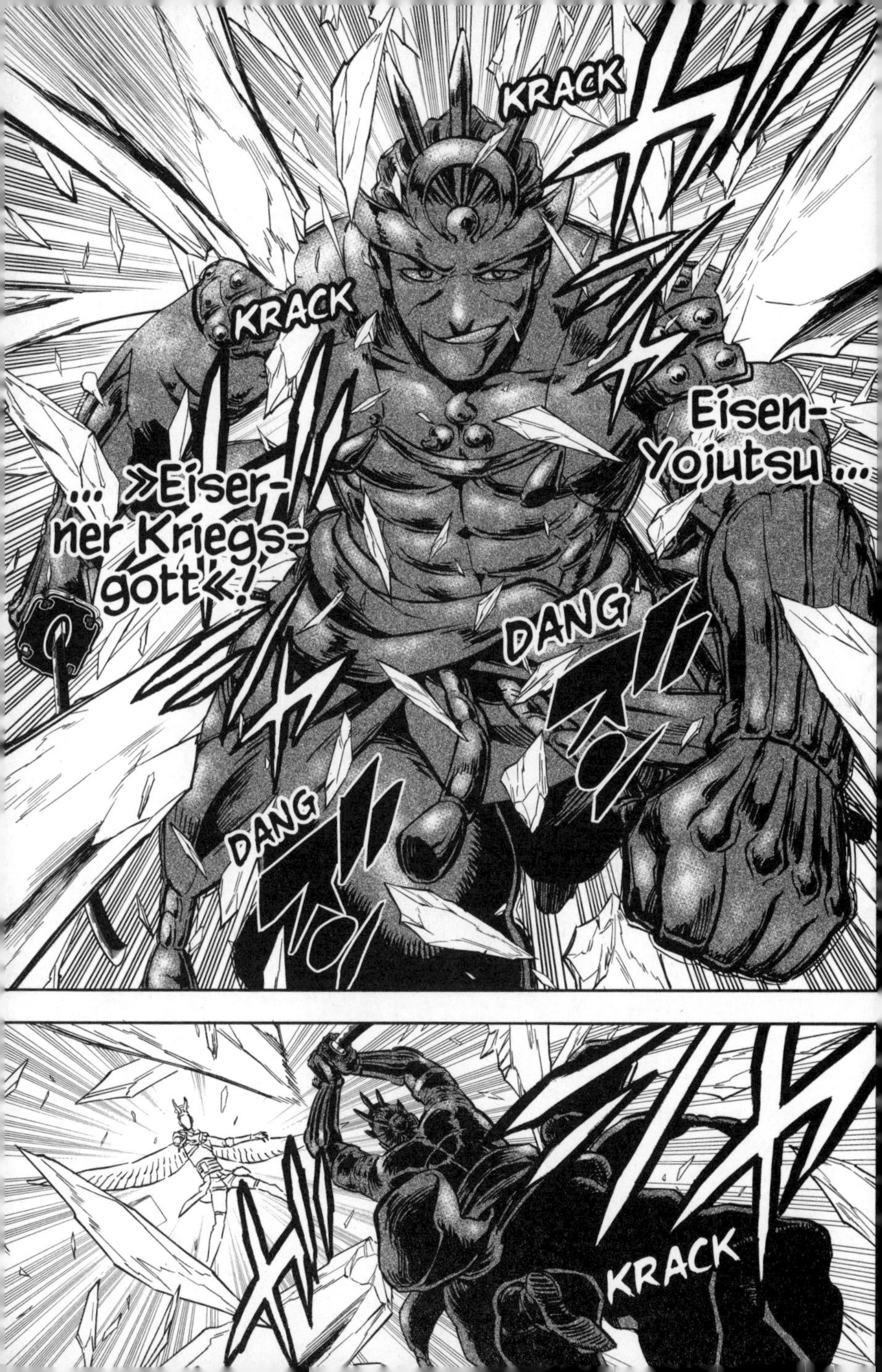
KRACK
KRACK
Eisen-Yojutsu ...
... »Eiserner Kriegsgott«!
DANG
DANG
KRACK

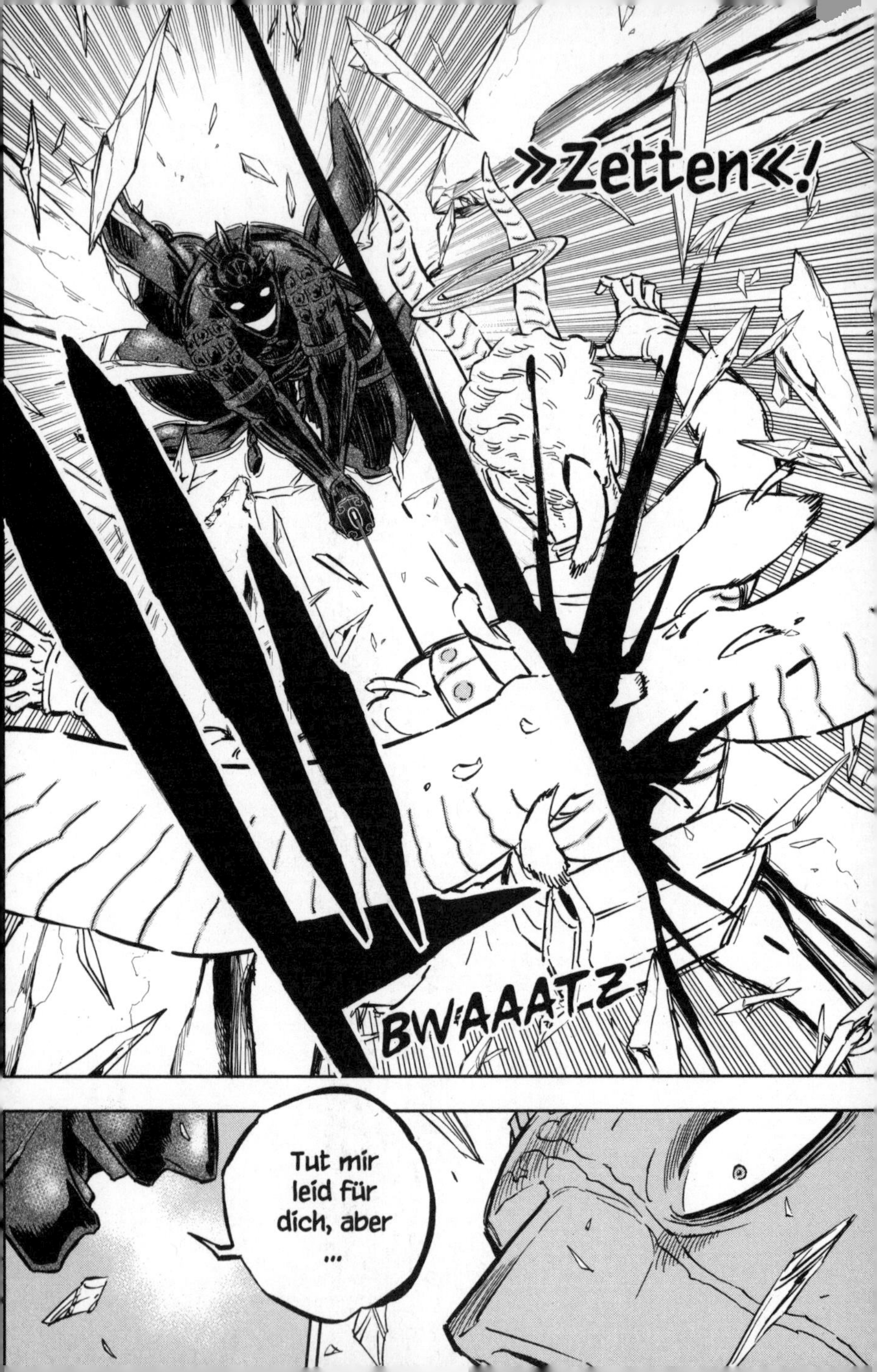
»Zetten«!
BWAAATZ
Tut mir leid für dich, aber ...

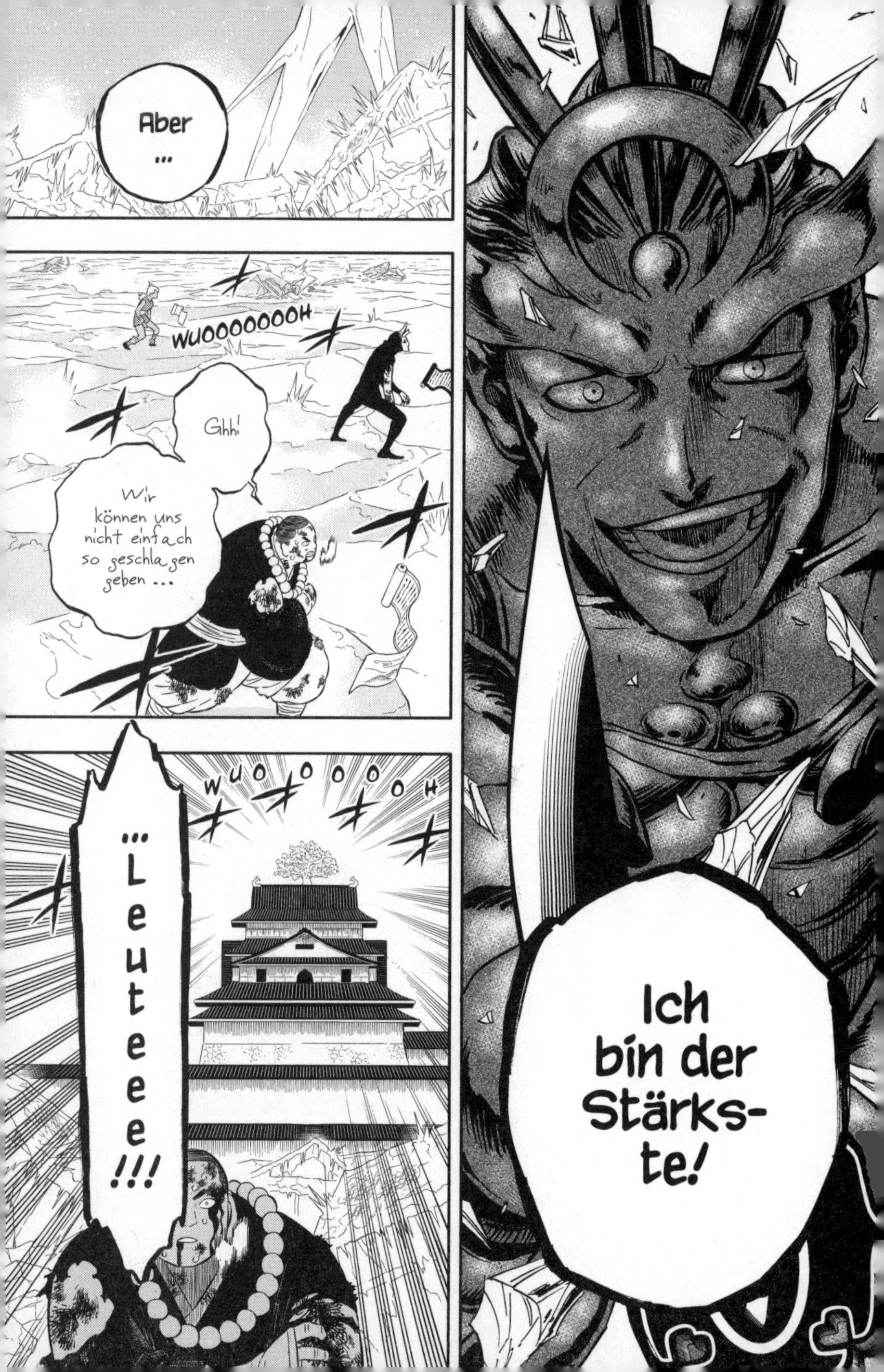
Ich bin der Stärks-te!
Aber ...
WUOOOOOOOH
Ghh!
Wir können uns nicht einfach so geschlagen geben ...
WUOOOOOOH
...Leuteee!!!

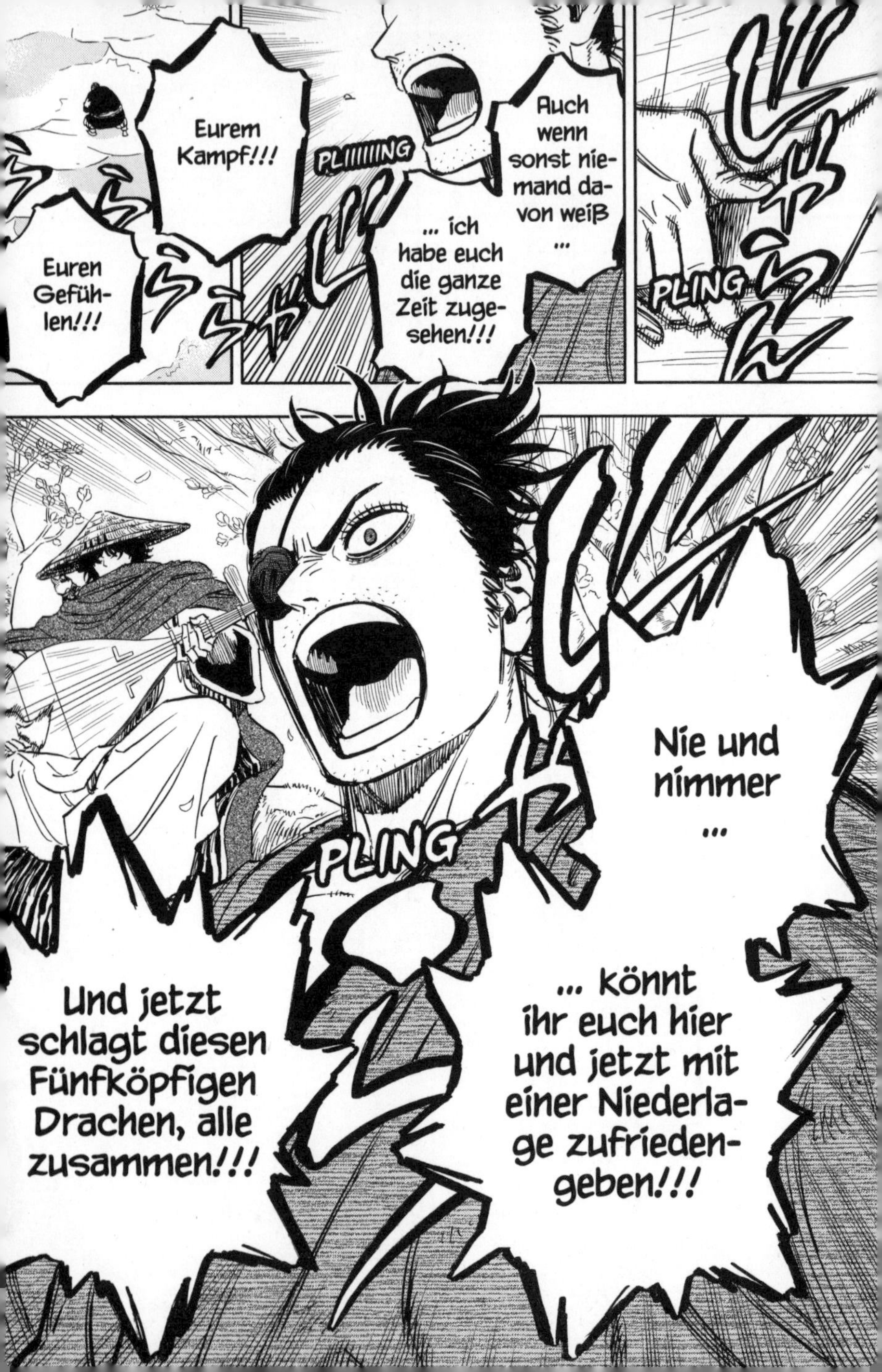
Auch wenn sonst niemand davon weiß ...
... ich habe euch die ganze Zeit zugesehen!!!
PLIIIIIING
Eurem Kampf!!!
Euren Gefühlen!!!
PLING
Nie und nimmer ...
... könnt ihr euch hier und jetzt mit einer Niederlage zufriedengeben!!!
PLING
Und jetzt schlagt diesen Fünfköpfigen Drachen, alle zusammen!!!

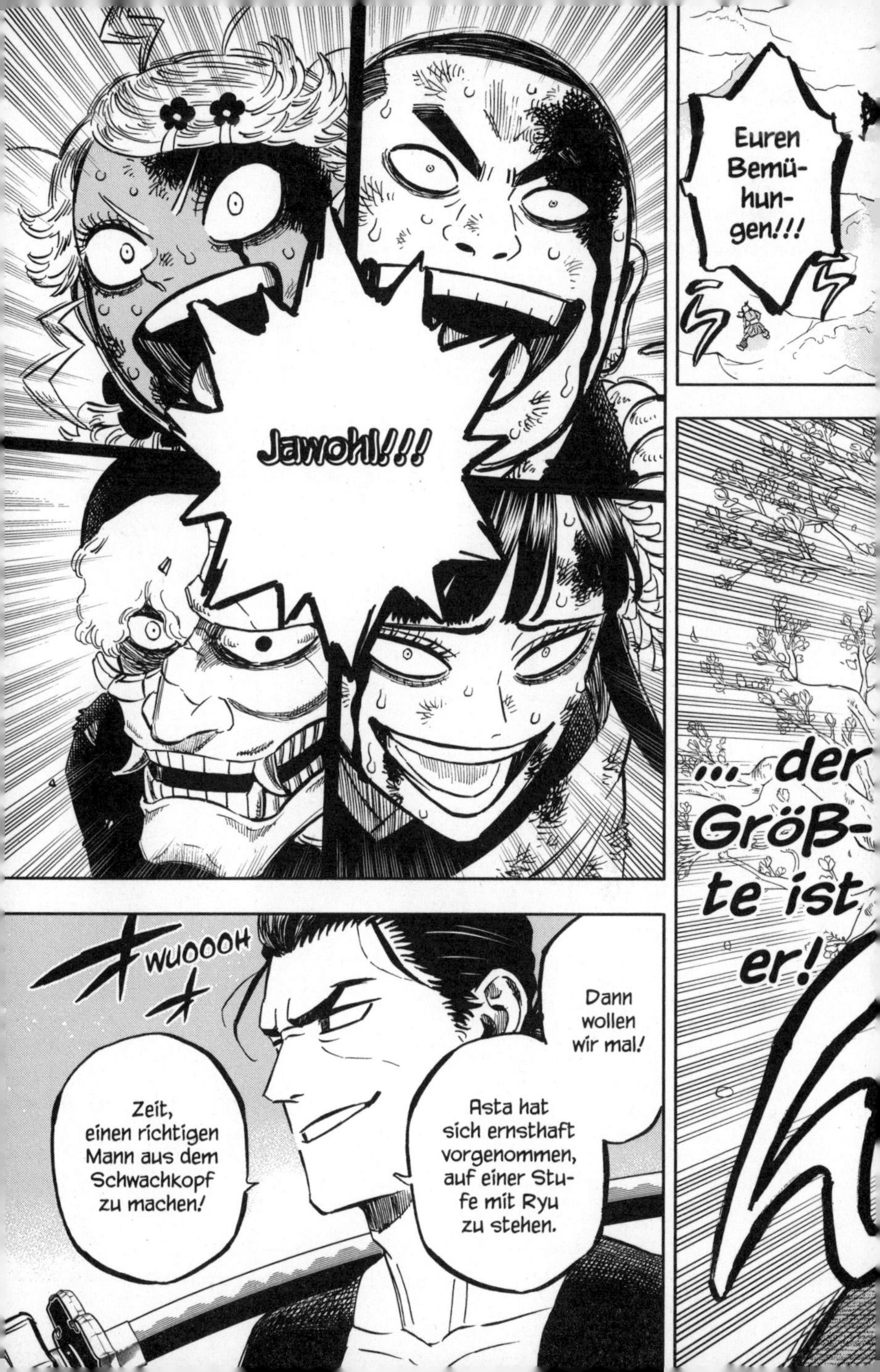
Euren Bemühungen!!!
Jawohl!!!
... der Größte ist er!
Dann wollen wir mal!
Asta hat sich ernsthaft vorgenommen, auf einer Stufe mit Ryu zu stehen.
Zeit, einen richtigen Mann aus dem Schwachkopf zu machen!
WUOOOH

Mushogatake Yosuga

Alter: 30 Jahre Größe: 181 cm Geburtstag: 20. Januar
Sternzeichen: Steinbock Blutgruppe: 0
Mag: Austern, einen Abendtrunk beim Beobachten der nächtlichen Kirschblüten

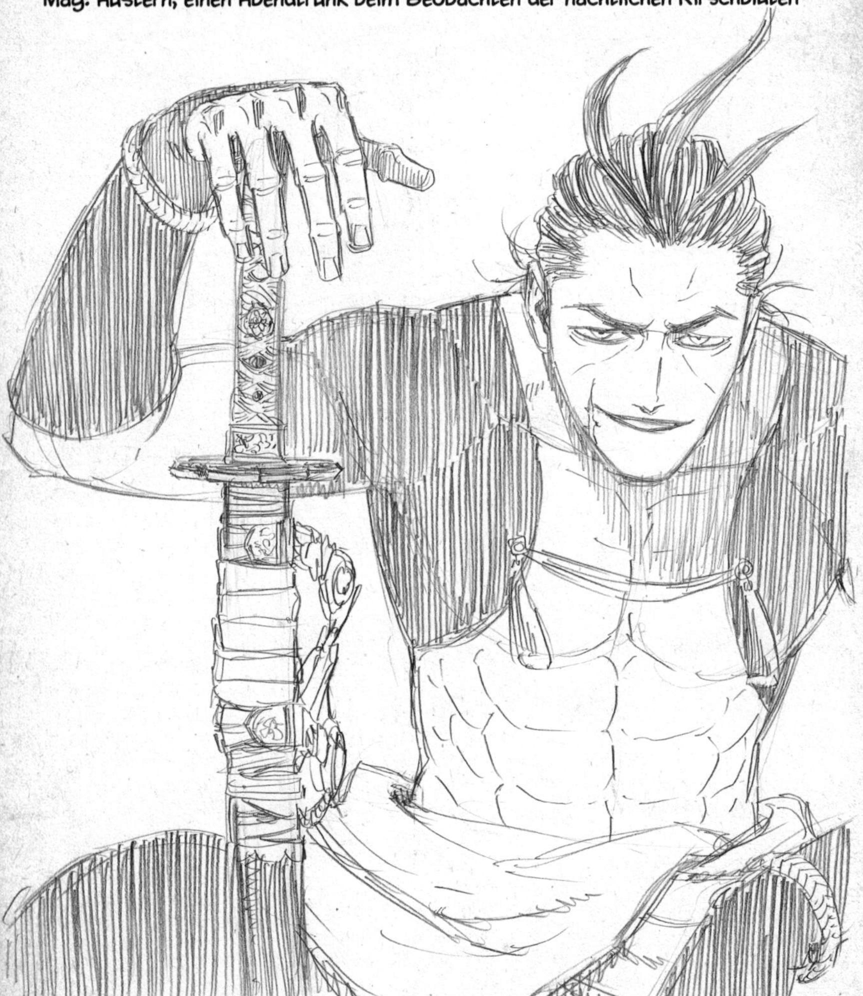

CHARAKTERPROFIL

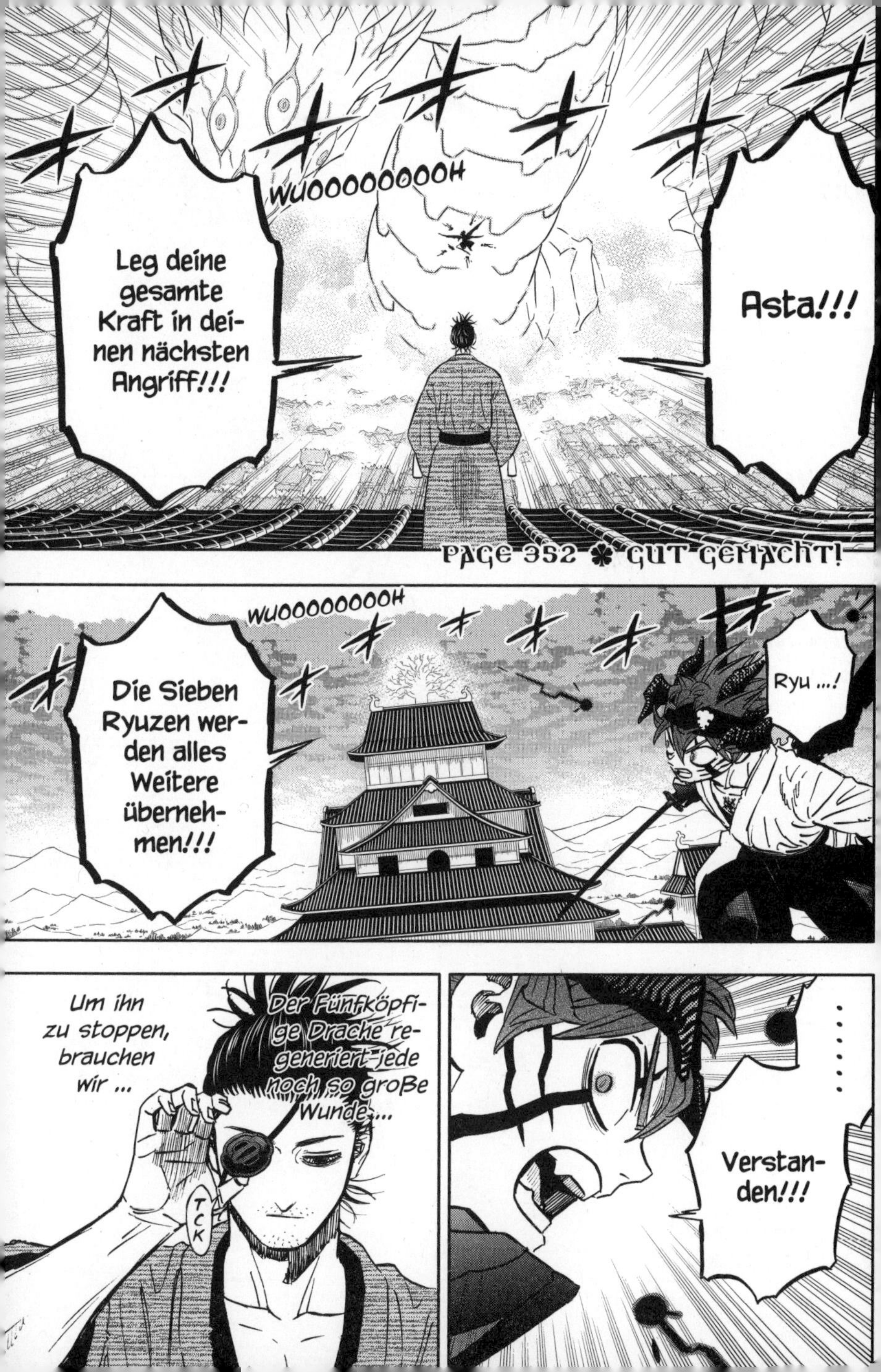
Asta!!!
WUOOOOOOOOH
Leg deine gesamte Kraft in deinen nächsten Angriff!!!
PAGE 352 ✿ GUT GEMACHT!
Ryu ...!
WUOOOOOOOOH
Die Sieben Ryuzen werden alles Weitere übernehmen!!!
......
Verstanden!!!
Der Fünfköpfige Drache regeneriert jede noch so große Wunde ...
Um ihn zu stoppen, brauchen wir ...
TCK

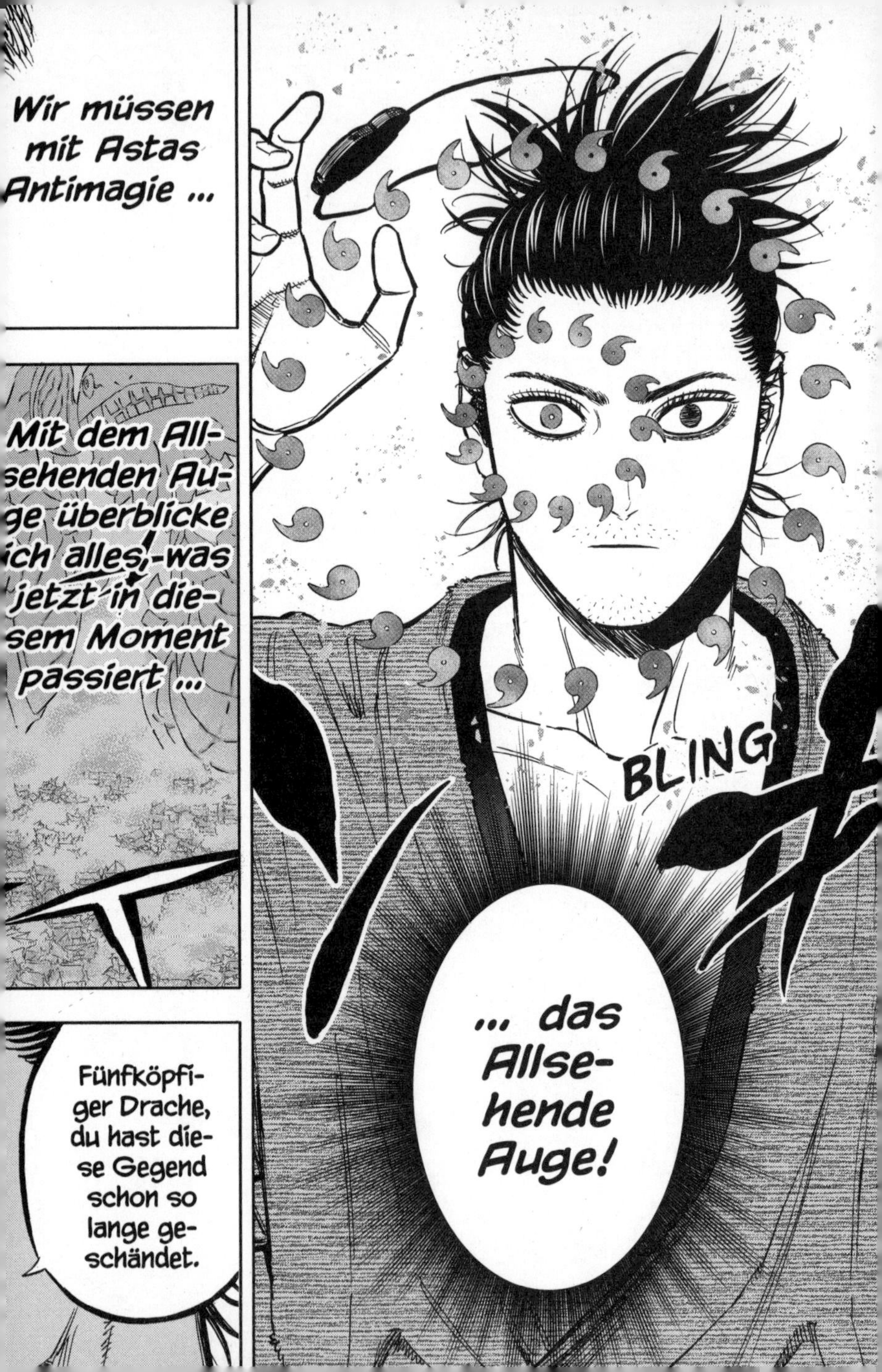

Wir müssen mit Astas Antimagie ...
Mit dem Allsehenden Auge überblicke ich alles, was jetzt in diesem Moment passiert ...
Fünfköpfiger Drache, du hast diese Gegend schon so lange geschändet.
BLING
... das Allsehende Auge!

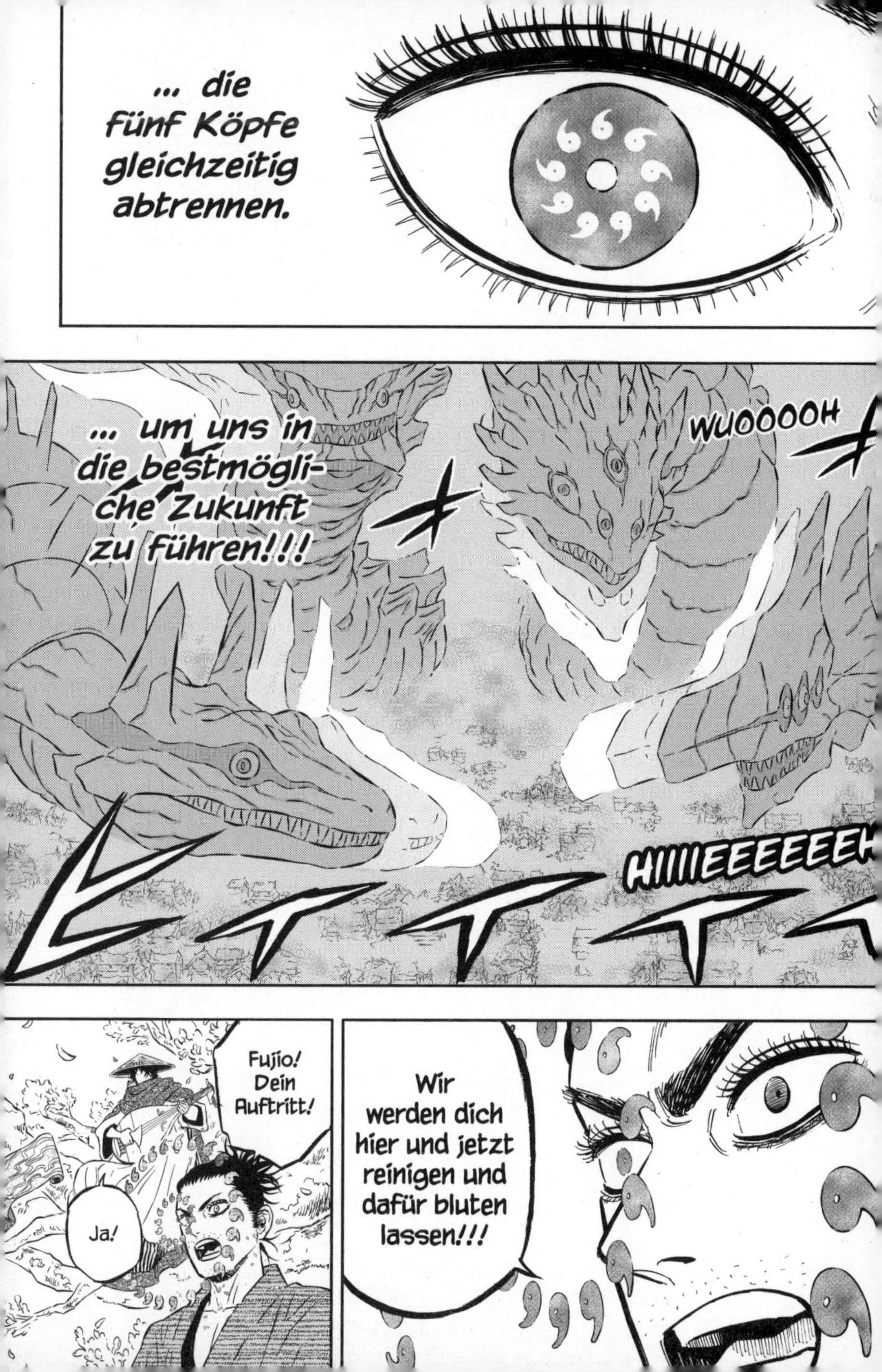
... die fünf Köpfe gleichzeitig abtrennen.
... um uns in die bestmögliche Zukunft zu führen!!!
WUOOOOH
HIIIIEEEEEEEH
Wir werden dich hier und jetzt reinigen und dafür bluten lassen!!!
Fujio! Dein Auftritt!
Ja!

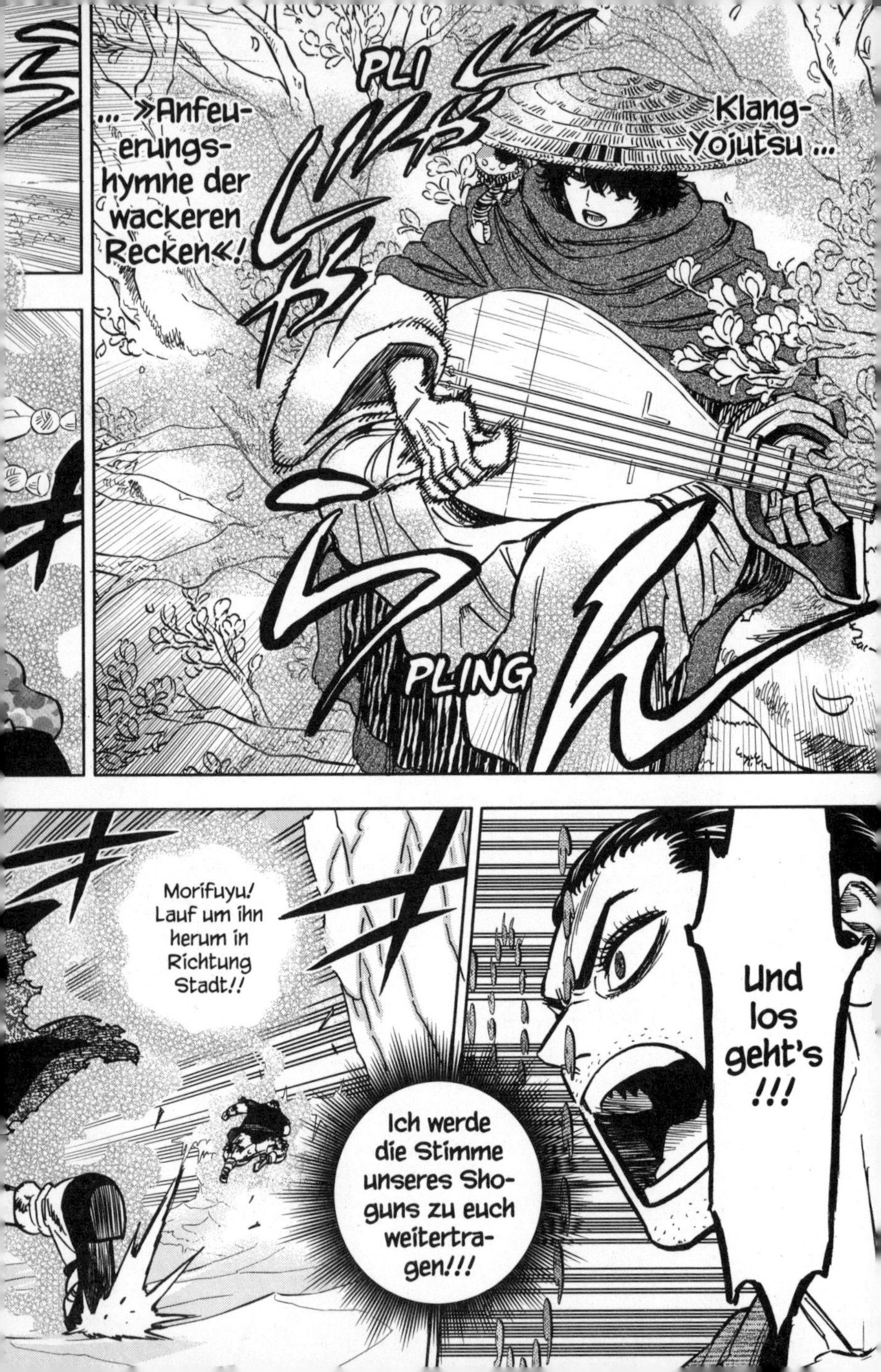
Klang-Yojutsu ...
PLI
... »Anfeuerungshymne der wackeren Recken«!
PLING
Und los geht's!!!
Morifuyu! Lauf um ihn herum in Richtung Stadt!!
Ich werde die Stimme unseres Shoguns zu euch weitertragen!!!

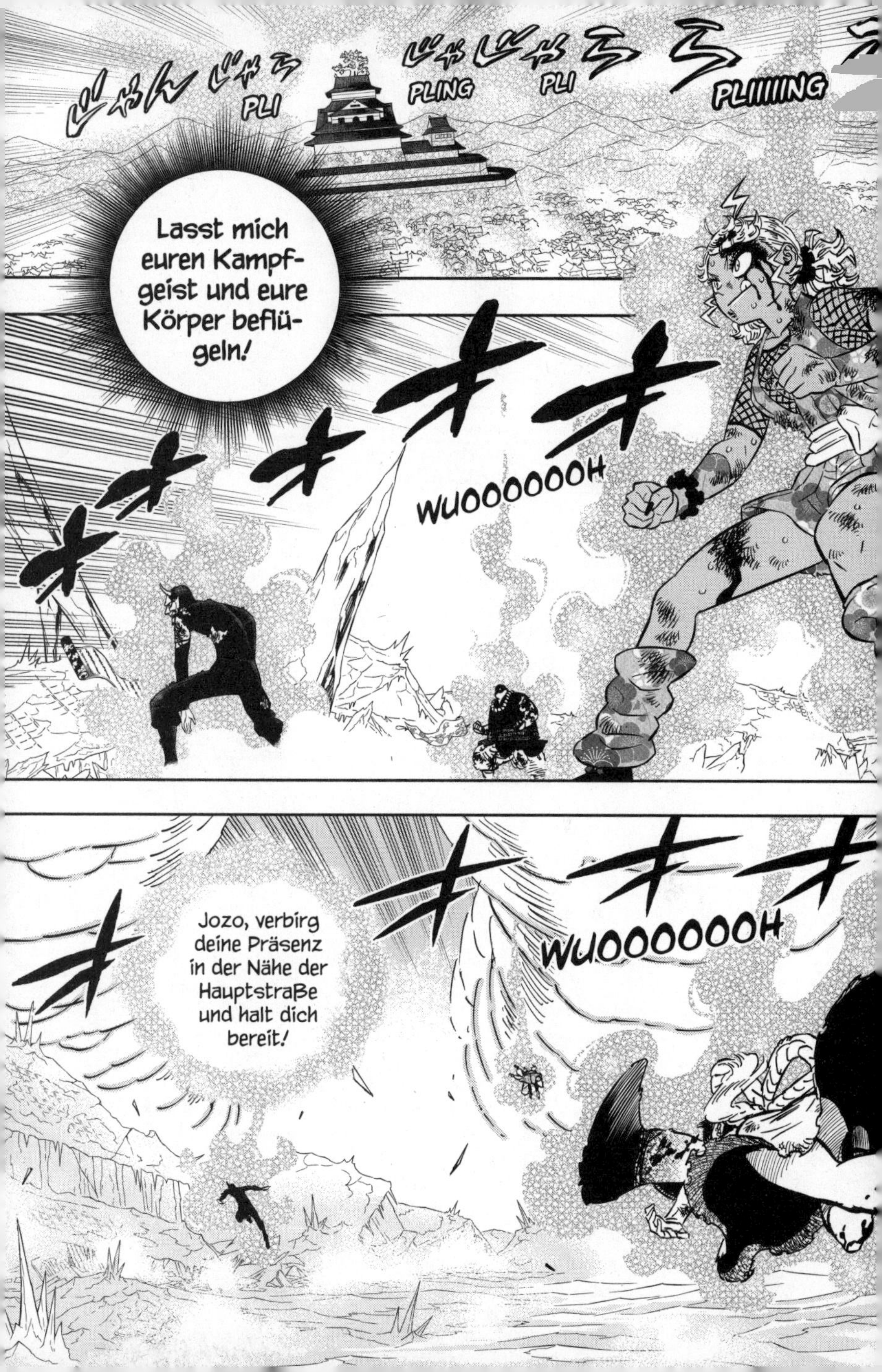
PLIIIIING
PLI
PLING
PLI
Lasst mich euren Kampf-geist und eure Körper beflü-geln!
WUOOOOOOH
WUOOOOOOH
Jozo, verbirg deine Präsenz in der Nähe der Hauptstraße und halt dich bereit!

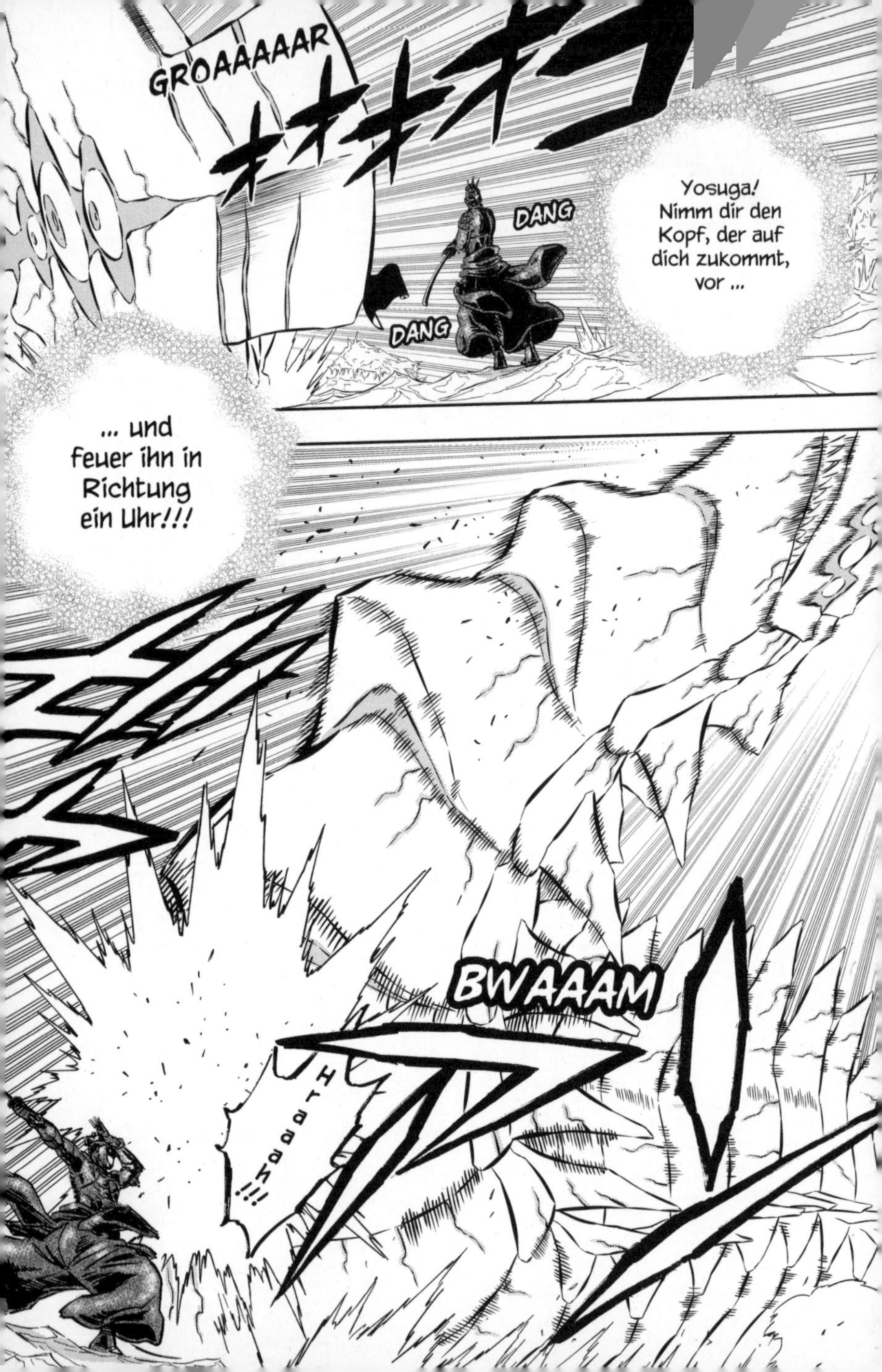
GROAAAAAR
DANG
DANG
Yosuga! Nimm dir den Kopf, der auf dich zukommt, vor ...
... und feuer ihn in Richtung ein Uhr!!!
BWAAAM
Hraaaaah!!!

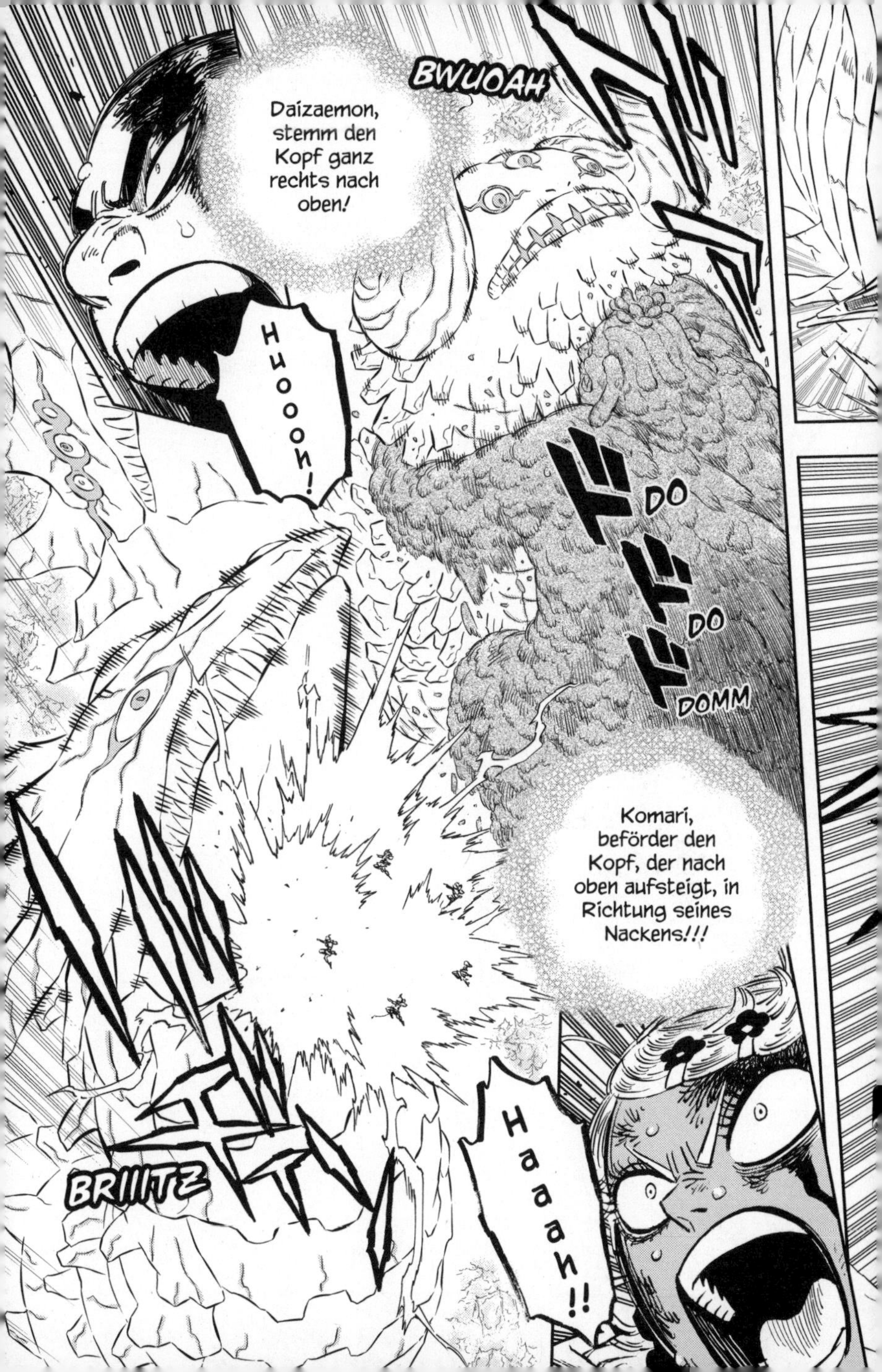
BWUOAH
Daizaemon, stemm den Kopf ganz rechts nach oben!
Huoooon!
DO
DO
DOMM
Komari, beförder den Kopf, der nach oben aufsteigt, in Richtung seines Nackens!!!
Haaaah!!
BRIIITZ

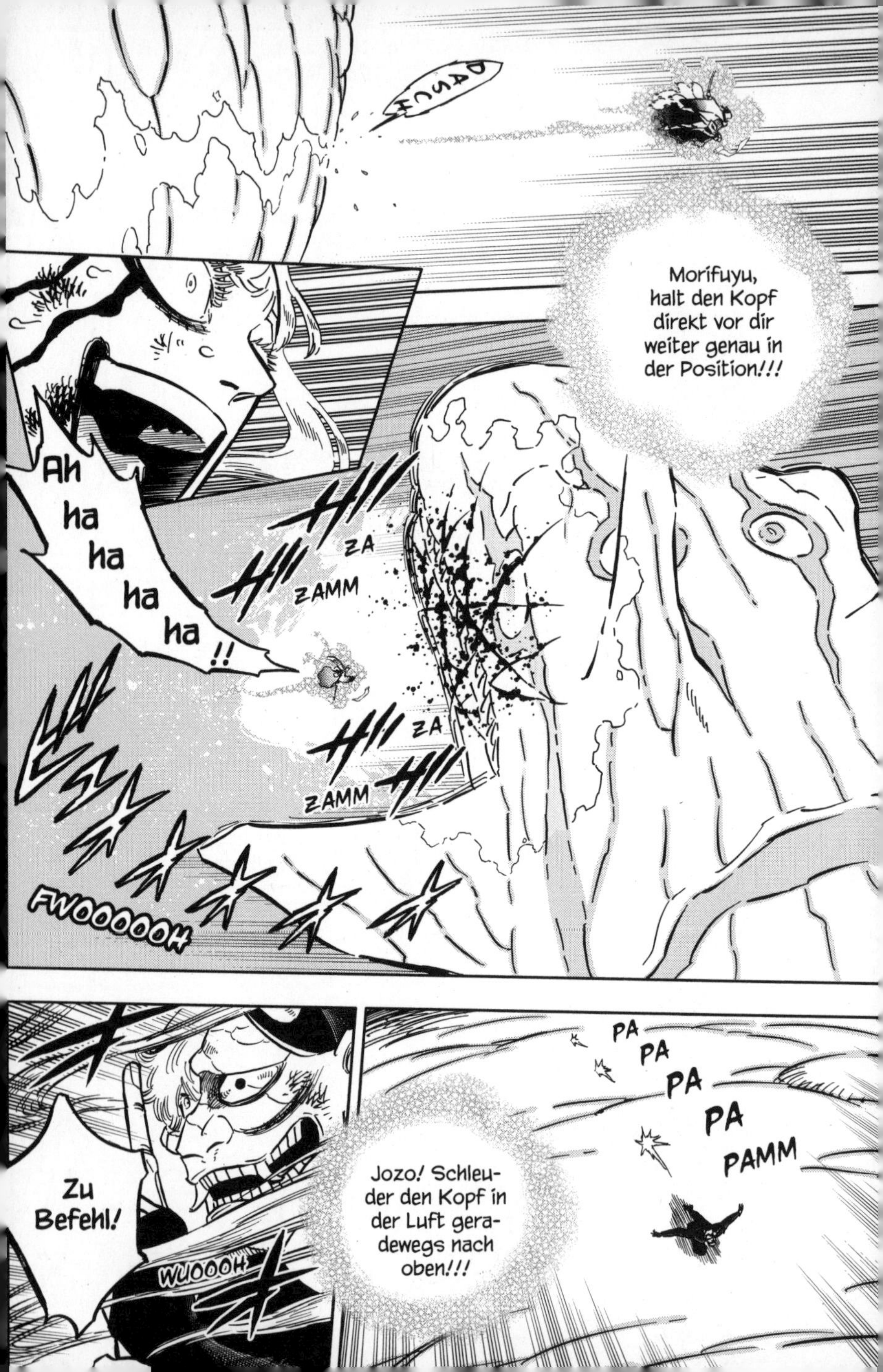
DASCH
Morifuyu, halt den Kopf direkt vor dir weiter genau in der Position!!!
Ah ha ha ha ha !!
ZA ZAMM
ZA ZAMM
FWOOOOOOH
PA PA PA PA PAMM
Jozo! Schleu-der den Kopf in der Luft gera-dewegs nach oben!!!
Zu Befehl!
WUOOOH

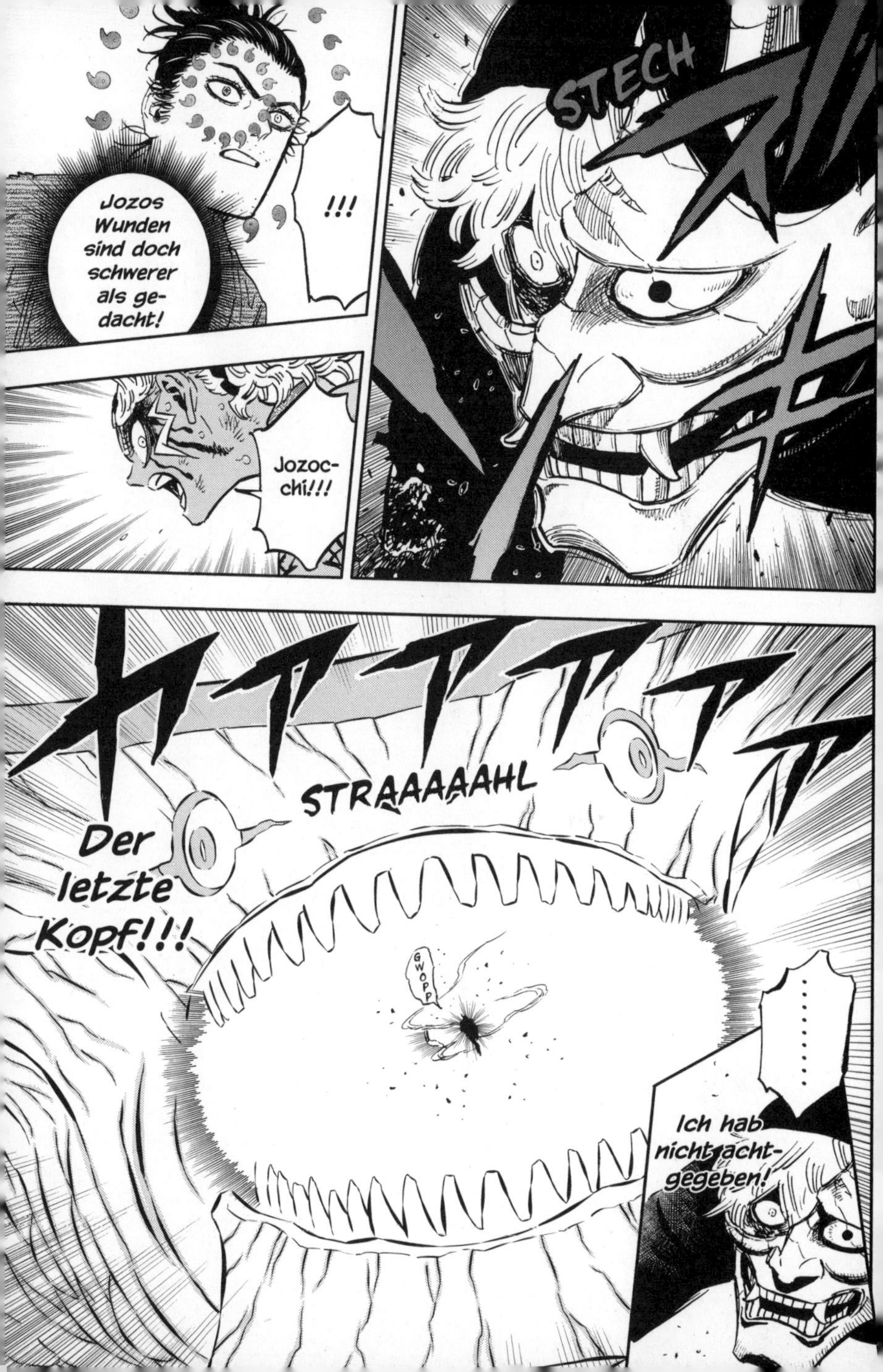
STECH
!!!
Jozos Wunden sind doch schwerer als gedacht!
Jozoc-chi!!!
STRAAAAAHL
Der letzte Kopf!!!
GWOPP
......
Ich hab nicht acht-gegeben!

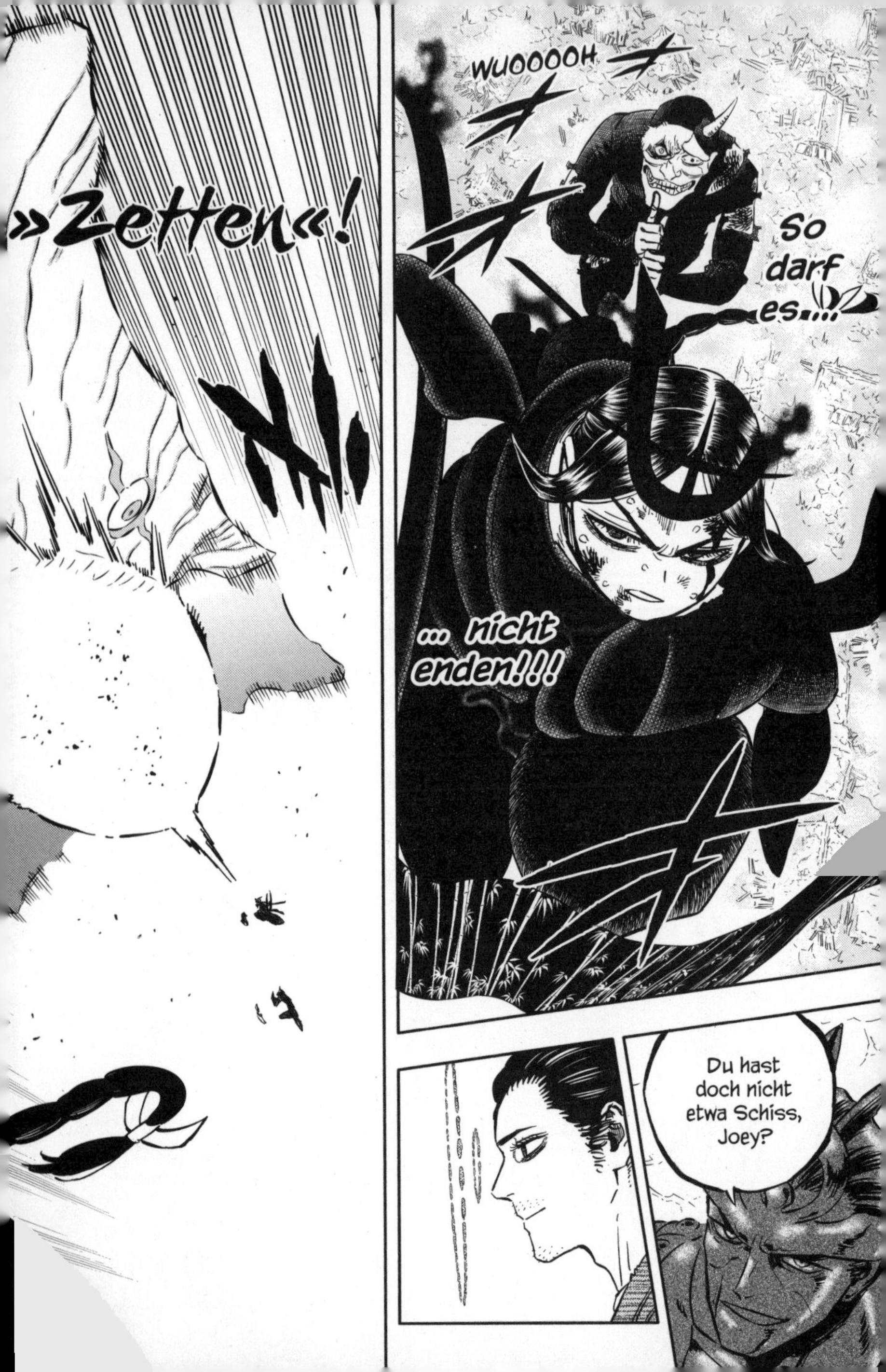

WUOOOOH
So darf es...!!
... nicht enden!!!
»Zetten«!
Du hast doch nicht etwa Schiss, Joey?

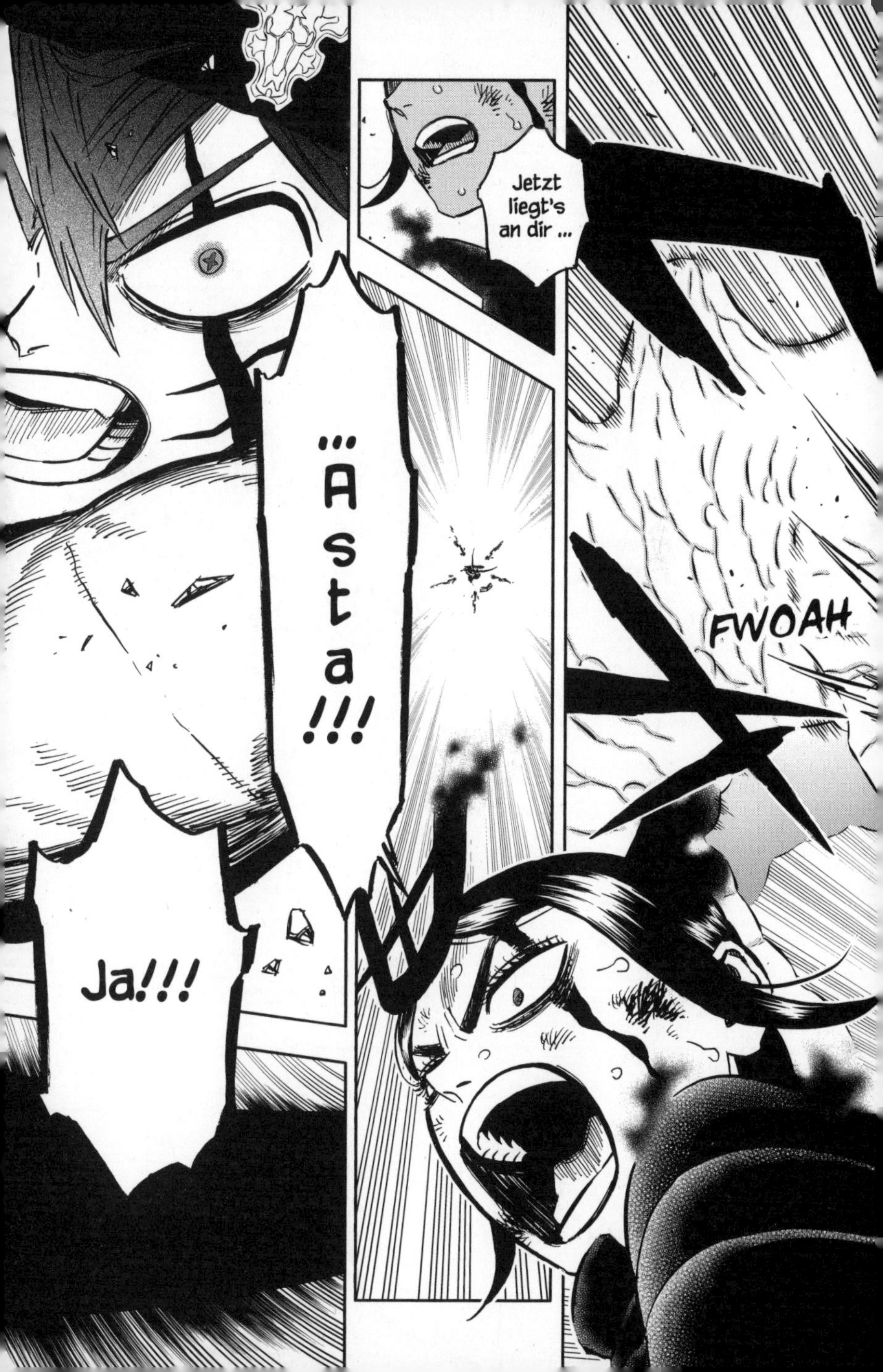
Jetzt liegt's an dir ...
FWOAH
...Asta!!!
Ja!!!

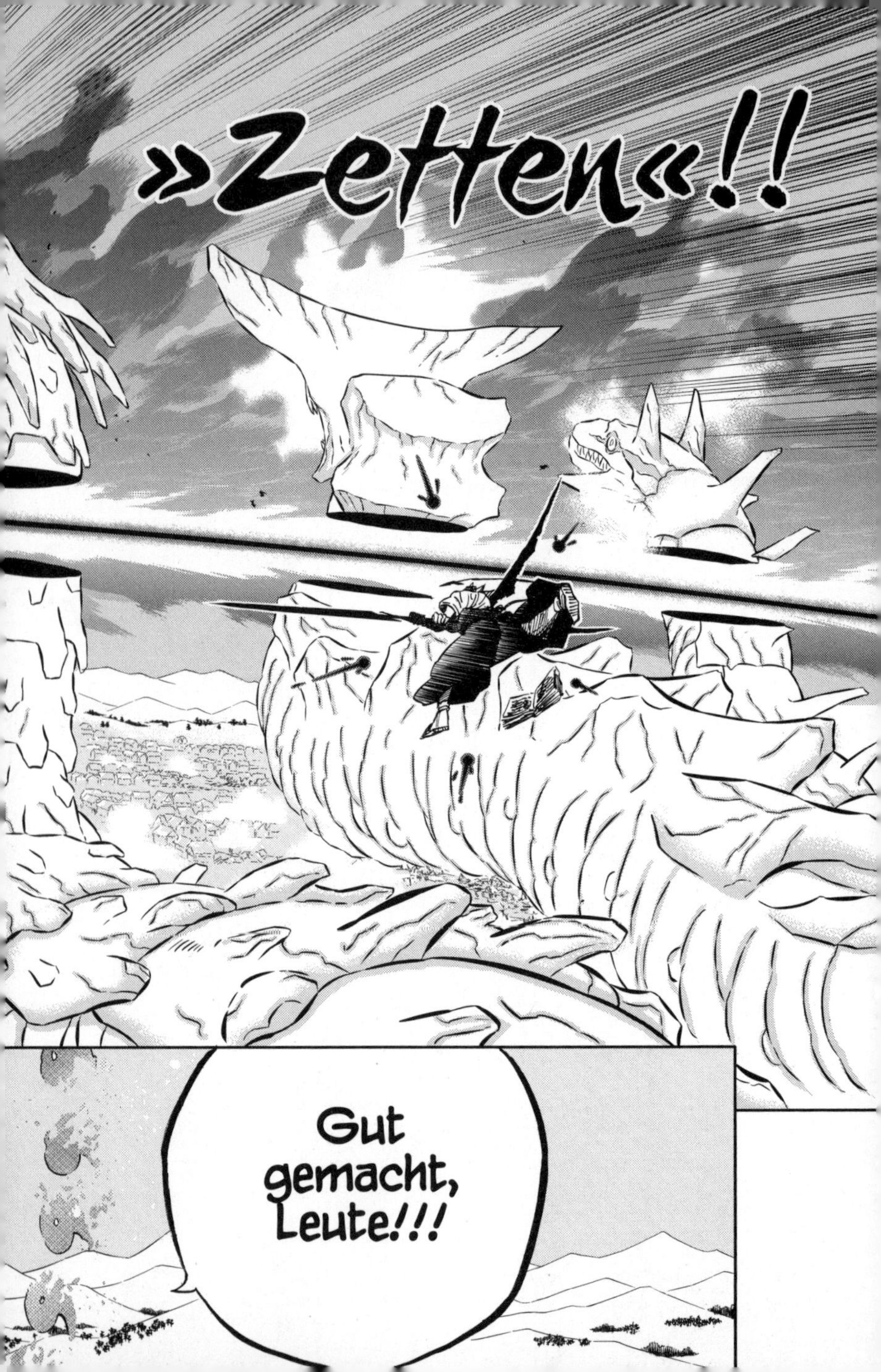
»Zetten«!!
Gut gemacht, Leute!!!

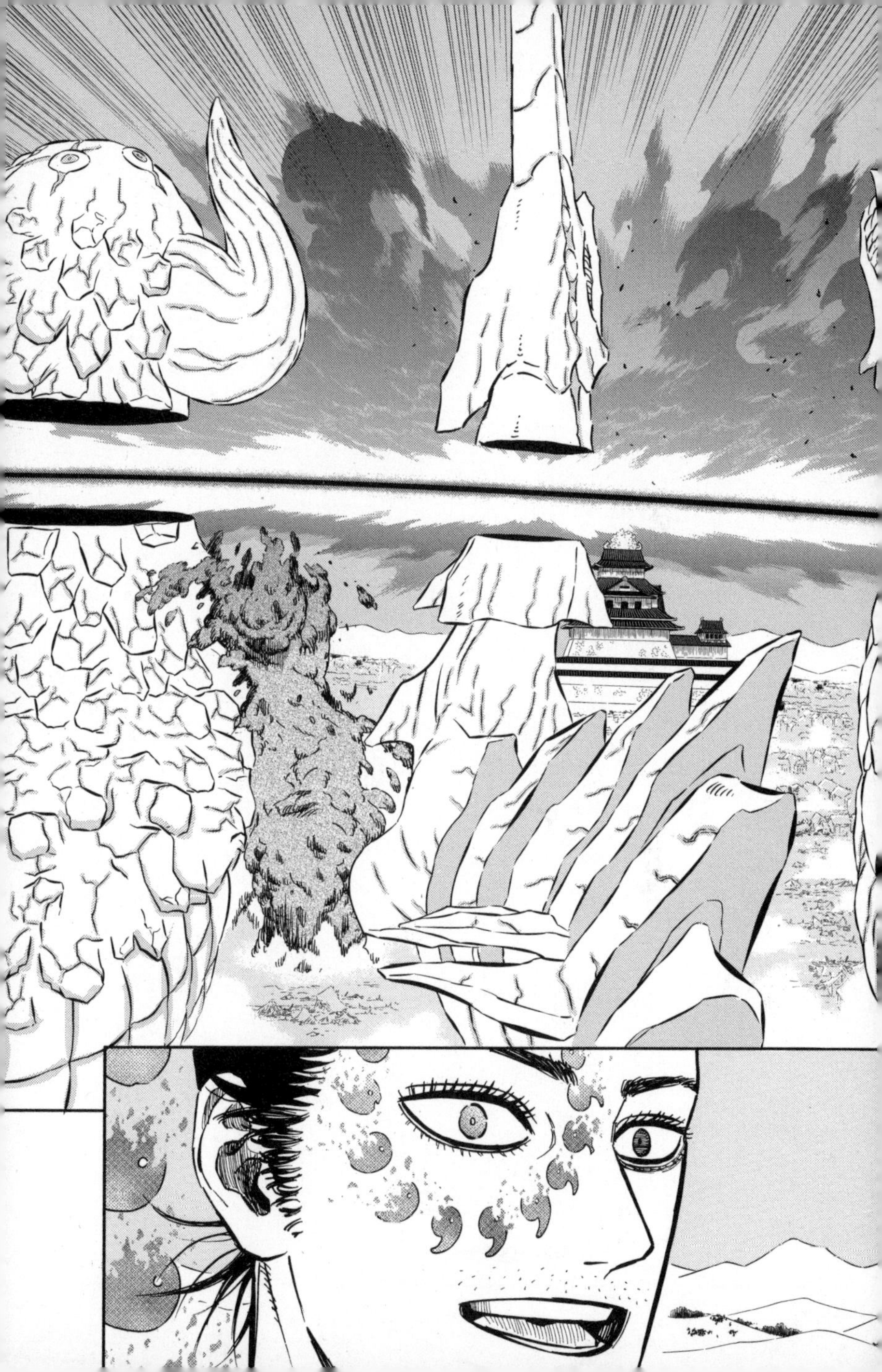

Tenmanyashiki Fujio

Alter: 34 Jahre
Größe: 176 cm
Geburtstag: 2. Oktober
Sternzeichen: Waage
Blutgruppe: 0
Mag:
Onigiri, Erdbeeren, Katzen, Singen

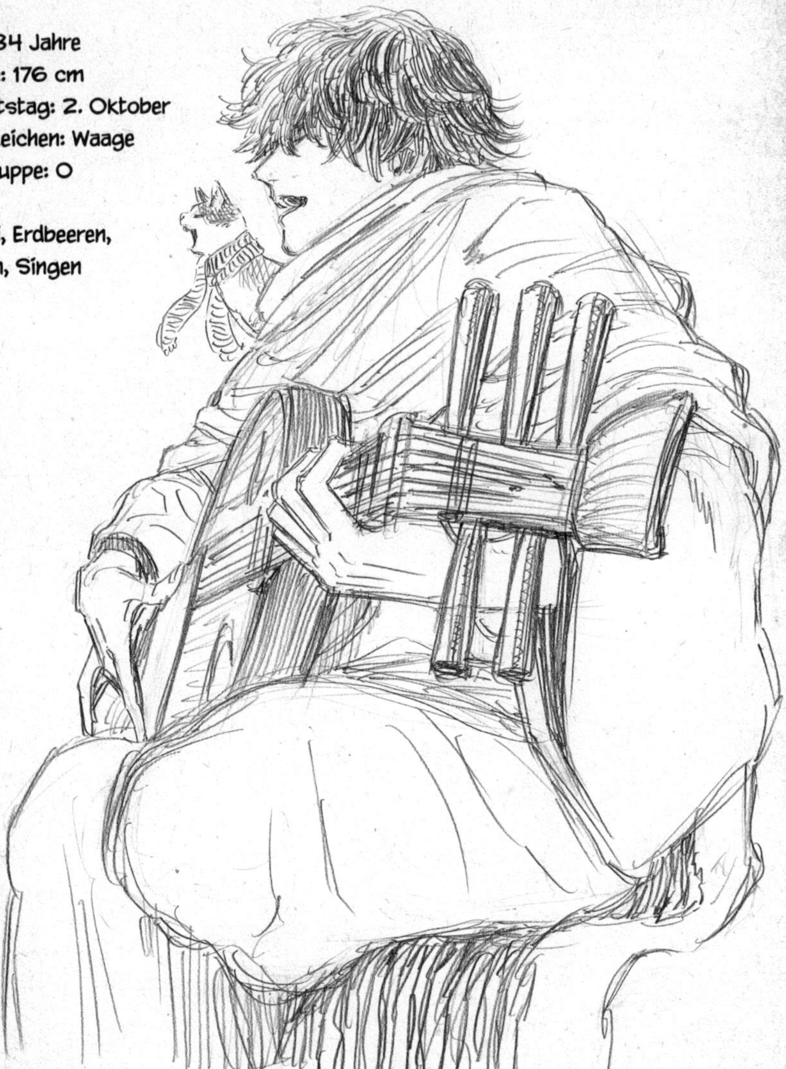

Charakterprofil

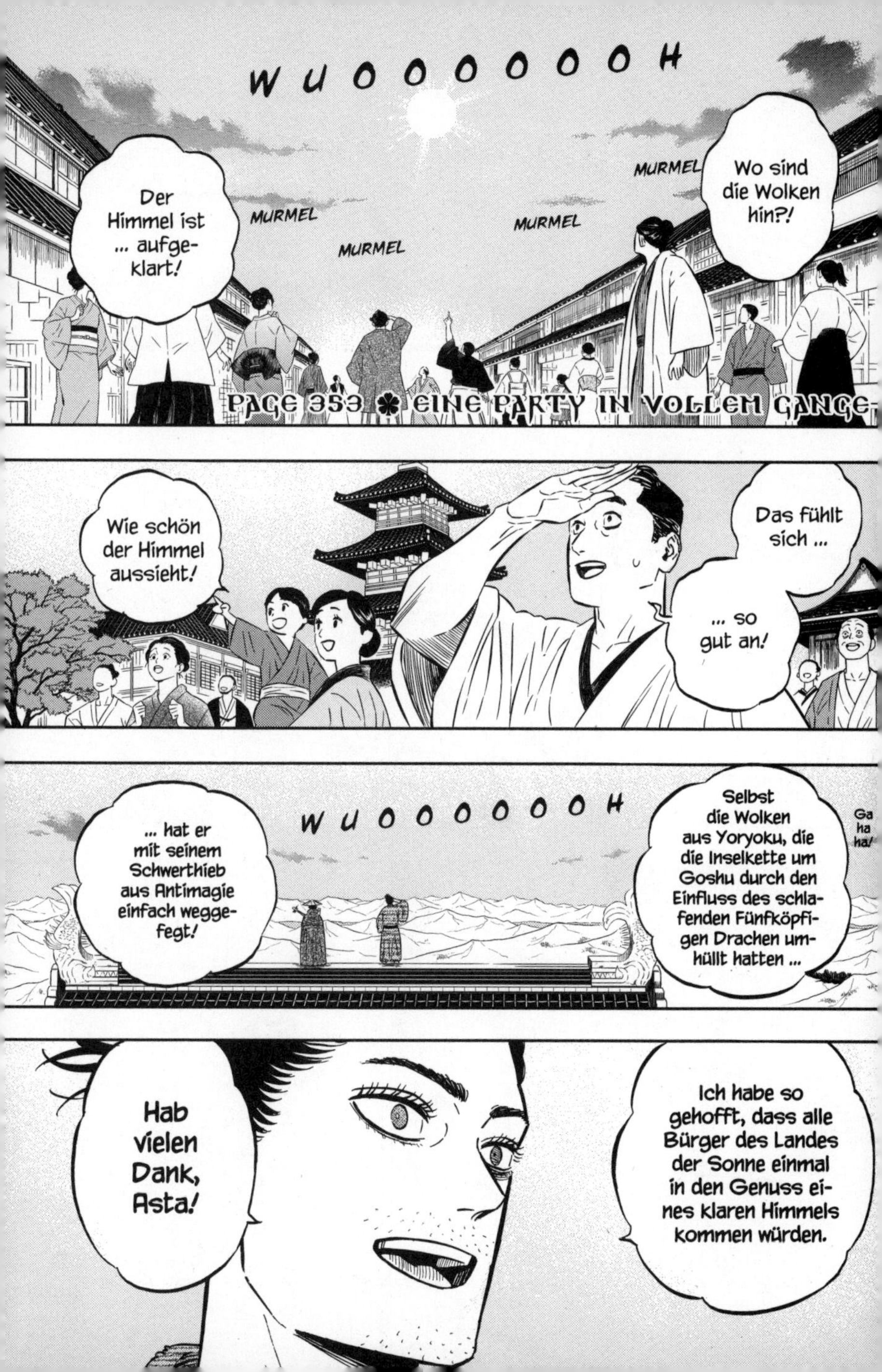
WUOOOOOOH
Wo sind die Wolken hin?!
MURMEL
MURMEL
MURMEL
MURMEL
Der Himmel ist ... aufgeklart!
PAGE 353 ✤ EINE PARTY IN VOLLEM GANGE
Das fühlt sich ...
... so gut an!
Wie schön der Himmel aussieht!
Ga ha ha!
Selbst die Wolken aus Yoryoku, die die Inselkette um Goshu durch den Einfluss des schlafenden Fünfköpfigen Drachen umhüllt hatten ...
WUOOOOOOH
... hat er mit seinem Schwerthieb aus Antimagie einfach weggefegt!
Ich habe so gehofft, dass alle Bürger des Landes der Sonne einmal in den Genuss eines klaren Himmels kommen würden.
Hab vielen Dank, Asta!

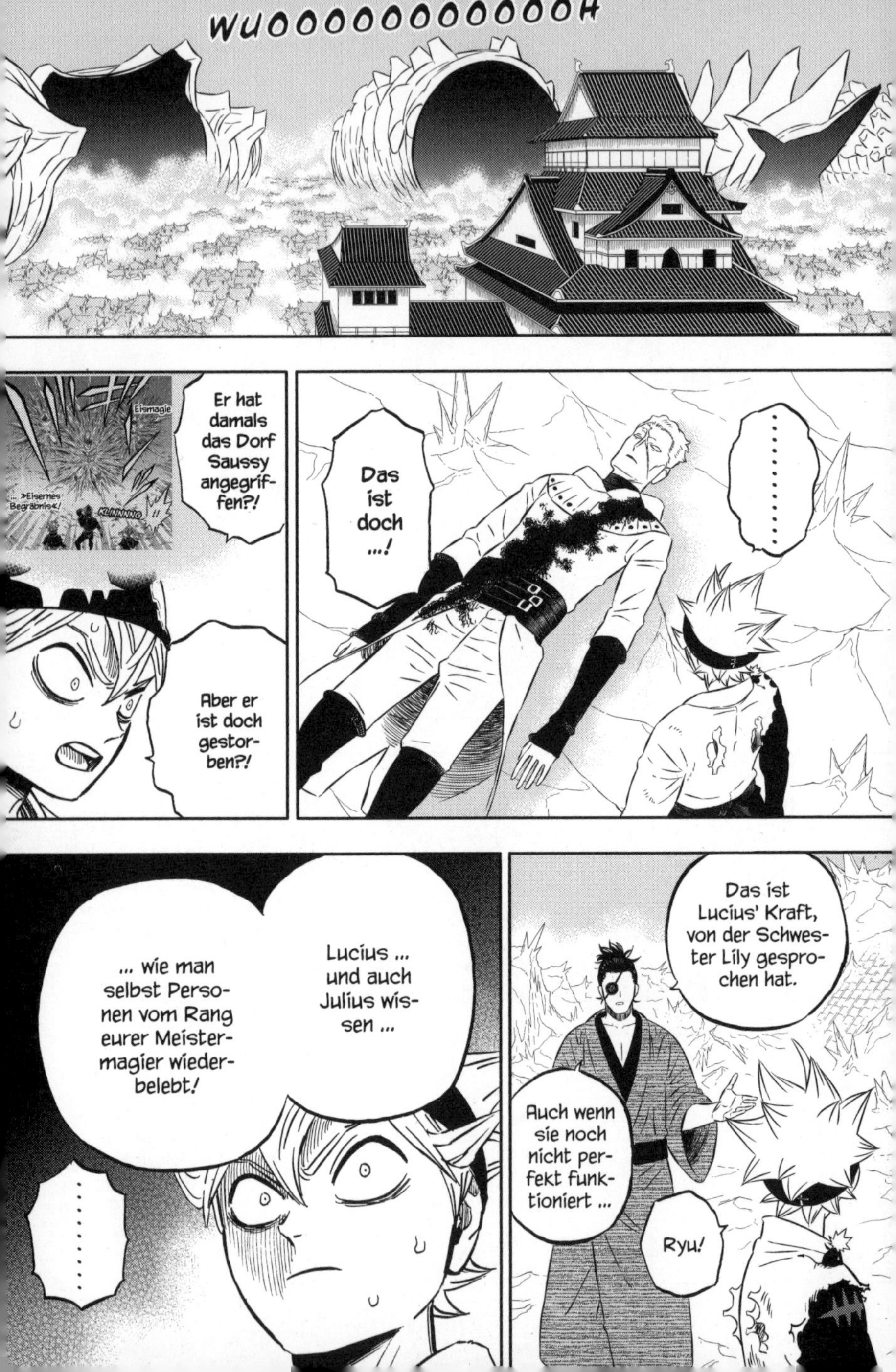

WUOOOOOOOOOOOH
……
Das ist doch …!
Eismagie
… »Eisernes Begräbnis«!
KLINNNG
Er hat damals das Dorf Saussy angegriffen?!
Aber er ist doch gestorben?!
Das ist Lucius' Kraft, von der Schwester Lily gesprochen hat.
Auch wenn sie noch nicht perfekt funktioniert …
Ryu!
Lucius … und auch Julius wissen …
… wie man selbst Personen vom Rang eurer Meistermagier wiederbelebt!
……

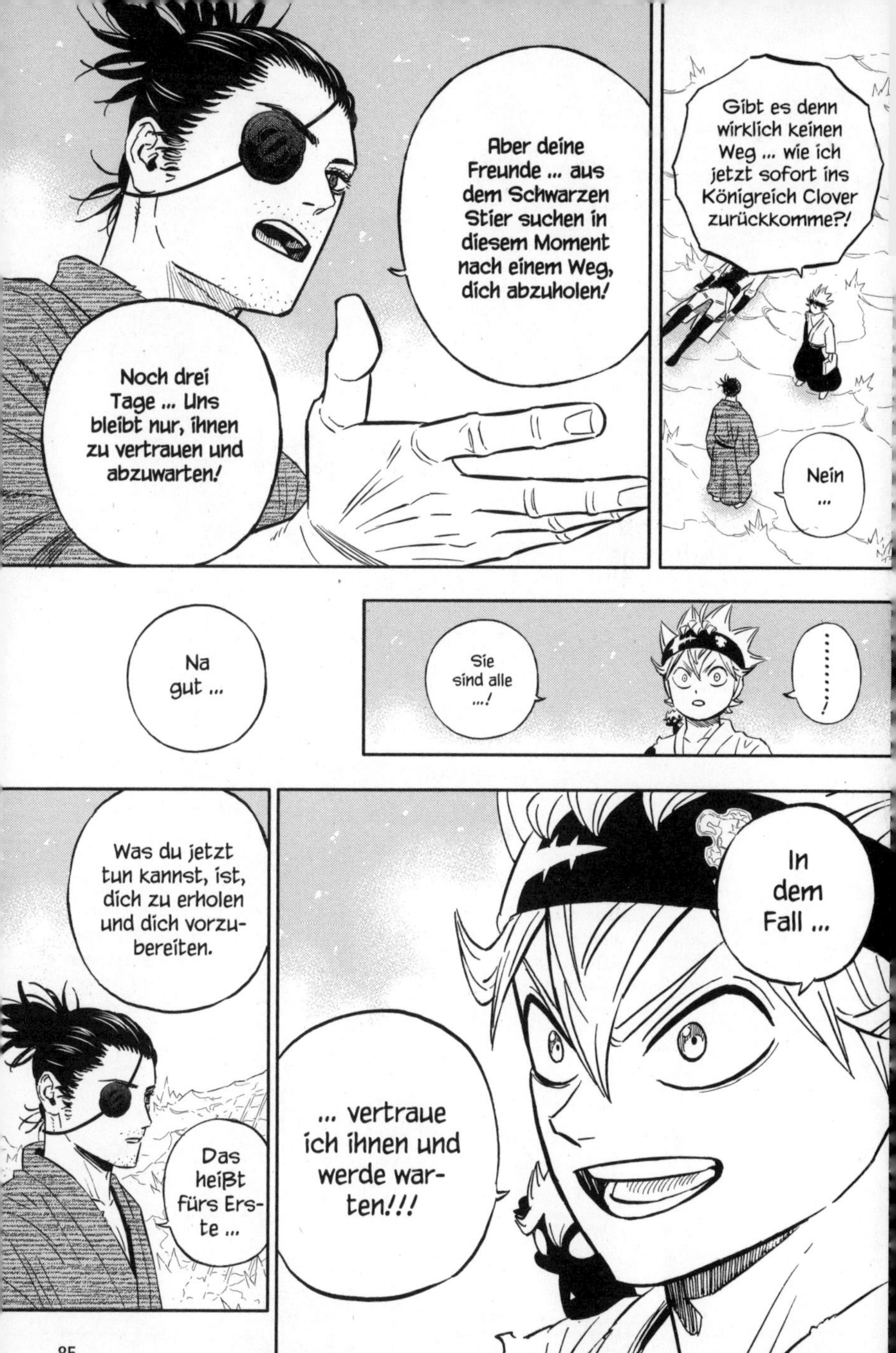
Gibt es denn wirklich keinen Weg ... wie ich jetzt sofort ins Königreich Clover zurückkomme?!
Nein ...
Aber deine Freunde ... aus dem Schwarzen Stier suchen in diesem Moment nach einem Weg, dich abzuholen!
Noch drei Tage ... Uns bleibt nur, ihnen zu vertrauen und abzuwarten!
..........!
Sie sind alle ...!
Na gut ...
Was du jetzt tun kannst, ist, dich zu erholen und dich vorzubereiten.
Das heißt fürs Erste ...
In dem Fall ...
... vertraue ich ihnen und werde warten!!!

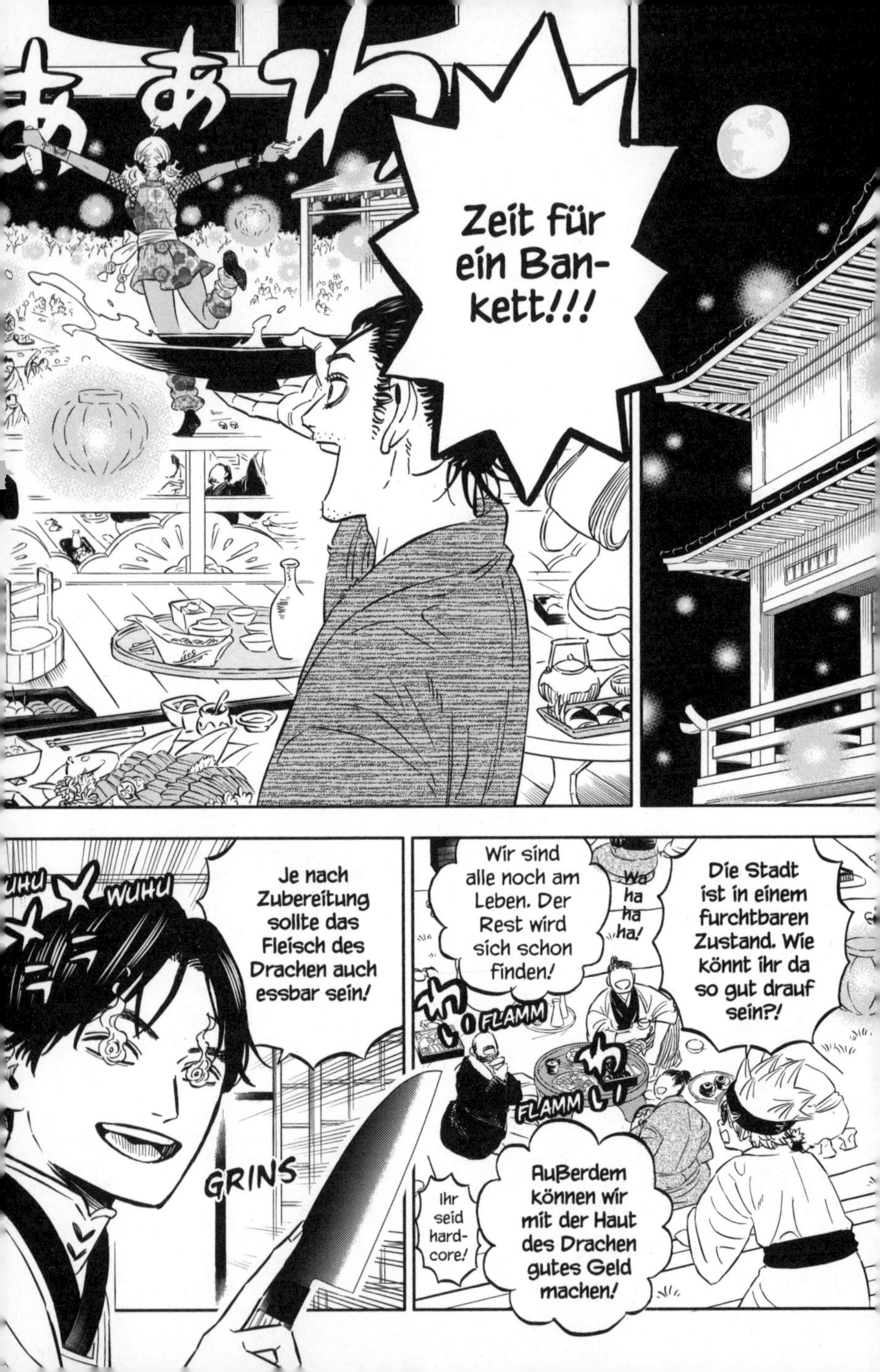
Zeit für ein Ban-kett!!!
Die Stadt ist in einem furchtbaren Zustand. Wie könnt ihr da so gut drauf sein?!
Wir sind alle noch am Leben. Der Rest wird sich schon finden!
Wa ha ha ha!
FLAMM
FLAMM
Außerdem können wir mit der Haut des Drachen gutes Geld machen!
Ihr seid hard-core!
WUHU
WUHU
Je nach Zubereitung sollte das Fleisch des Drachen auch essbar sein!
GRINS

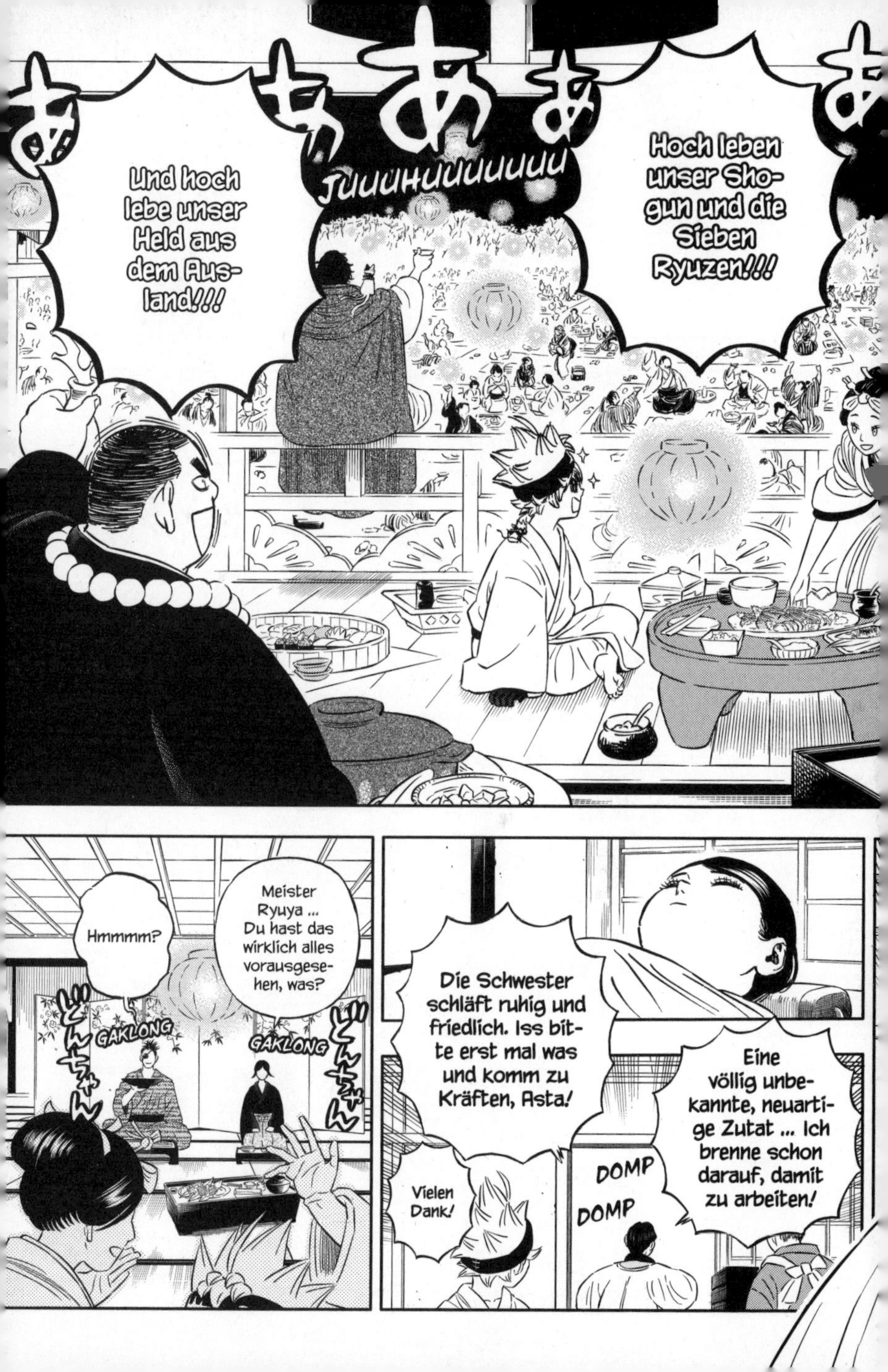

Hoch leben unser Shogun und die Sieben Ryuzen!!!
JUUUHUUUUUUU
Und hoch lebe unser Held aus dem Ausland!!!
Die Schwester schläft ruhig und friedlich. Iss bitte erst mal was und komm zu Kräften, Asta!
Vielen Dank!
Eine völlig unbekannte, neuartige Zutat ... Ich brenne schon darauf, damit zu arbeiten!
DOMP
DOMP
どんちゃん
GAKLONG
Meister Ryuya ... Du hast das wirklich alles vorausgesehen, was?
Hmmmm?
どんちゃん
GAKLONG

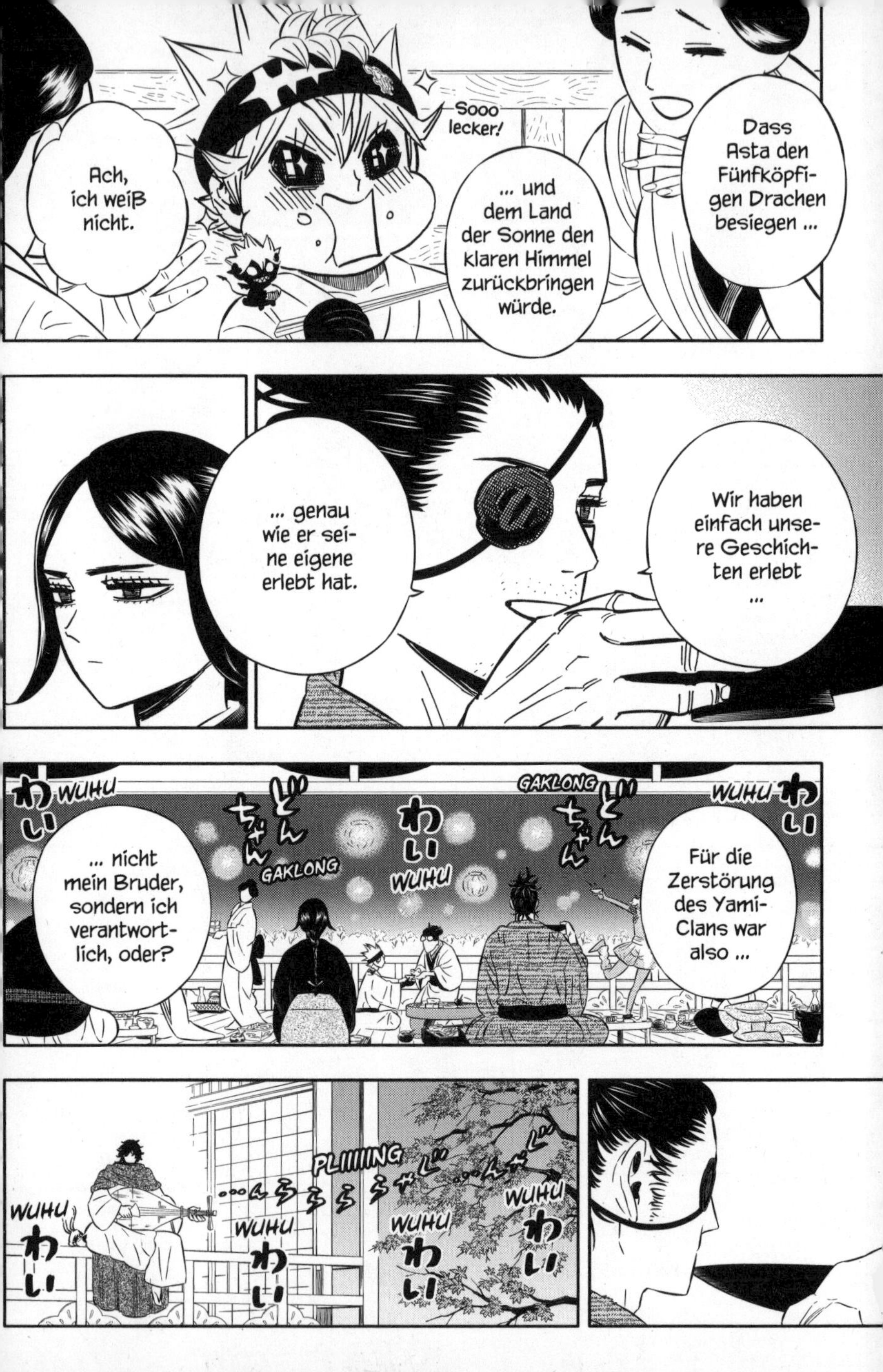
Dass Asta den Fünfköpfigen Drachen besiegen ...
... und dem Land der Sonne den klaren Himmel zurückbringen würde.
Sooo lecker!
Ach, ich weiß nicht.
Wir haben einfach unsere Geschichten erlebt ...
... genau wie er seine eigene erlebt hat.
WUHU わい
GAKLONG どんちゃん
わい WUHU
どんちゃん GAKLONG
WUHU わい
Für die Zerstörung des Yami-Clans war also ...
... nicht mein Bruder, sondern ich verantwortlich, oder?
WUHU わい
WUHU わい
PLIIIIING
WUHU わい
WUHU わい

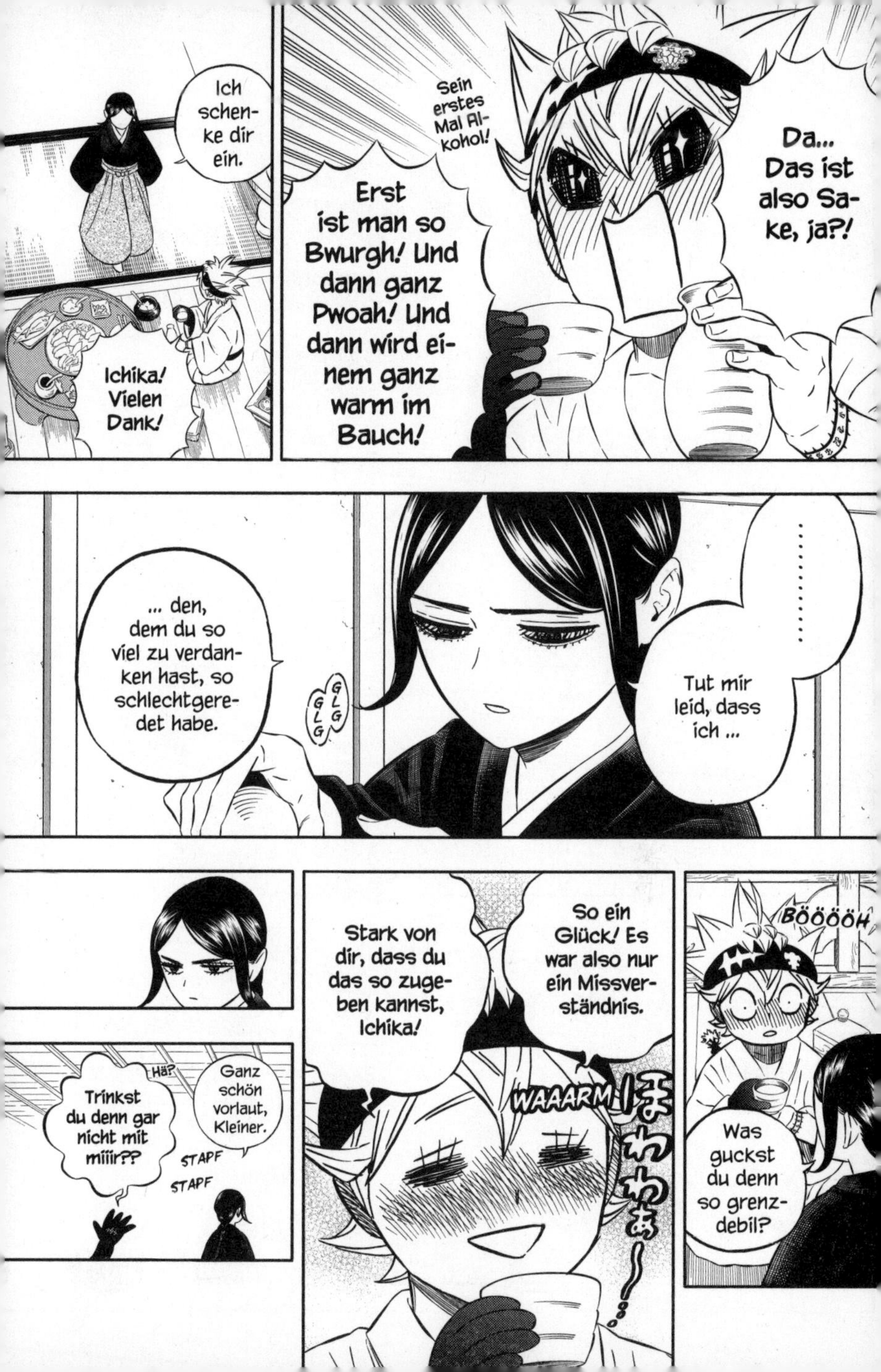
Da... Das ist also Sake, ja?!
Sein erstes Mal Alkohol!
Erst ist man so Bwurgh! Und dann ganz Pwoah! Und dann wird einem ganz warm im Bauch!
Ich schenke dir ein.
Ichika! Vielen Dank!
....
Tut mir leid, dass ich ...
... den, dem du so viel zu verdanken hast, so schlechtgeredet habe.
GLG GLG
BÖÖÖÖH
Was guckst du denn so grenzdebil?
So ein Glück! Es war also nur ein Missverständnis.
Stark von dir, dass du das so zugeben kannst, Ichika!
WAAARM
まわぁ~~…
Ganz schön vorlaut, Kleiner.
Hä?
Trinkst du denn gar nicht mit miiir??
STAPF
STAPF

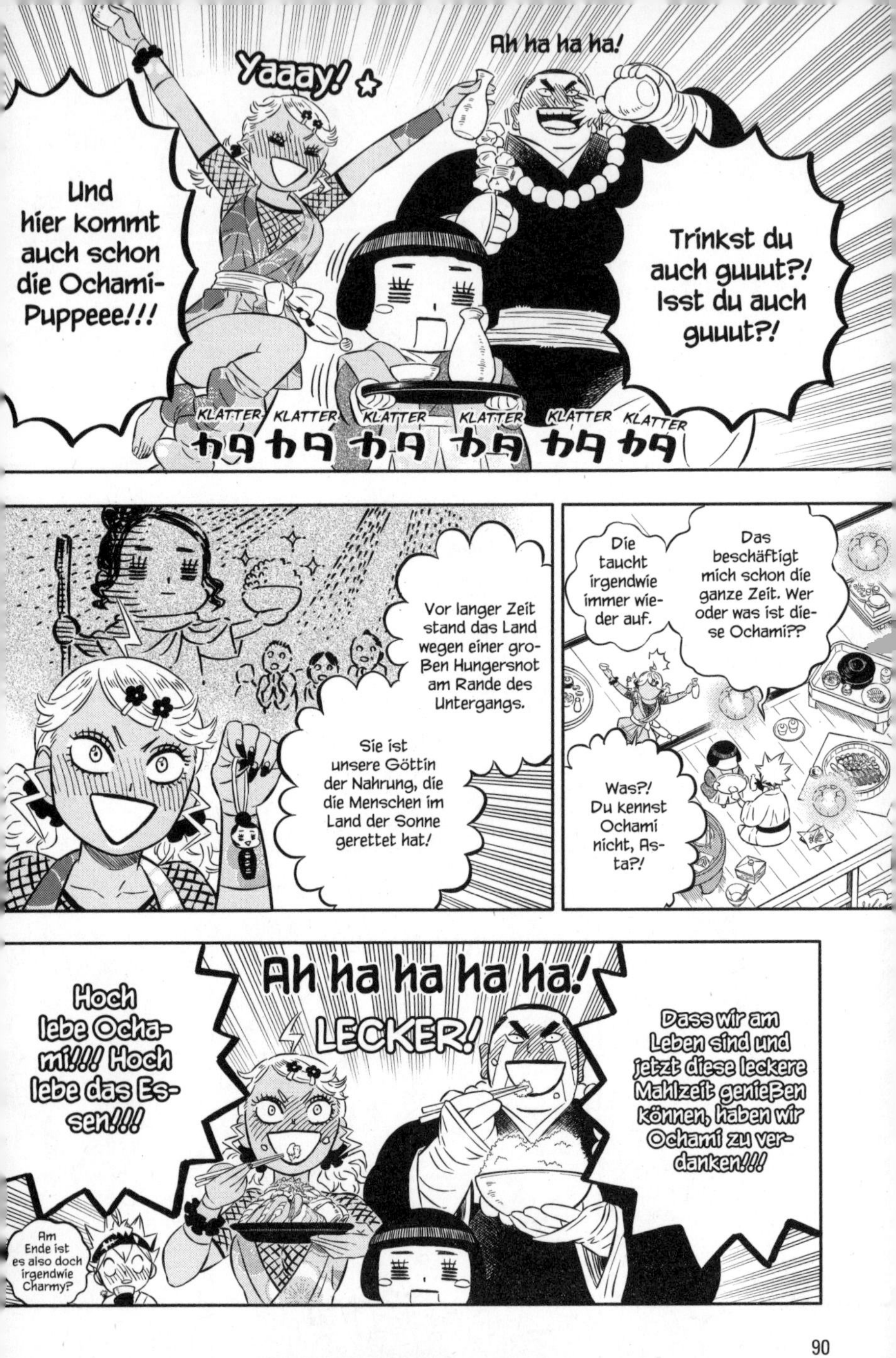
Ah ha ha ha!
Trinkst du auch guuut?! Isst du auch guuut?!
Yaaay! ☆
Und hier kommt auch schon die Ochami-Puppeee!!!
KLATTER KLATTER KLATTER KLATTER KLATTER KLATTER
カタ カタ カタ カタ カタ カタ
Das beschäftigt mich schon die ganze Zeit. Wer oder was ist diese Ochami??
Die taucht irgendwie immer wieder auf.
Was?! Du kennst Ochami nicht, Asta?!
Vor langer Zeit stand das Land wegen einer großen Hungersnot am Rande des Untergangs.
Sie ist unsere Göttin der Nahrung, die die Menschen im Land der Sonne gerettet hat!
Dass wir am Leben sind und jetzt diese leckere Mahlzeit genießen können, haben wir Ochami zu verdanken!!!
Ah ha ha ha ha!
LECKER!
Hoch lebe Ochami!!! Hoch lebe das Essen!!!
Am Ende ist es also doch irgendwie Charmy?

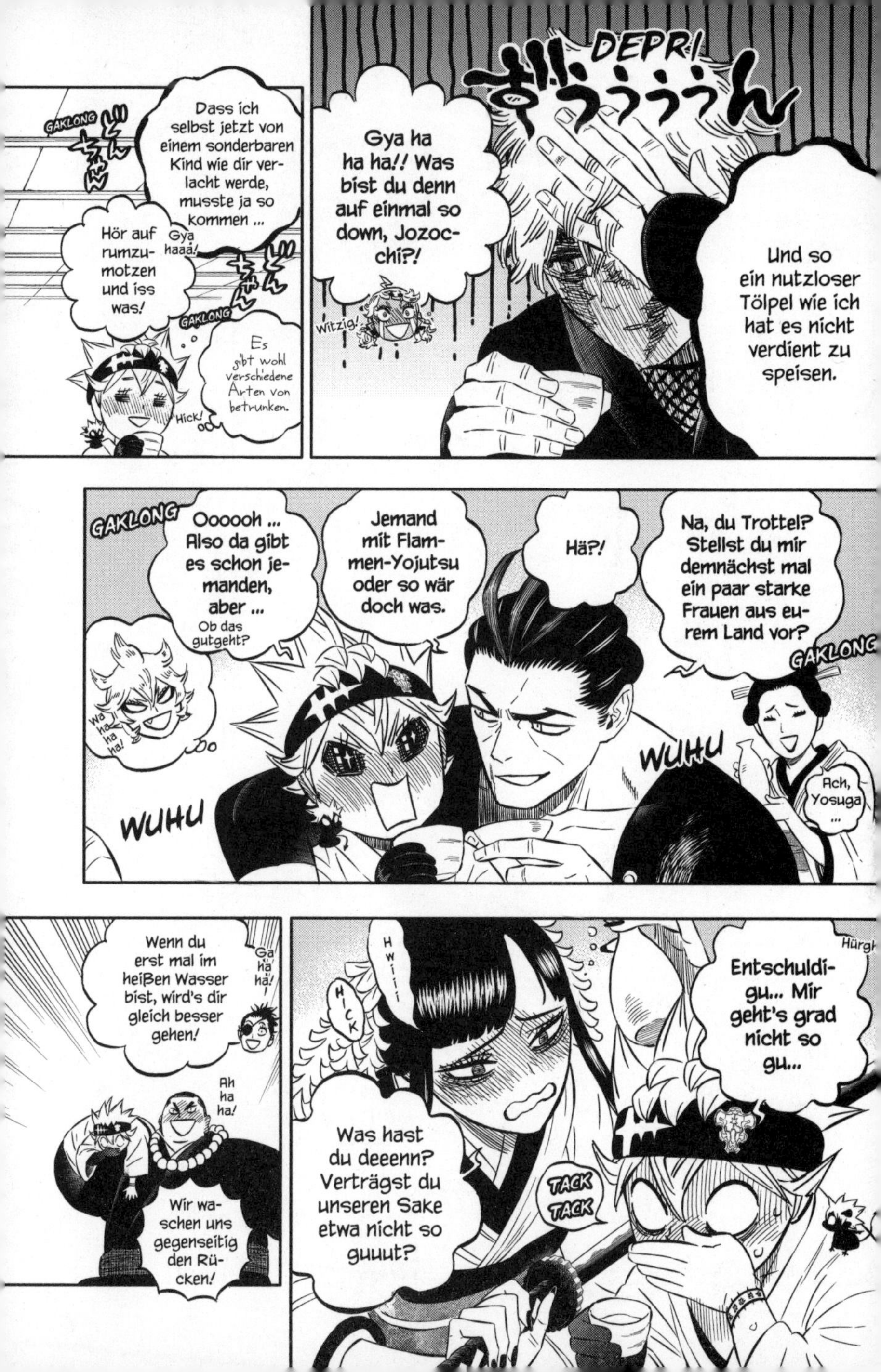

DEPRI
Und so ein nutzloser Tölpel wie ich hat es nicht verdient zu speisen.
Gya ha ha ha!! Was bist du denn auf einmal so down, Jozocchi?!
Witzig!
Dass ich selbst jetzt von einem sonderbaren Kind wie dir verlacht werde, musste ja so kommen ...
GAKLONG
Hör auf rumzumotzen und iss was!
Gya haaa!
GAKLONG
Es gibt wohl verschiedene Arten von betrunken.
Hick!
Na, du Trottel? Stellst du mir demnächst mal ein paar starke Frauen aus eurem Land vor?
Hä?!
GAKLONG
Ach, Yosuga ...
WUHU
Jemand mit Flammen-Yojutsu oder so wär doch was.
Oooooh ... Also da gibt es schon jemanden, aber ...
Ob das gutgeht?
Wa ha ha ha!
GAKLONG
WUHU
Hürgh
Entschuldigu... Mir geht's grad nicht so gu...
Hwiii
HICK
Was hast du deeenn? Verträgst du unseren Sake etwa nicht so guuut?
TACK TACK
Wenn du erst mal im heißen Wasser bist, wird's dir gleich besser gehen!
Ga hä hä!
Ah ha ha!
Wir waschen uns gegenseitig den Rücken!

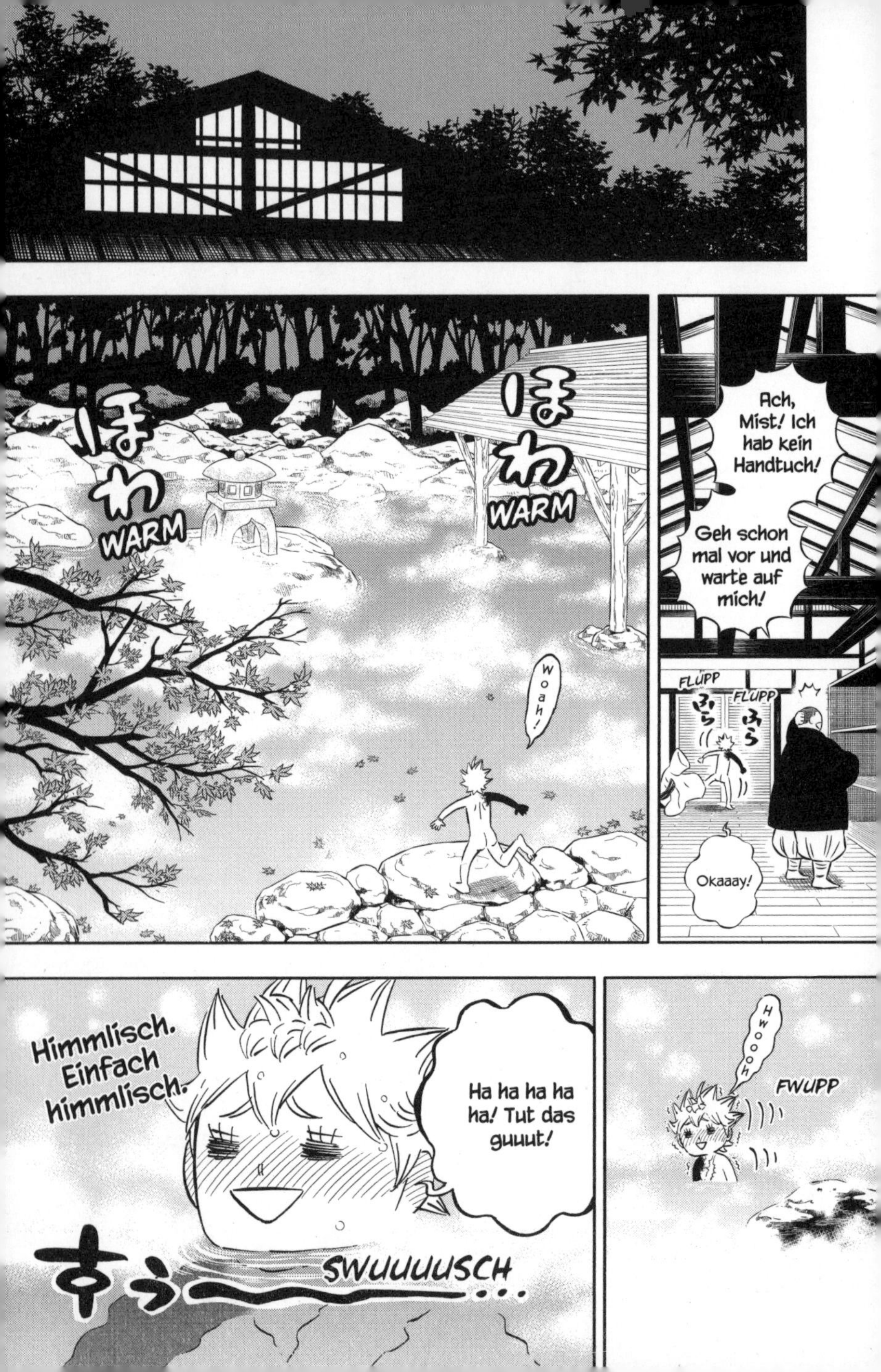

ほわ
WARM
ほわ
WARM
Woah!
Ach, Mist! Ich hab kein Handtuch!
Geh schon mal vor und warte auf mich!
FLUPP
ふら
FLUPP
ふら
Okaaay!
Hwoooh
FWUPP
Ha ha ha ha ha! Tut das guuut!
Himmlisch. Einfach himmlisch.
すう
SWUUUUSCH

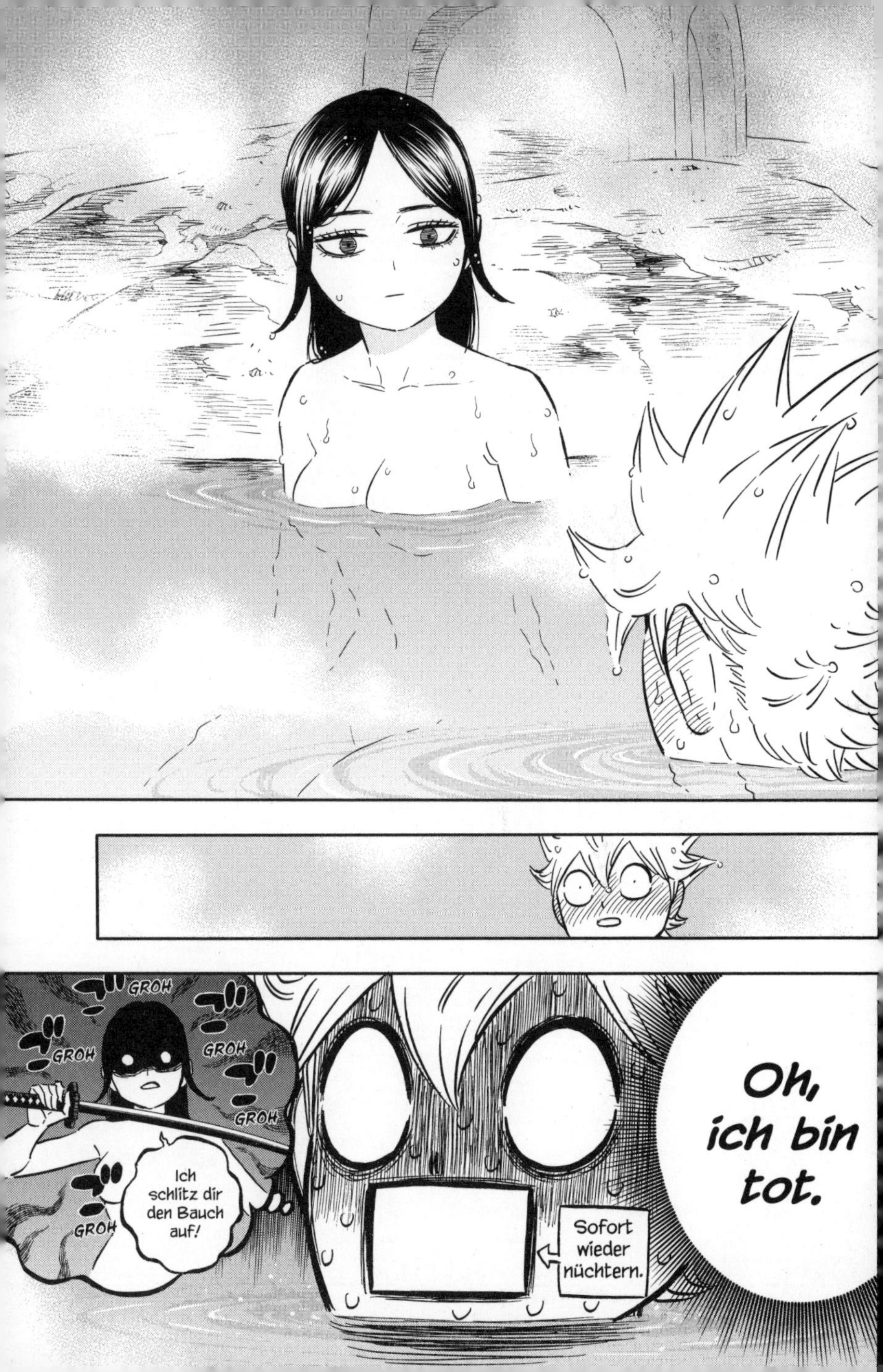
Oh, ich bin tot.
Sofort wieder nüchtern.
Ich schlitz dir den Bauch auf!
GROH
GROH
GROH
GROH
GROH

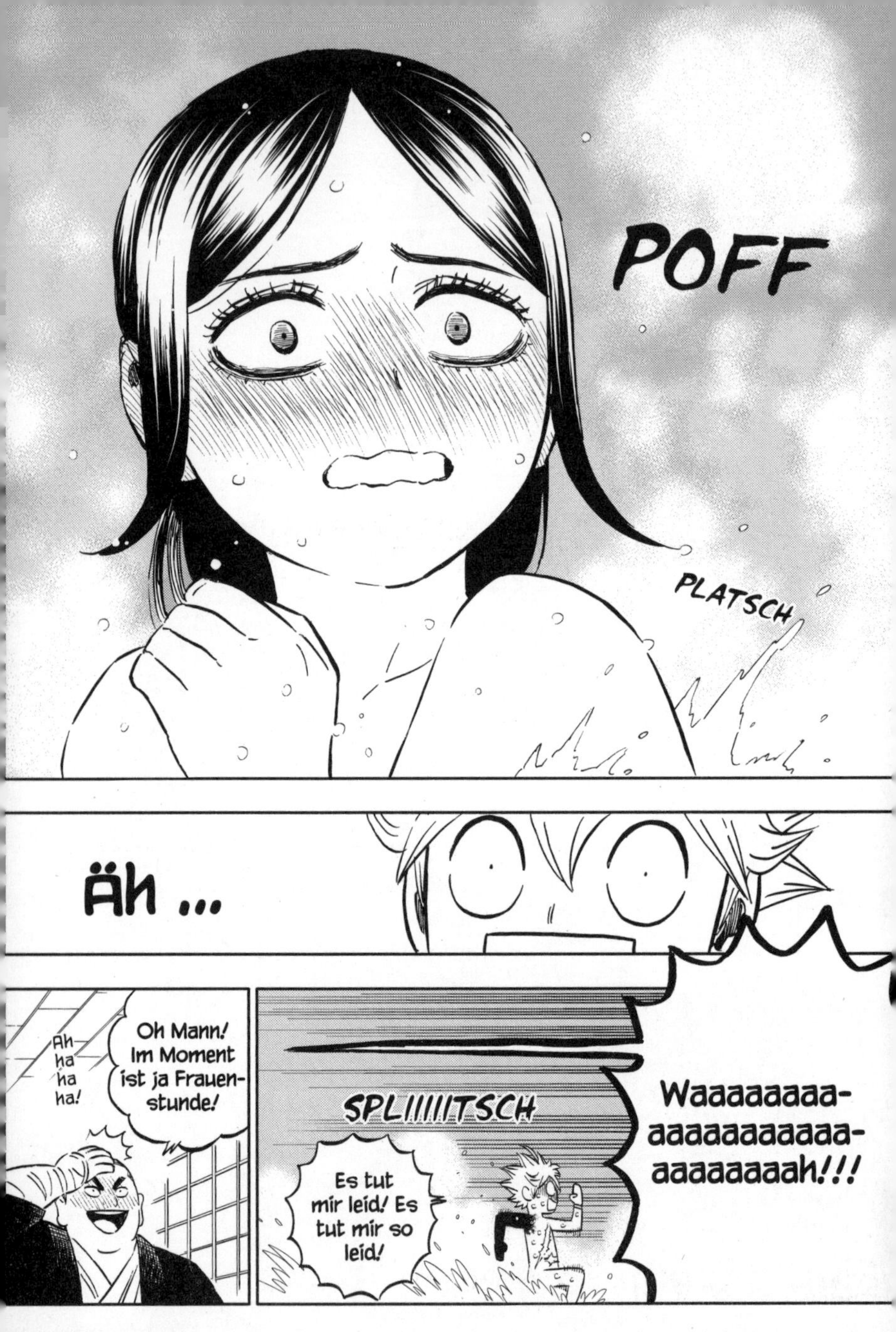
POFF
PLATSCH
Äh ...
Waaaaaaaa-aaaaaaaaaaa-aaaaaaaaah!!!
SPLIIIIITSCH
Es tut mir leid! Es tut mir so leid!
Oh Mann! Im Moment ist ja Frauen-stunde!
Ah-ha ha ha!

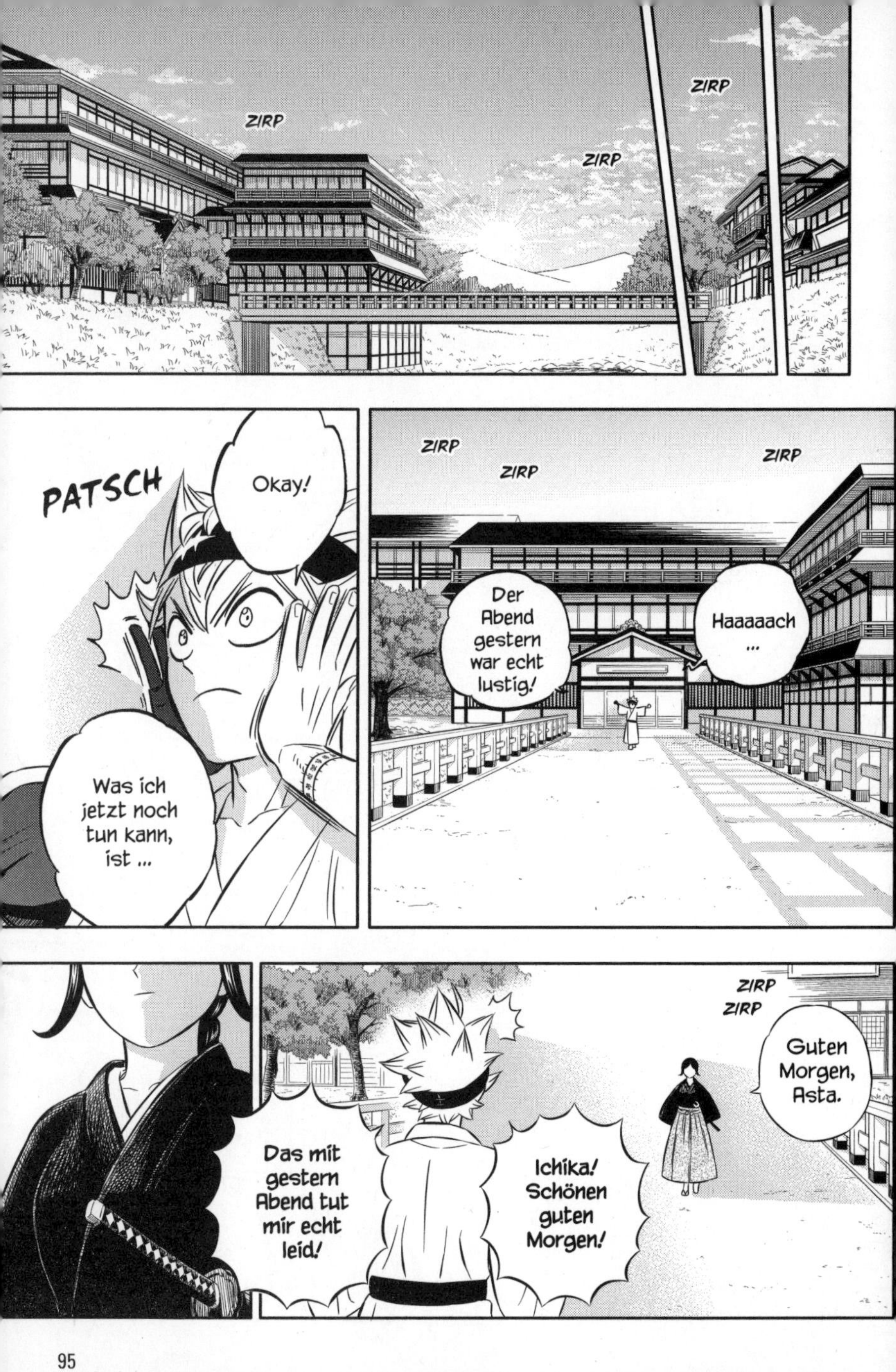
ZIRP
ZIRP
ZIRP
ZIRP
ZIRP
ZIRP
Haaaaach ...
Der Abend gestern war echt lustig!
Was ich jetzt noch tun kann, ist ...
PATSCH
Okay!
ZIRP
ZIRP
Guten Morgen, Asta.
Ichika! Schönen guten Morgen!
Das mit gestern Abend tut mir echt leid!

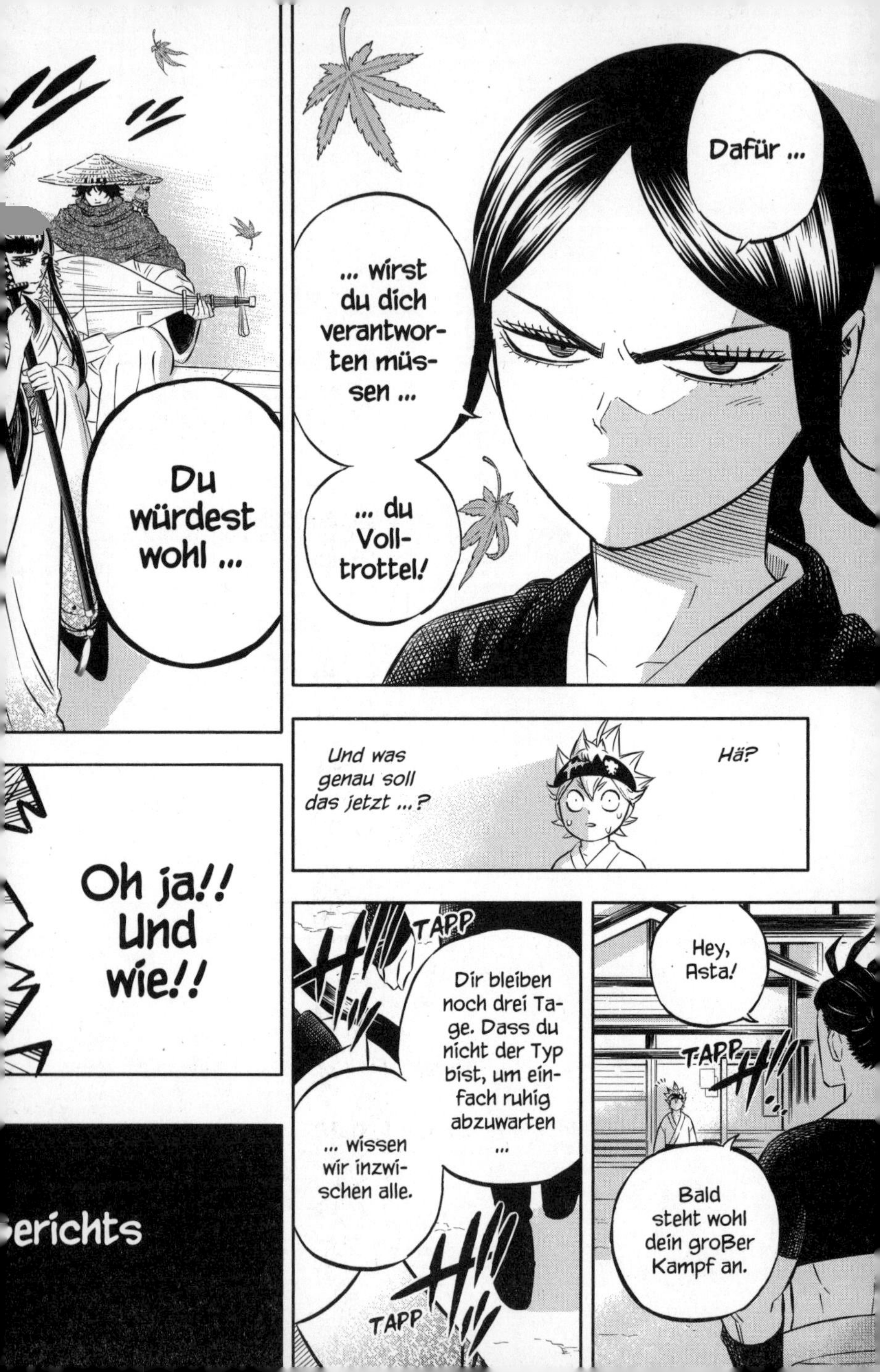
Dafür ...
... wirst du dich verantworten müssen ...
... du Volltrottel!
Du würdest wohl ...
Hä?
Und was genau soll das jetzt ...?
Oh ja!! Und wie!!
Hey, Asta!
TAPP
Bald steht wohl dein großer Kampf an.
TAPP
Dir bleiben noch drei Tage. Dass du nicht der Typ bist, um einfach ruhig abzuwarten ...
... wissen wir inzwischen alle.
TAPP

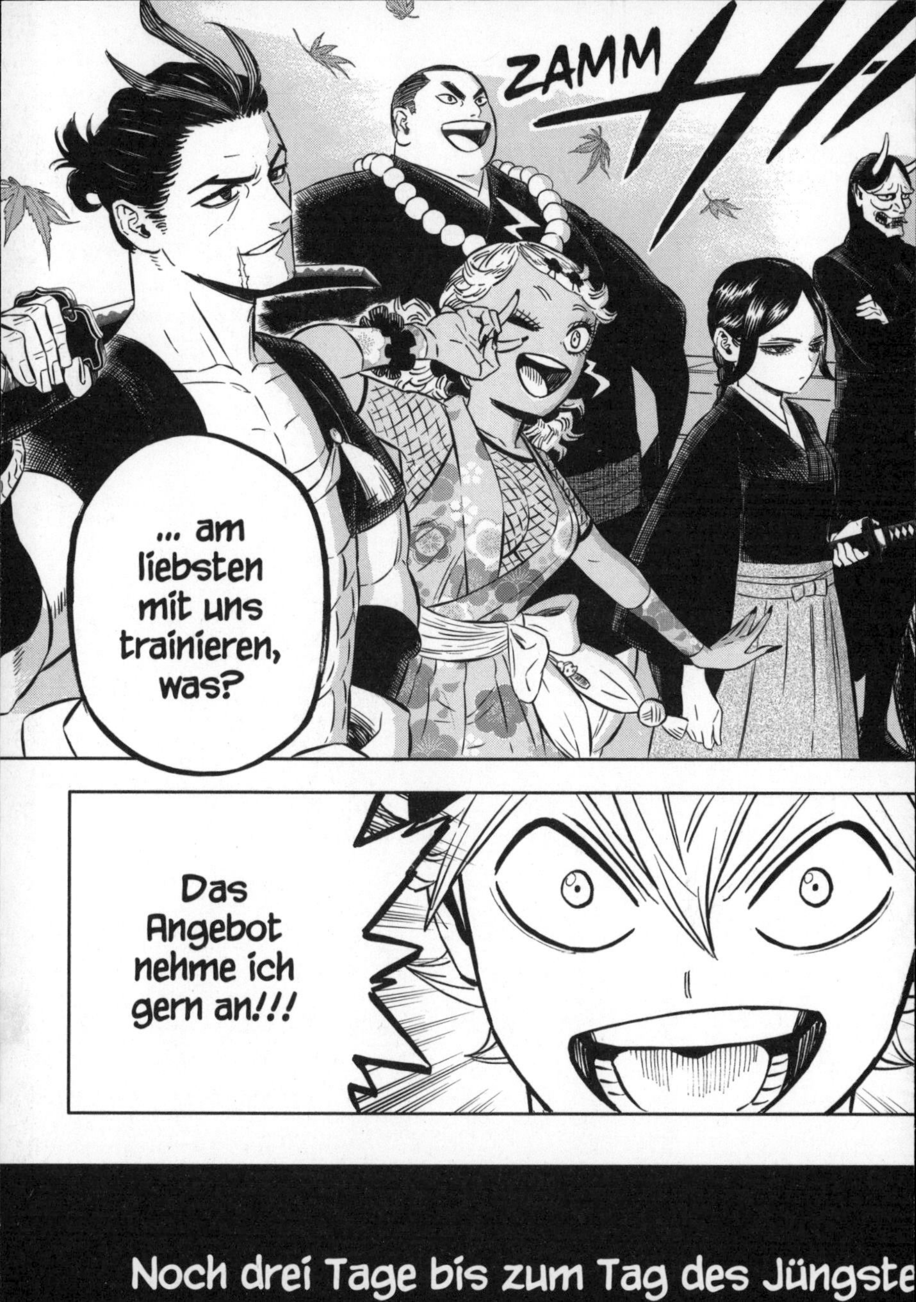
ZAMM
... am liebsten mit uns trainieren, was?
Das Angebot nehme ich gern an!!!
Noch drei Tage bis zum Tag des Jüngste

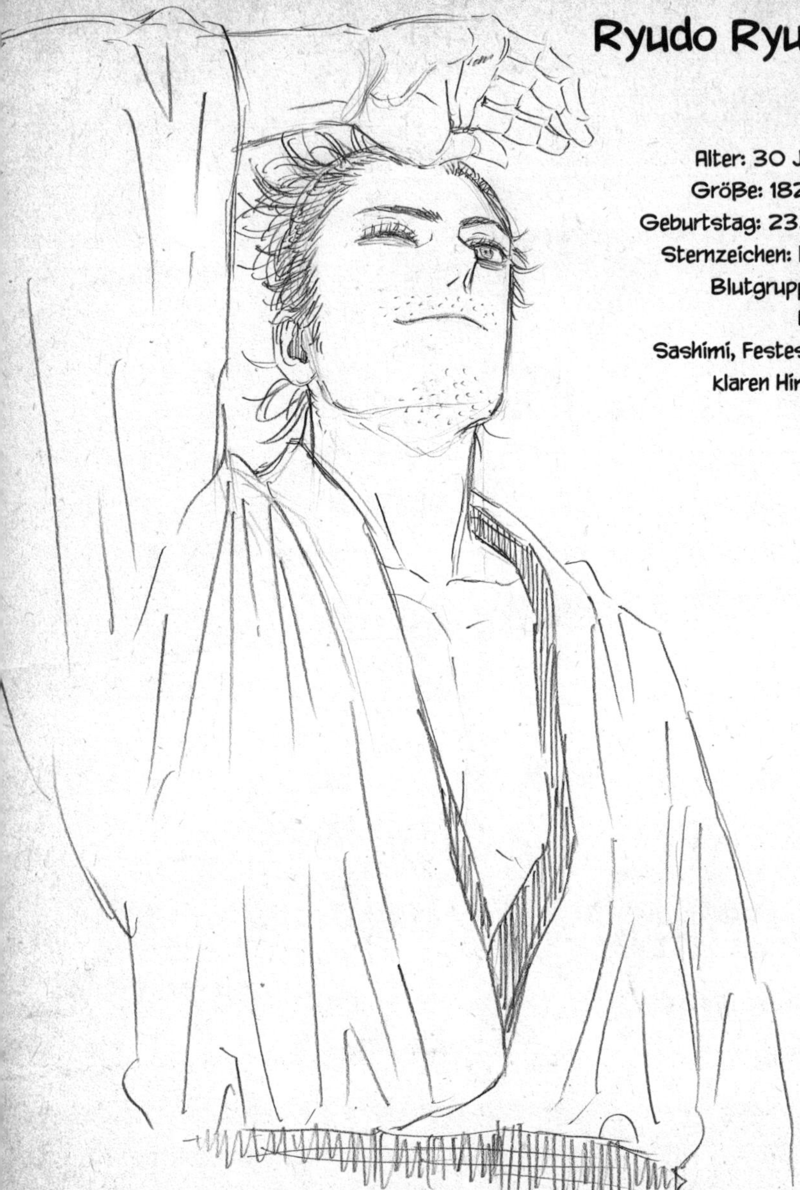

Ryudo Ryuya

Alter: 30 Jahre
Größe: 182 cm
Geburtstag: 23. Juli
Sternzeichen: Löwe
Blutgruppe: A
Mag:
Sashimi, Festessen,
klaren Himmel

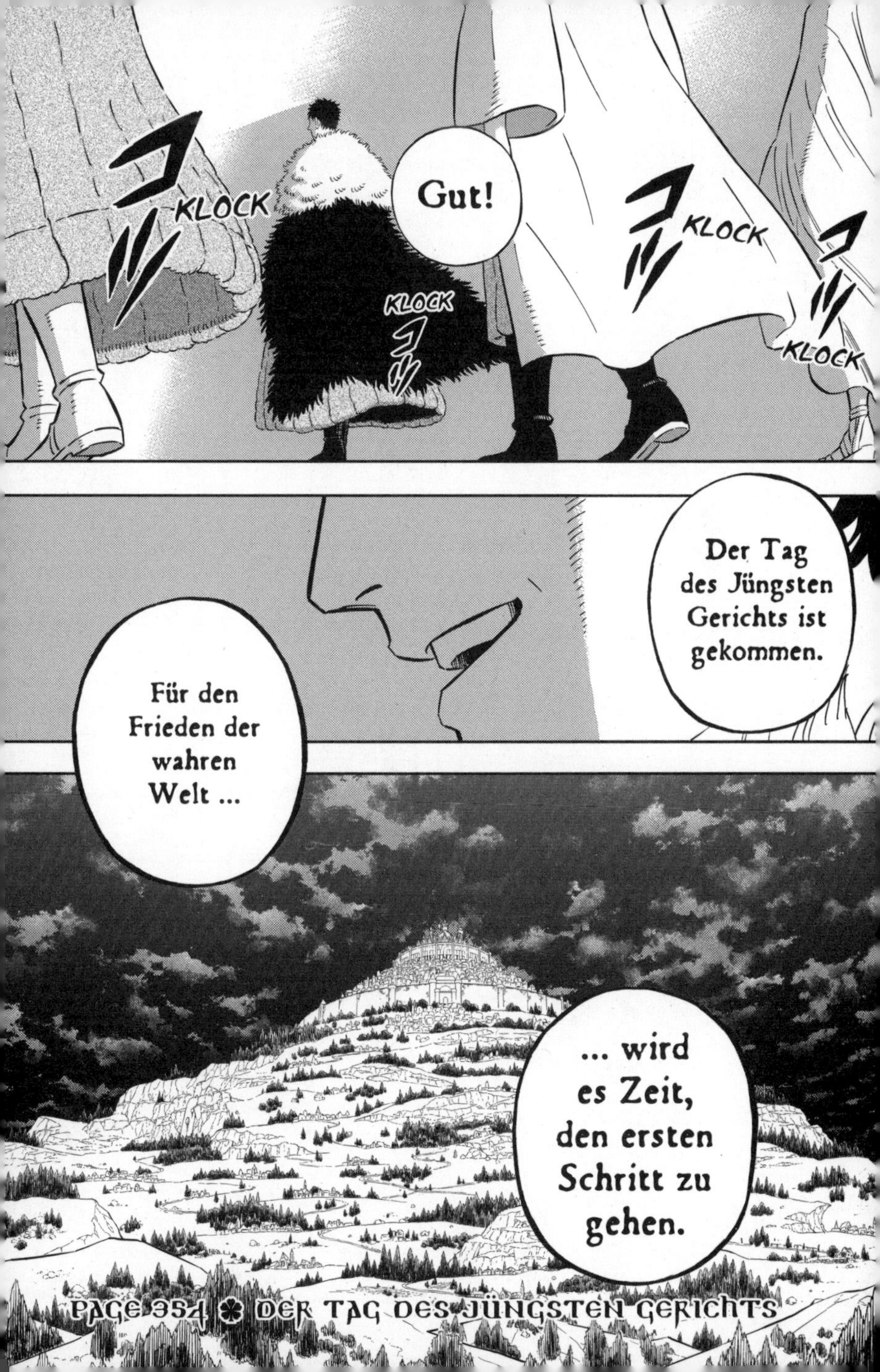

KLOCK
KLOCK
Gut!
KLOCK
KLOCK
Der Tag des Jüngsten Gerichts ist gekommen.
Für den Frieden der wahren Welt ...
... wird es Zeit, den ersten Schritt zu gehen.
PAGE 354 ✿ DER TAG DES JÜNGSTEN GERICHTS

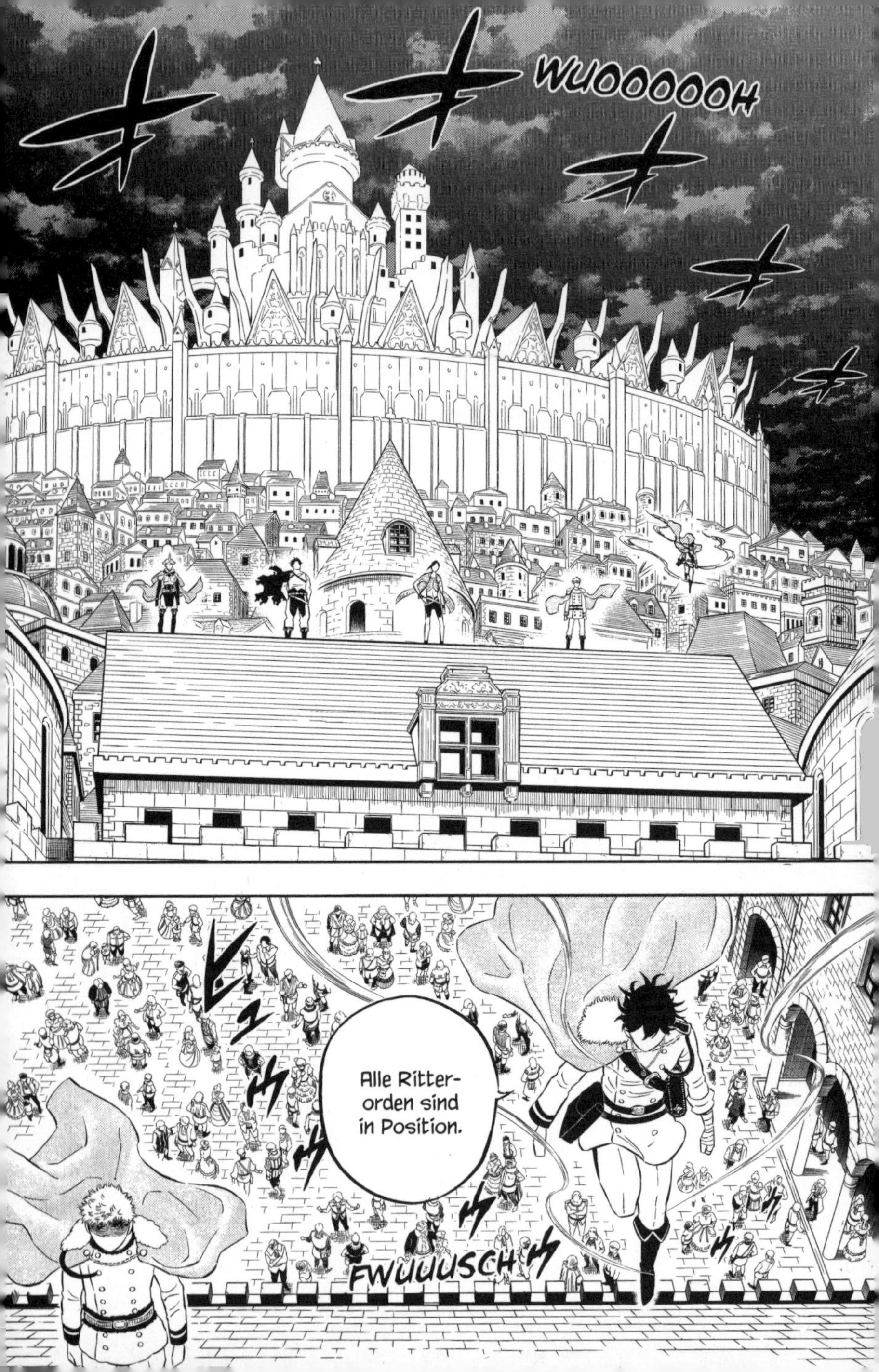
WUOOOOOH
Alle Ritterorden sind in Position.
FWUUUSCH

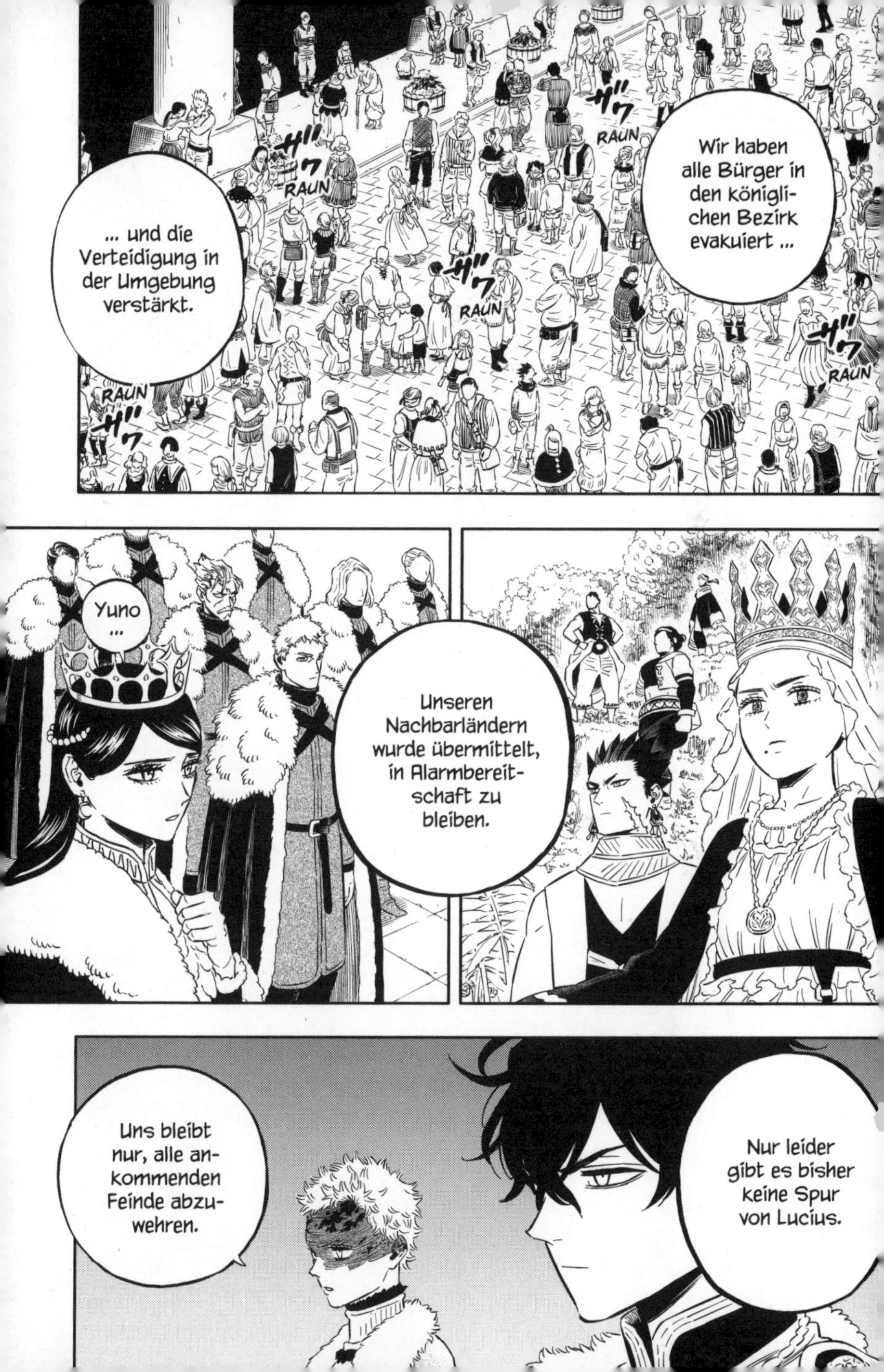
Wir haben alle Bürger in den königlichen Bezirk evakuiert ...
... und die Verteidigung in der Umgebung verstärkt.
RAUN
RAUN
RAUN
RAUN
RAUN
Unseren Nachbarländern wurde übermittelt, in Alarmbereitschaft zu bleiben.
Yuno ...
Nur leider gibt es bisher keine Spur von Lucius.
Uns bleibt nur, alle ankommenden Feinde abzuwehren.

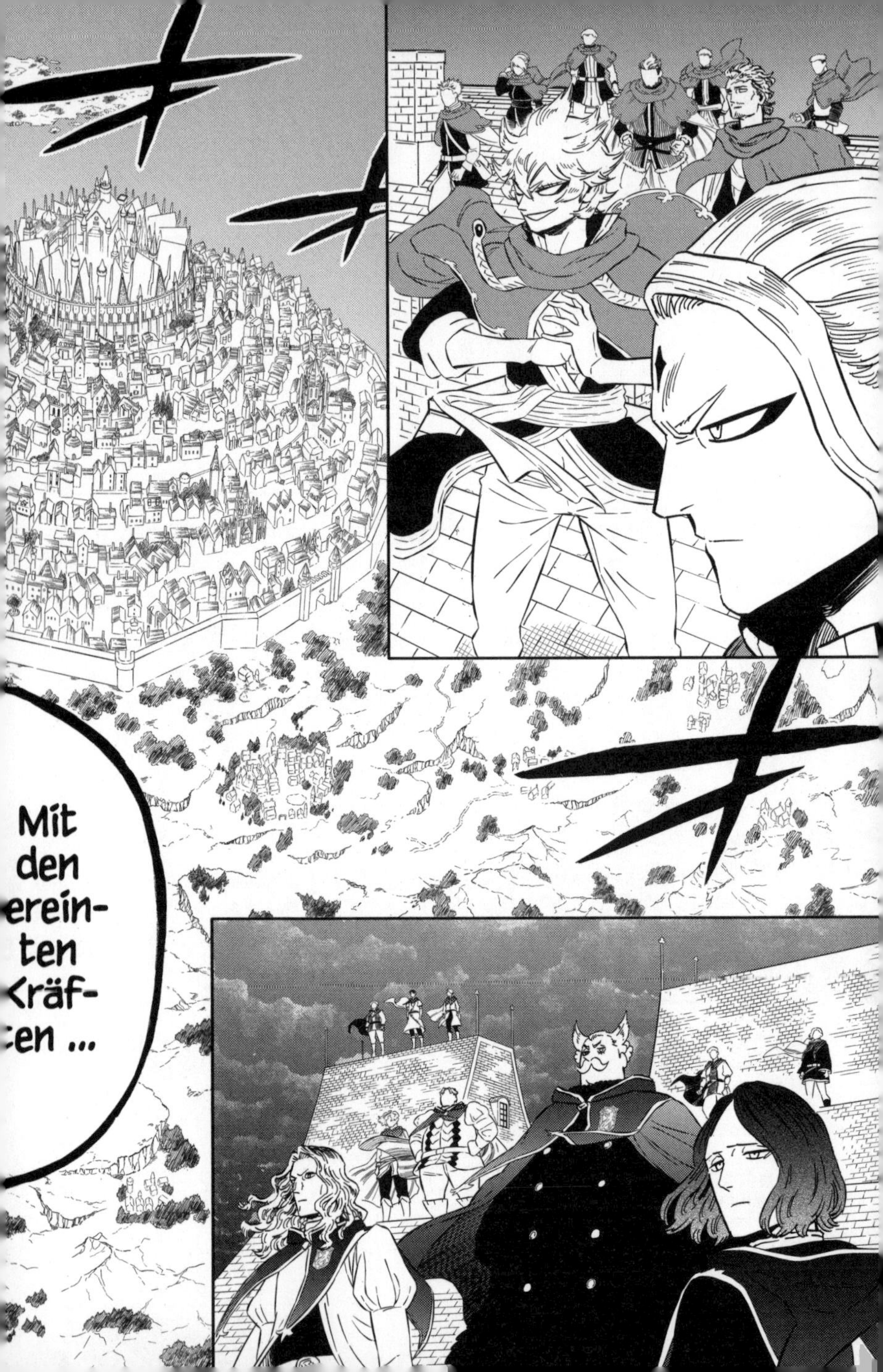
Mit den ereinten Kräf-cen ...

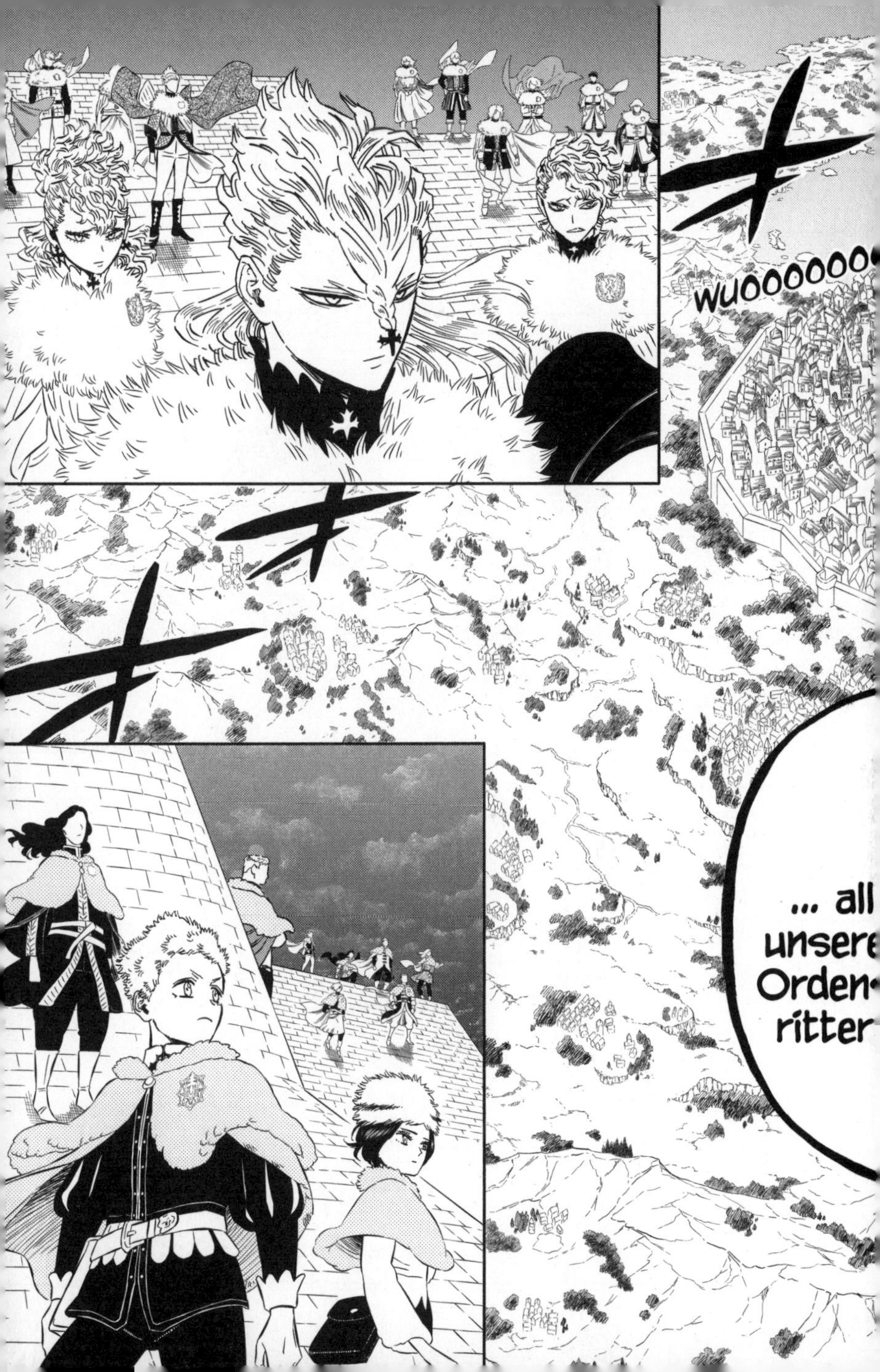
WUOOOOOO
... all
unsere
Orden-
ritter

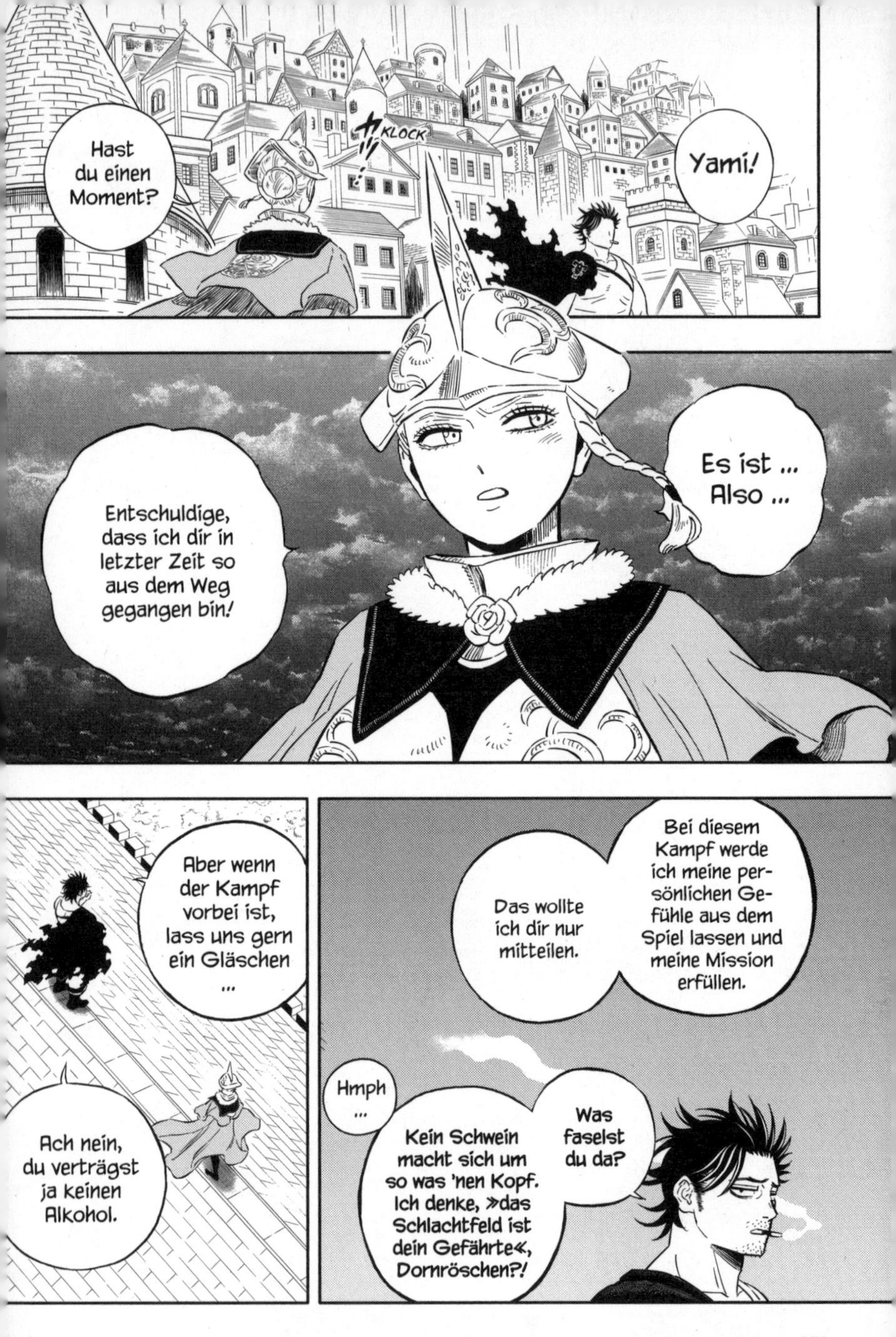
KLOCK
Yami!
Hast du einen Moment?
Es ist ... Also ...
Entschuldige, dass ich dir in letzter Zeit so aus dem Weg gegangen bin!
Bei diesem Kampf werde ich meine persönlichen Gefühle aus dem Spiel lassen und meine Mission erfüllen.
Das wollte ich dir nur mitteilen.
Was faselst du da?
Kein Schwein macht sich um so was 'nen Kopf. Ich denke, »das Schlachtfeld ist dein Gefährte«, Dornröschen?!
Hmph ...
Aber wenn der Kampf vorbei ist, lass uns gern ein Gläschen ...
Ach nein, du verträgst ja keinen Alkohol.

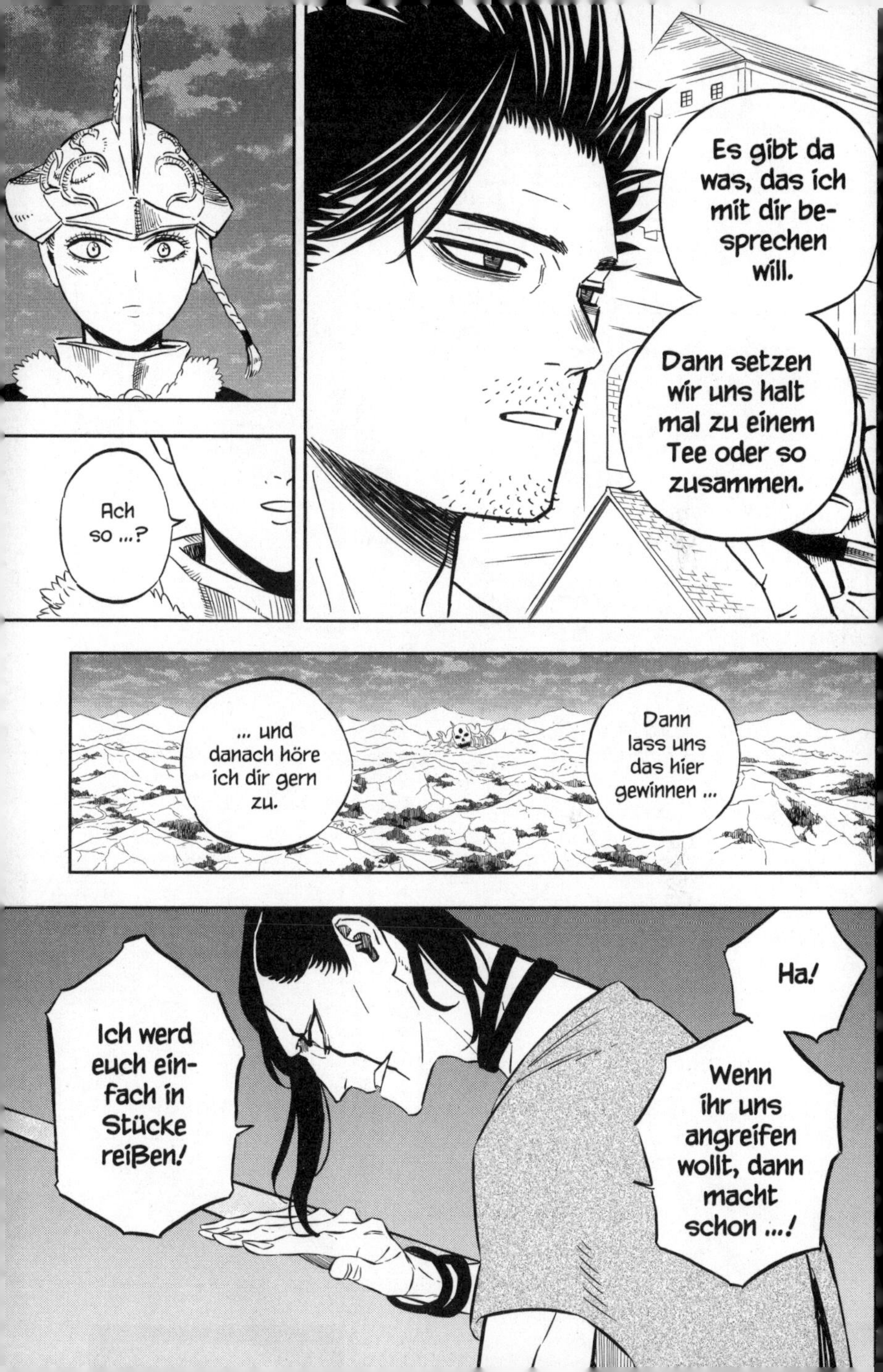

Es gibt da was, das ich mit dir besprechen will.
Dann setzen wir uns halt mal zu einem Tee oder so zusammen.
Ach so ...?
Dann lass uns das hier gewinnen ...
... und danach höre ich dir gern zu.
Ha!
Wenn ihr uns angreifen wollt, dann macht schon ...!
Ich werd euch einfach in Stücke reißen!

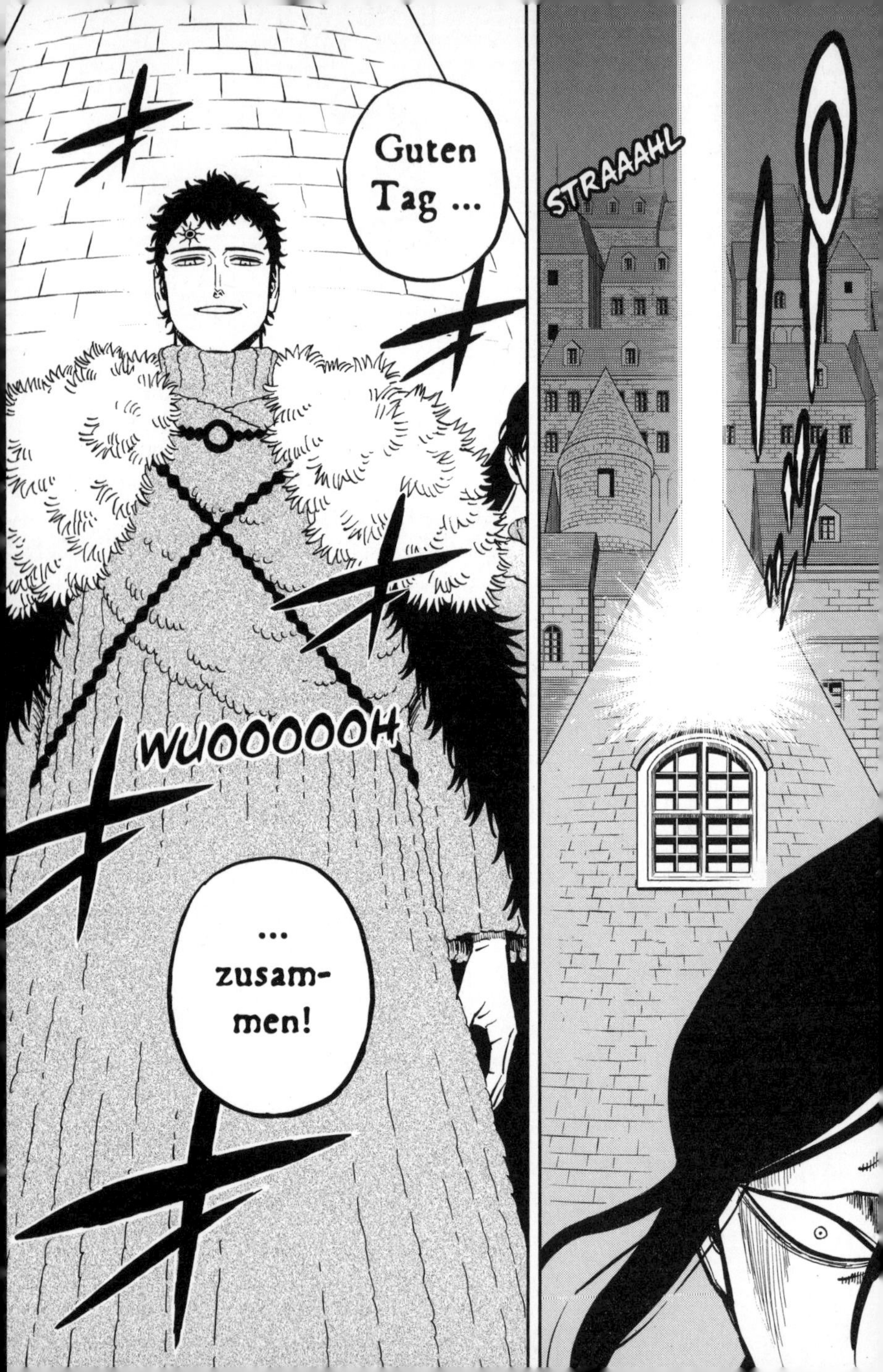
STRAAAHL
Guten Tag ...
WUOOOOOH
... zusam-men!

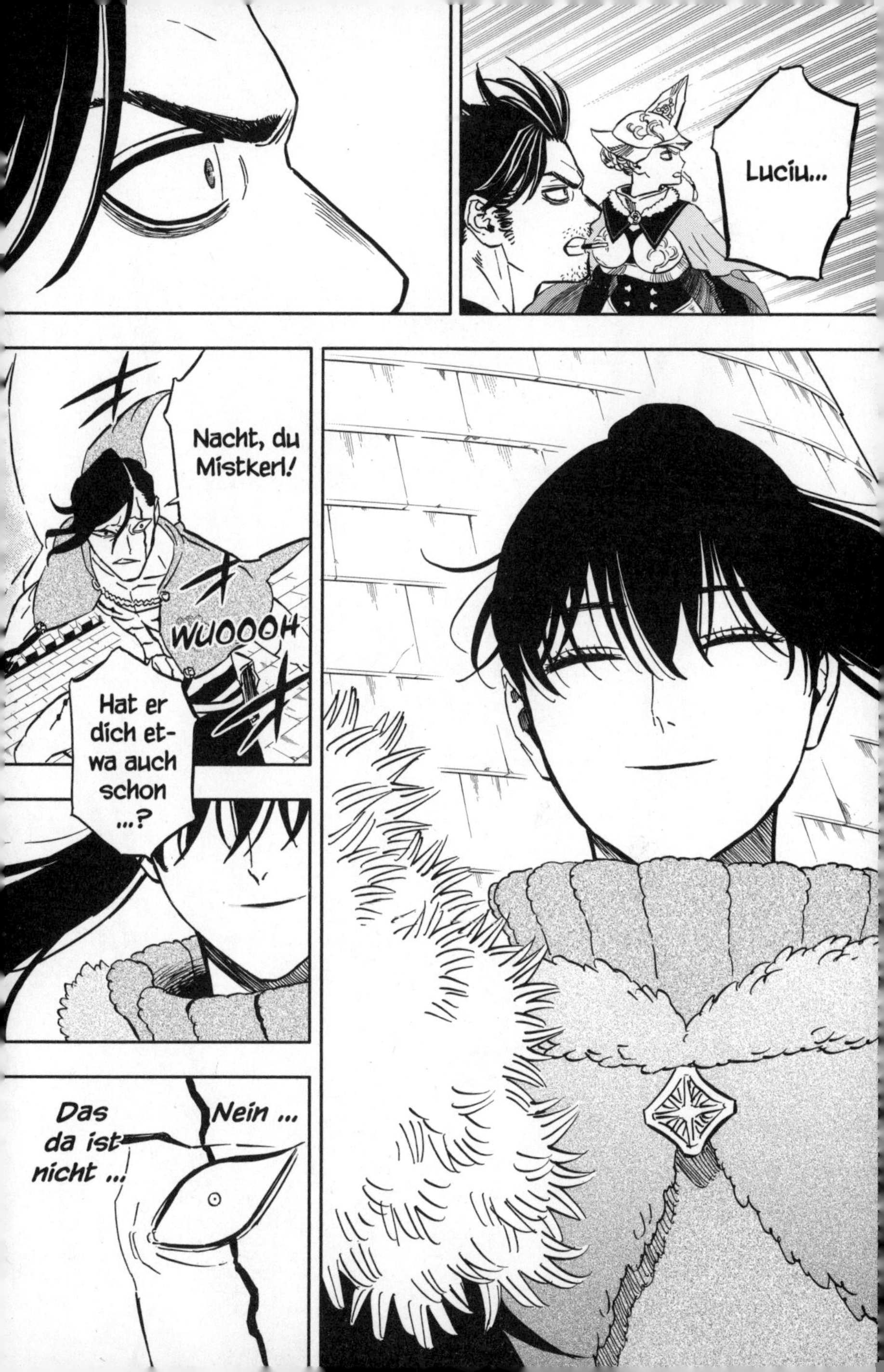
Luciu...
Nacht, du Mistkerl!
WUOOOH
Hat er dich et-wa auch schon ...?
Nein ...
Das da ist nicht ...

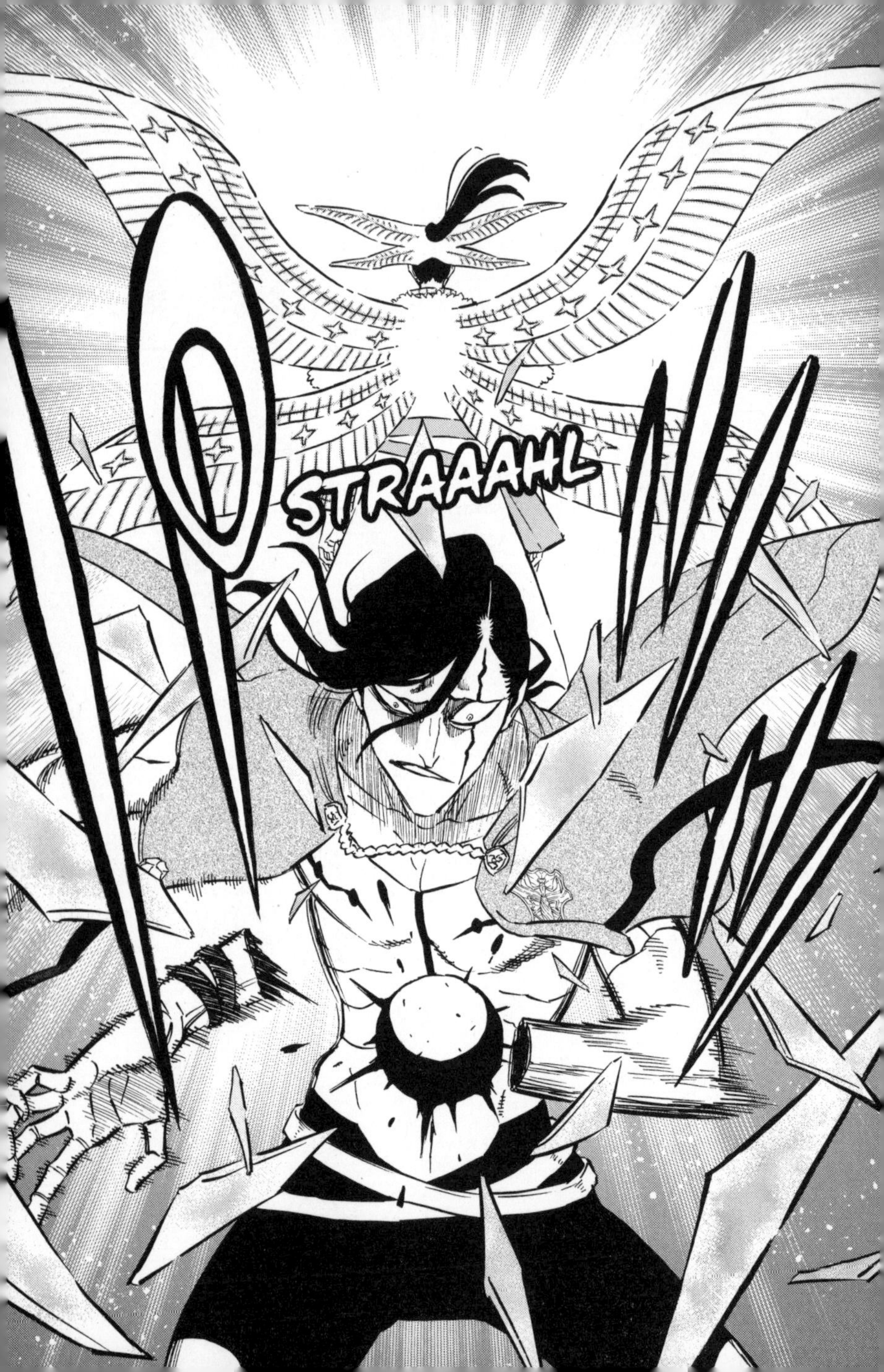
STRAAAHL

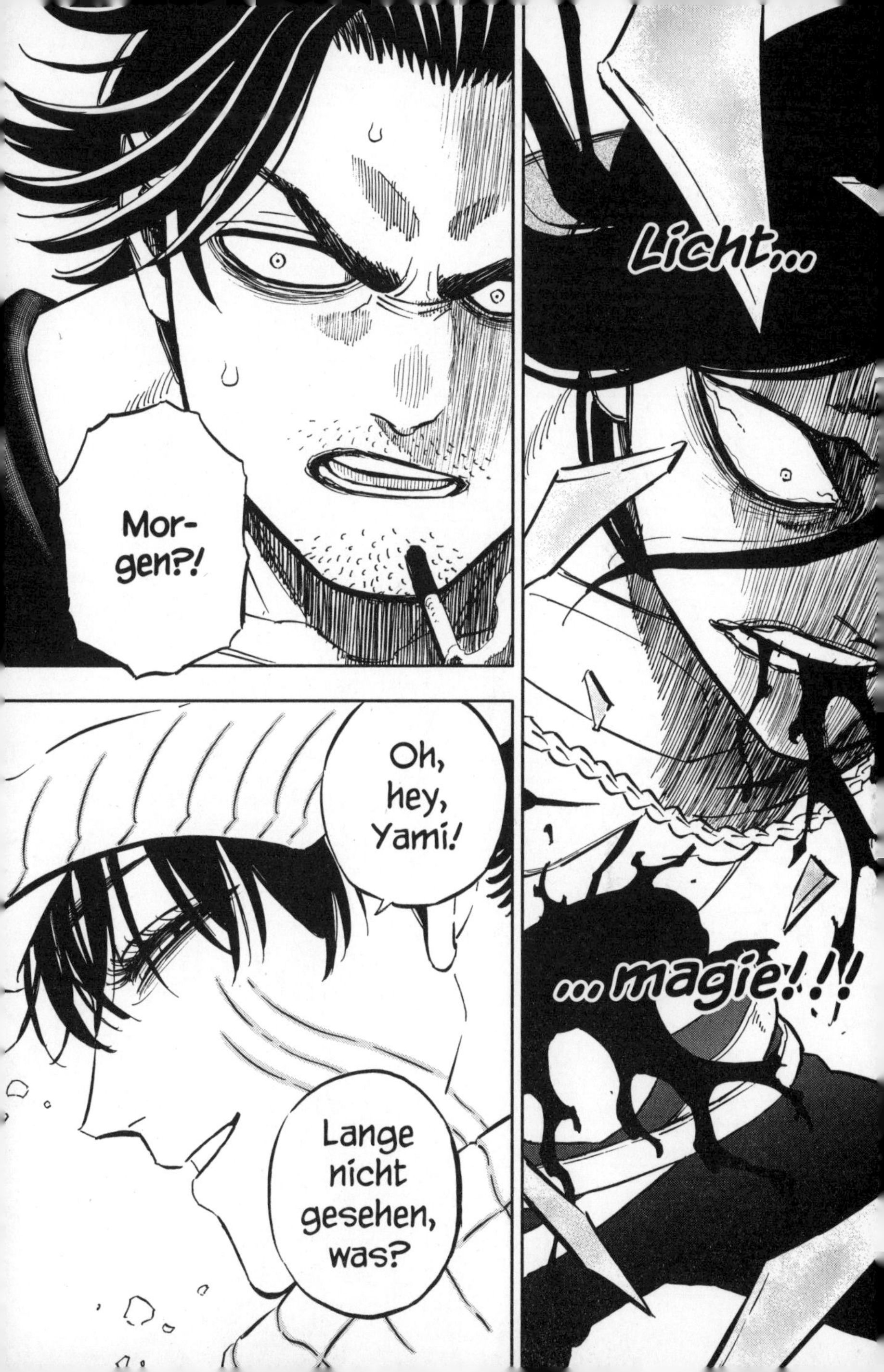

Licht...
...magie!!!
Mor-
gen?!
Oh,
hey,
Yami!
Lange
nicht
gesehen,
was?

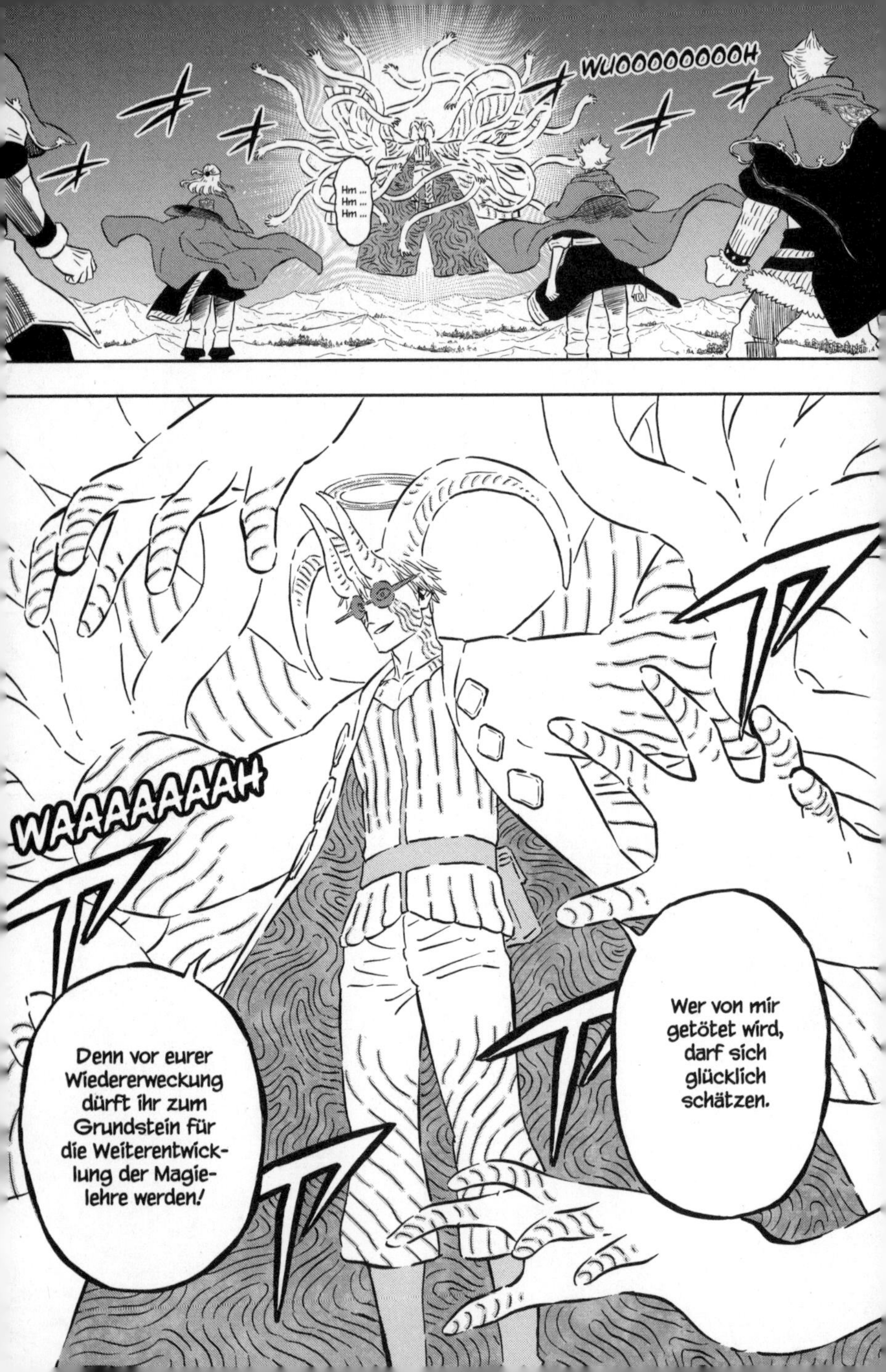
WUOOOOOOOOOH
Hm ...
Hm ...
Hm ...
WAAAAAAAAH
Wer von mir getötet wird, darf sich glücklich schätzen.
Denn vor eurer Wiedererweckung dürft ihr zum Grundstein für die Weiterentwicklung der Magielehre werden!

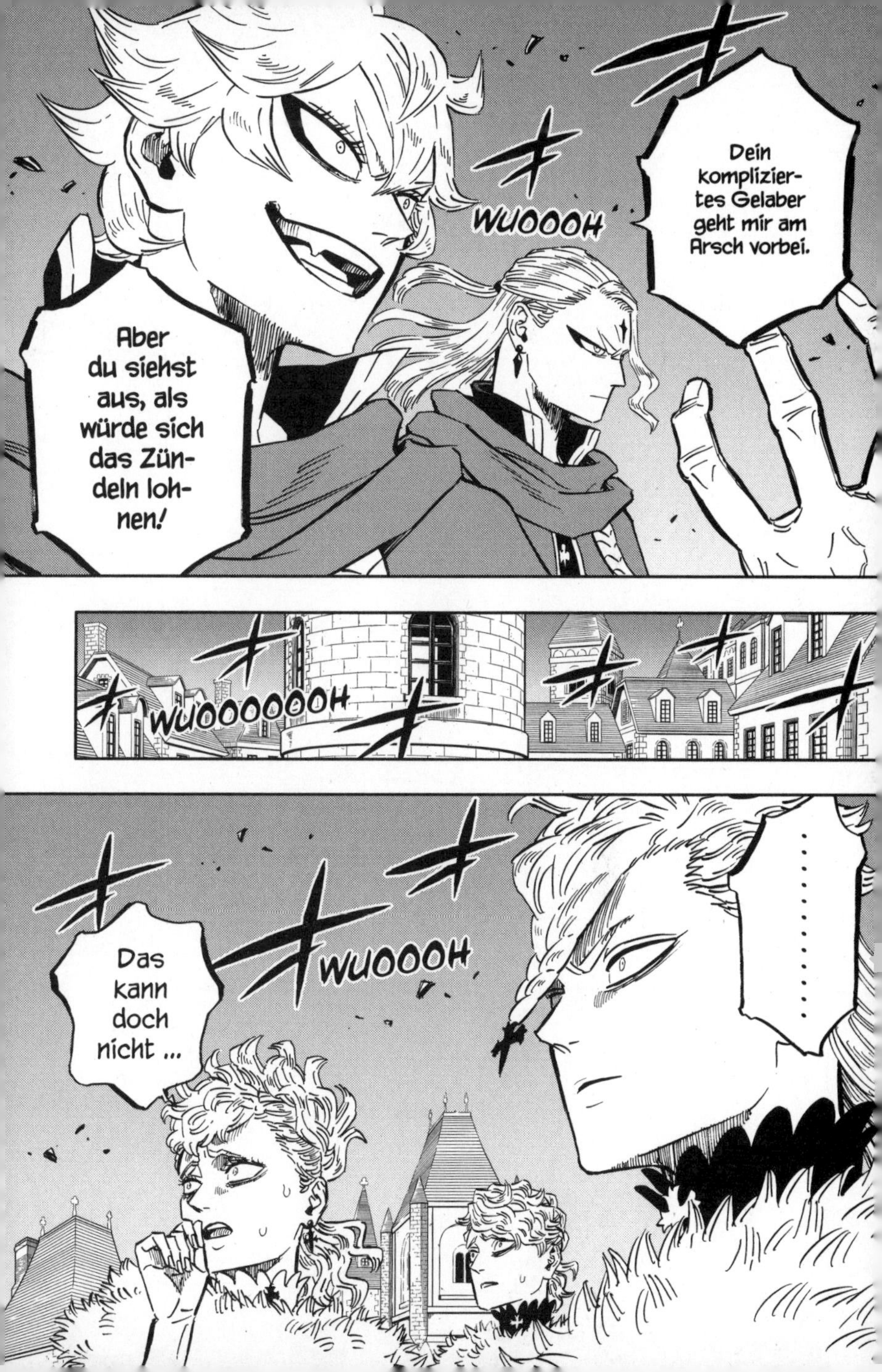
Dein kompliziertes Gelaber geht mir am Arsch vorbei.
WUOOOH
Aber du siehst aus, als würde sich das Zündeln lohnen!
WUOOOOOOOH
......
WUOOOH
Das kann doch nicht ...

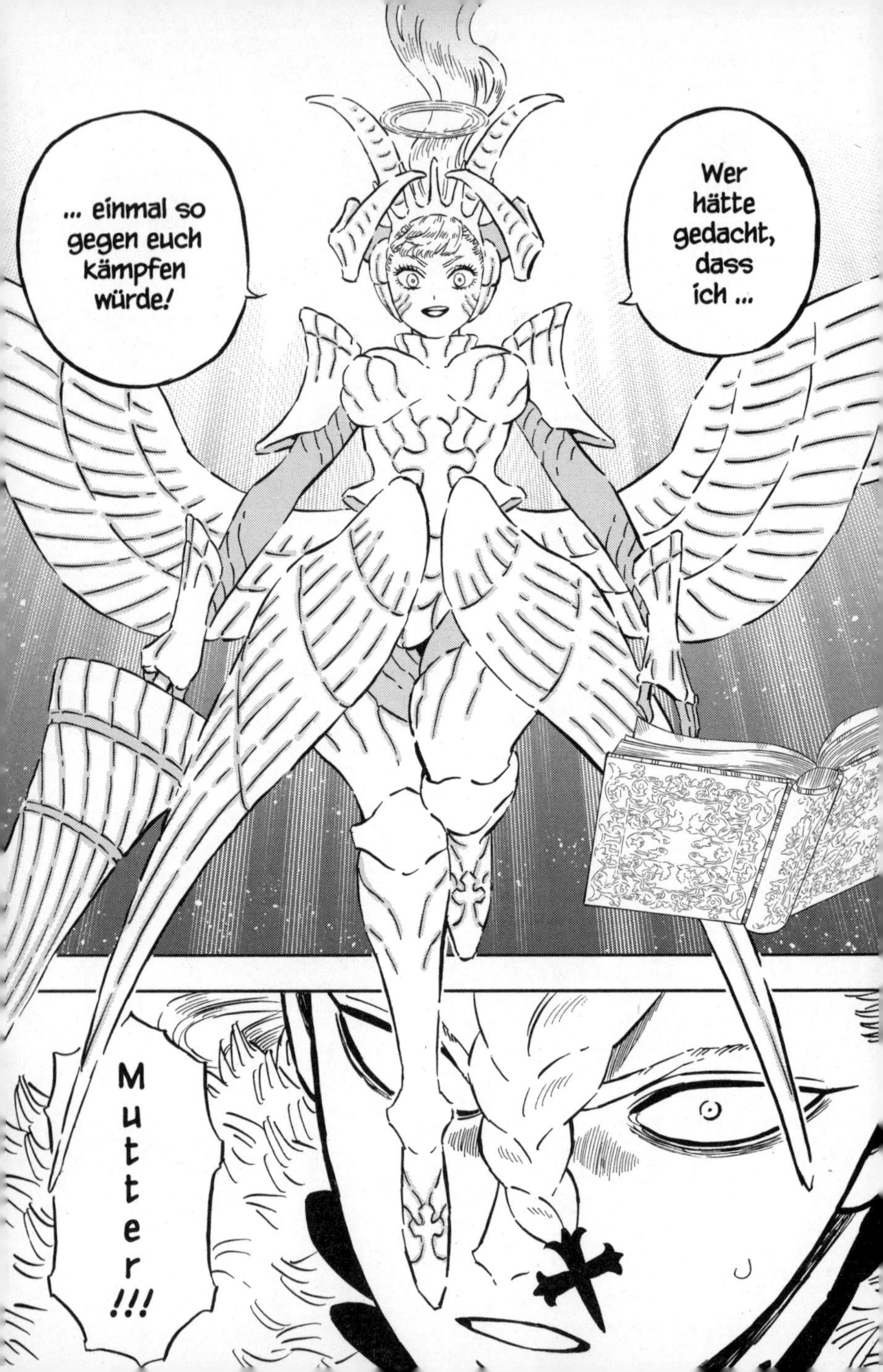
Wer hätte gedacht, dass ich ...
... einmal so gegen euch kämpfen würde!
Mutter!!!

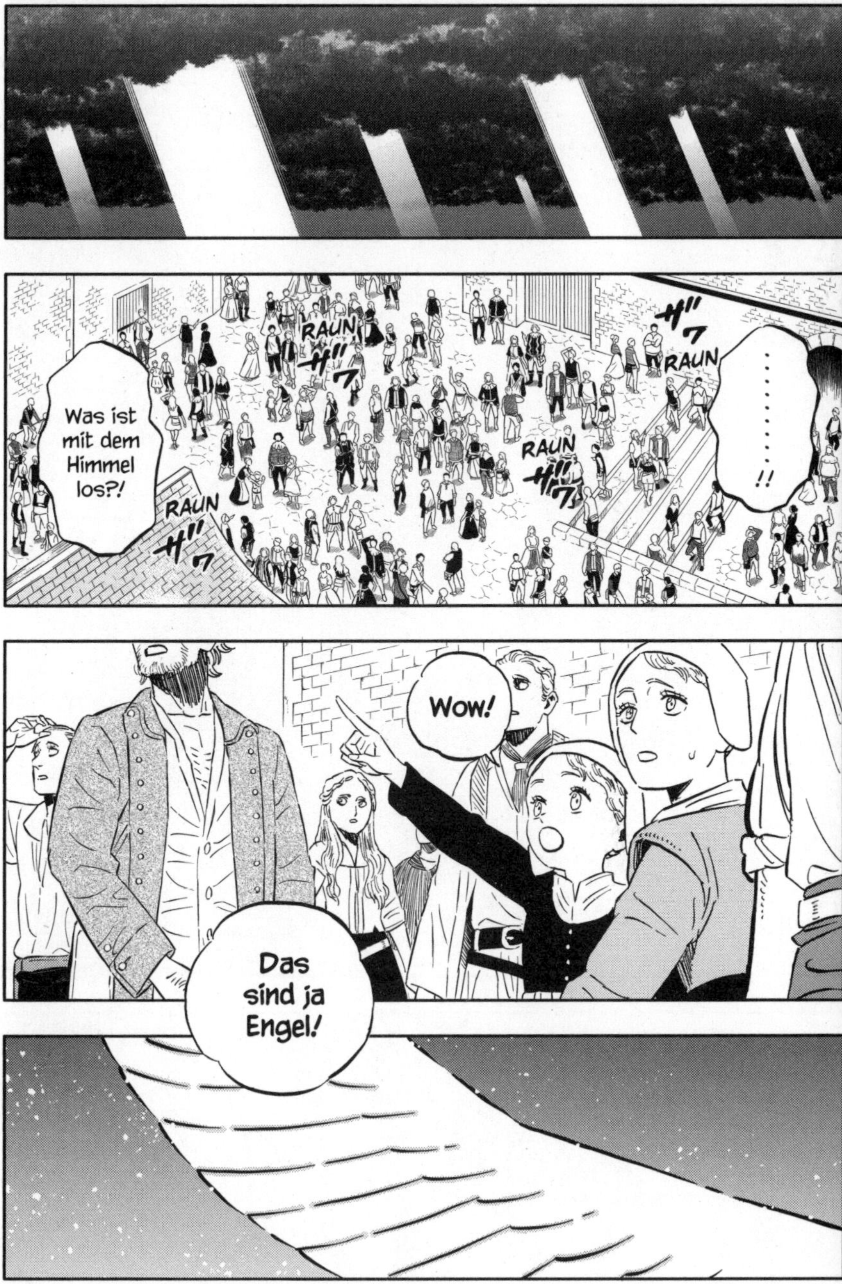

RAUN ザワ
RAUN ザワ
RAUN ザワ
RAUN ザワ
.........!!
Was ist mit dem Himmel los?!
Wow!
Das sind ja Engel!

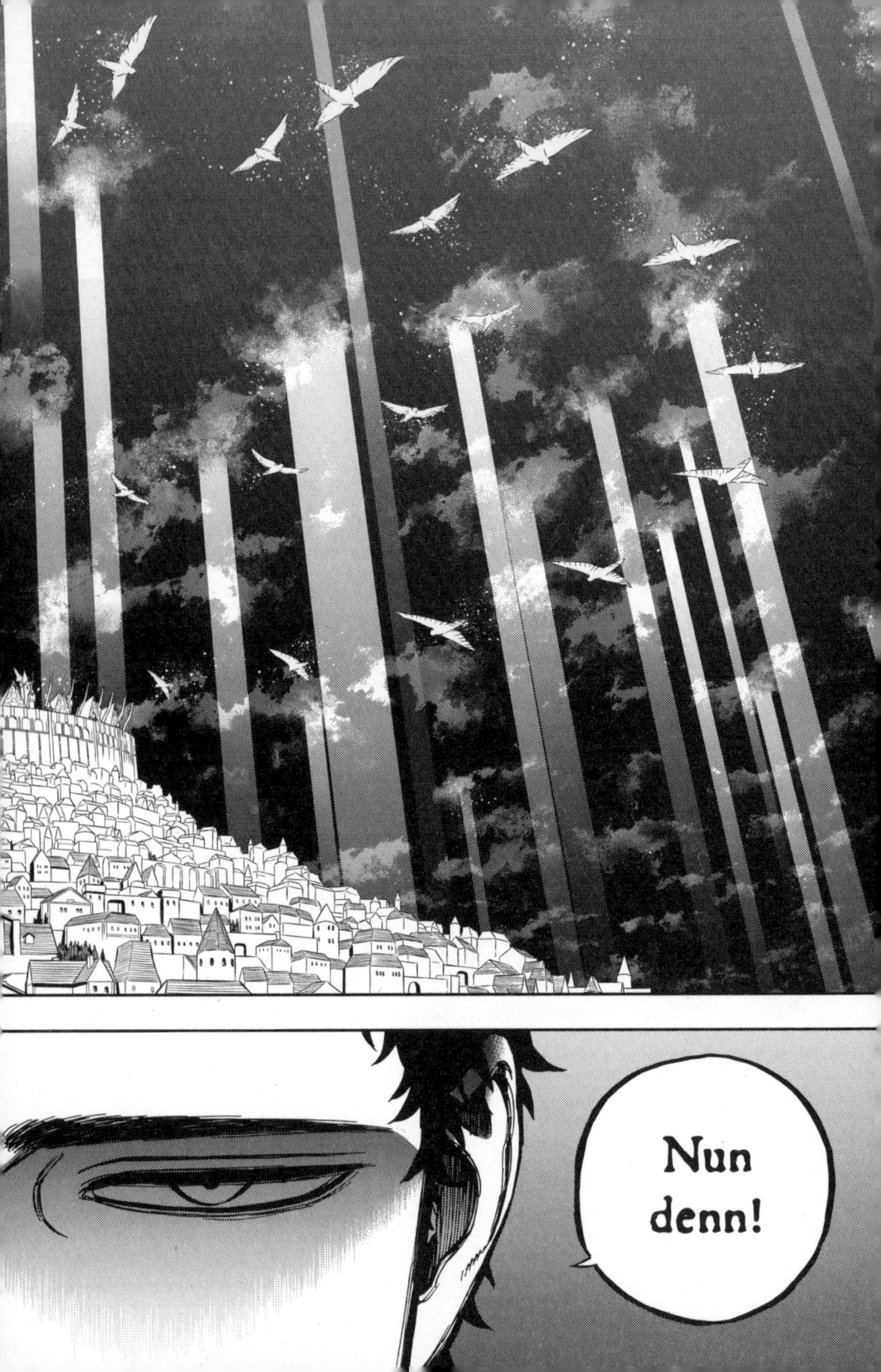
Nun denn!

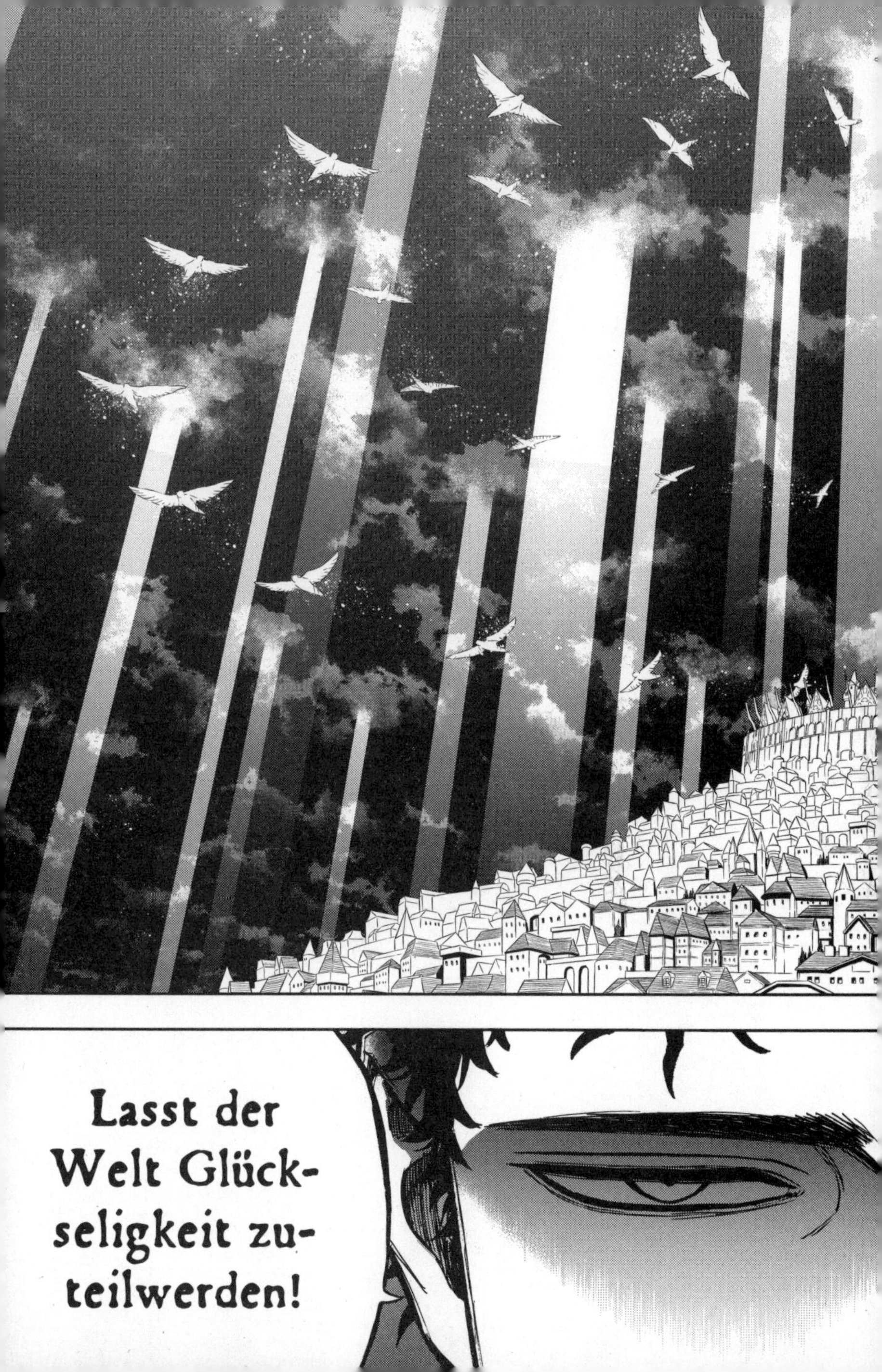
Lasst der Welt Glückseligkeit zuteilwerden!

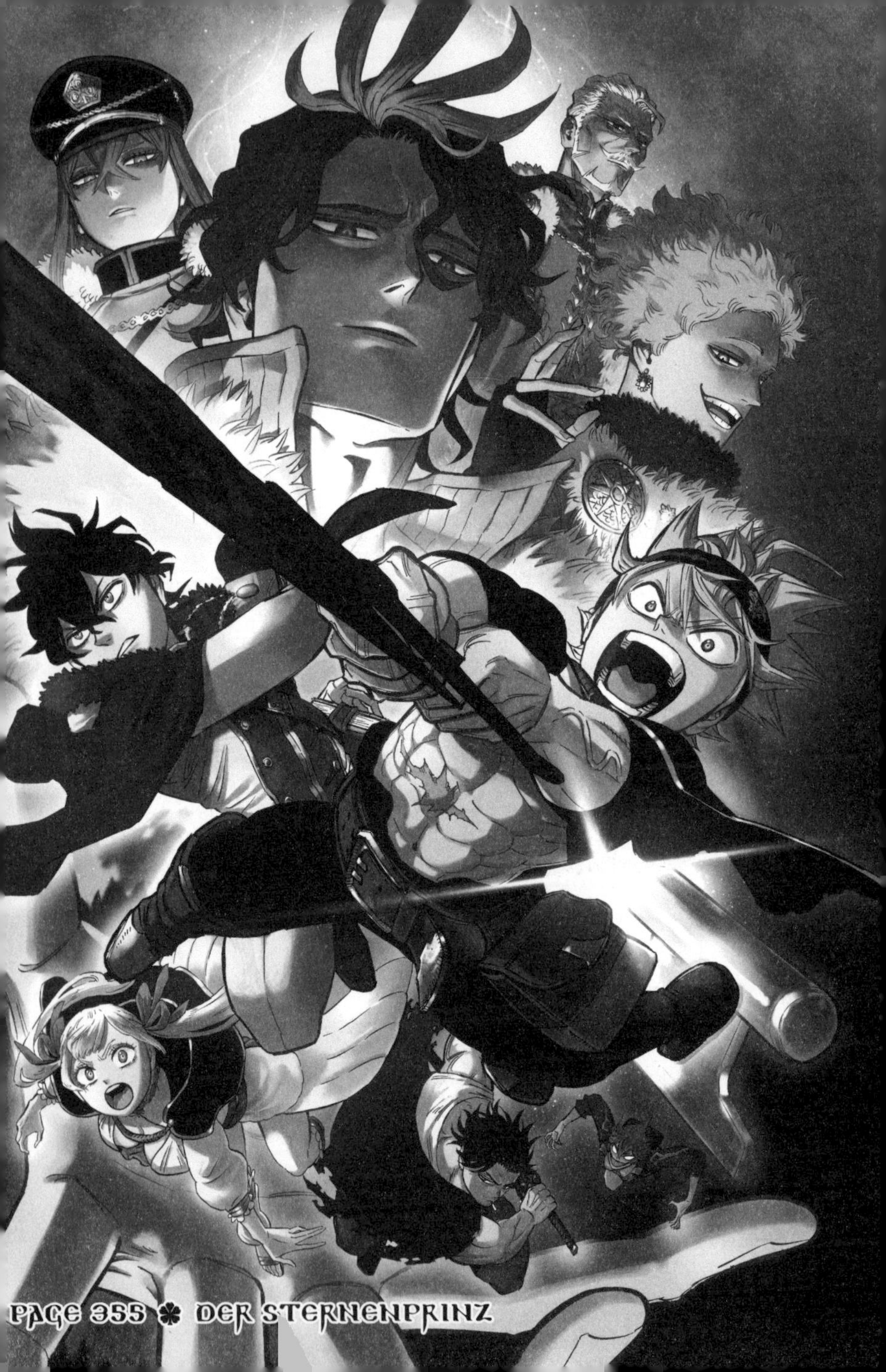

PAGE 355 ✿ DER STERNENPRINZ

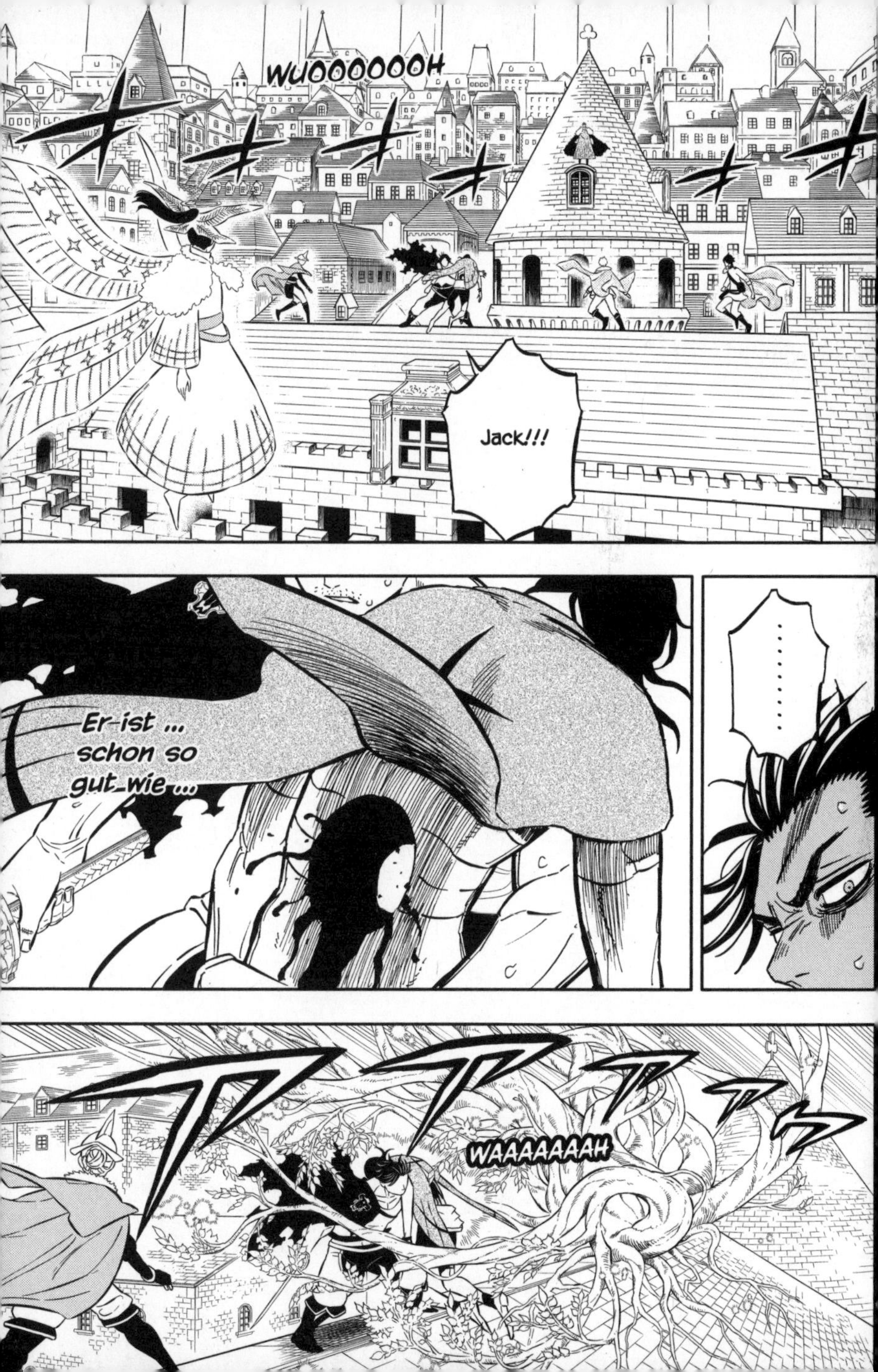
WUOOOOOOH
Jack!!!
………
Er ist … … schon so gut wie …
WAAAAAAAH

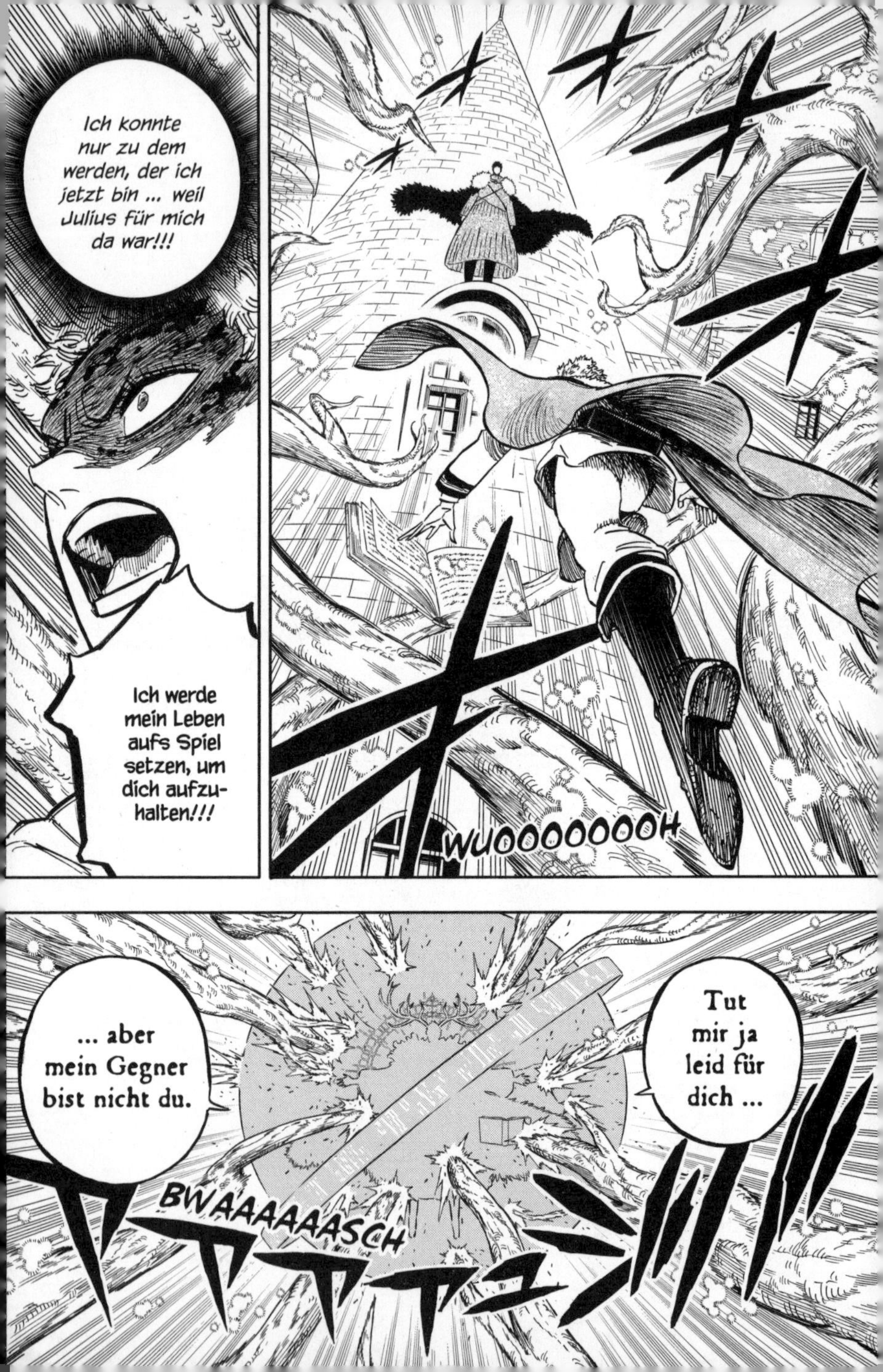
Ich konnte nur zu dem werden, der ich jetzt bin ... weil Julius für mich da war!!!
Ich werde mein Leben aufs Spiel setzen, um dich aufzuhalten!!!
WUOOOOOOOH
Tut mir ja leid für dich ...
... aber mein Gegner bist nicht du.
BWAAAAAAASCH

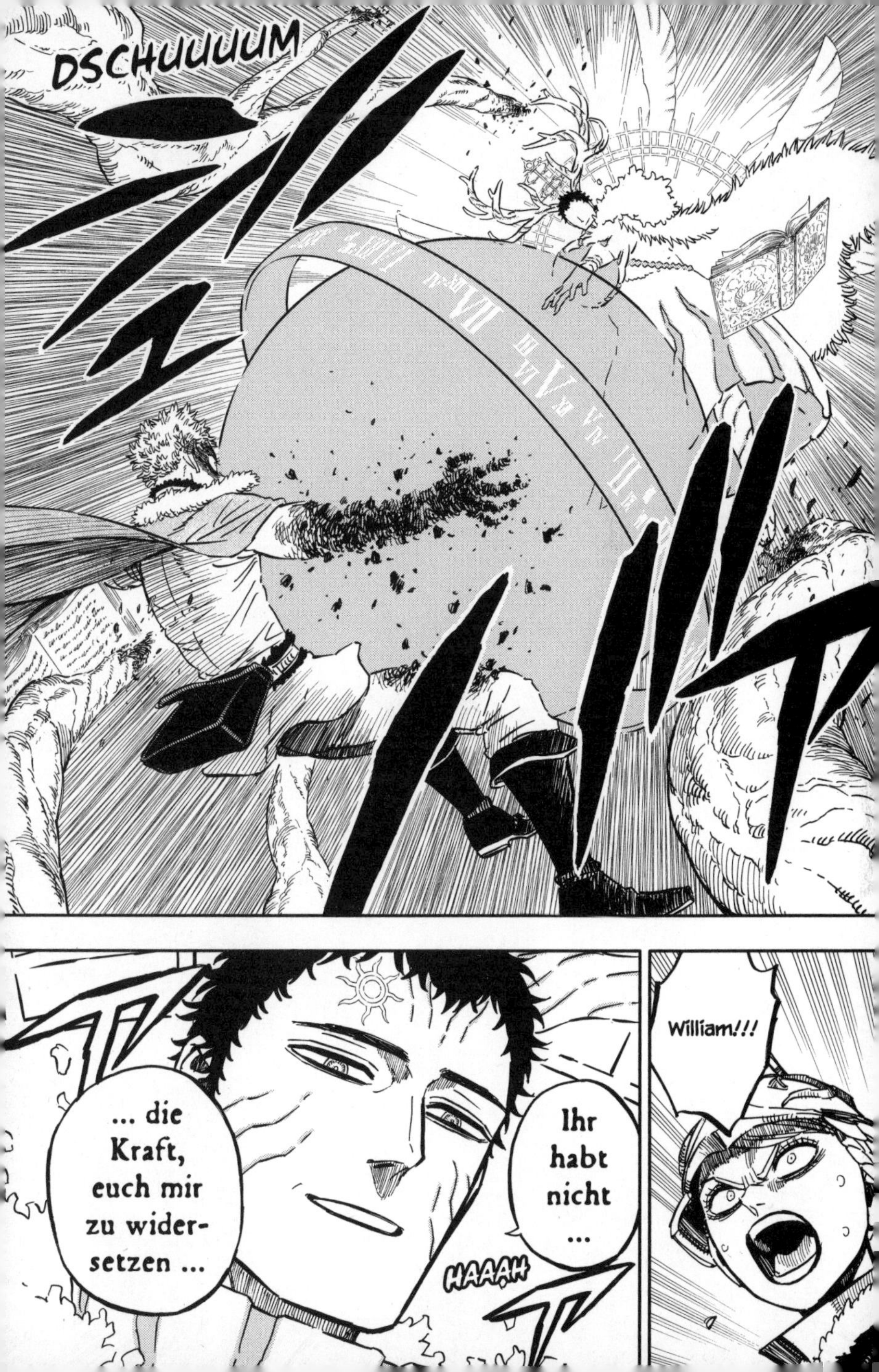
DSCHUUUUUM
William!!!
Ihr habt nicht ...
... die Kraft, euch mir zu widersetzen ...
HAAAH

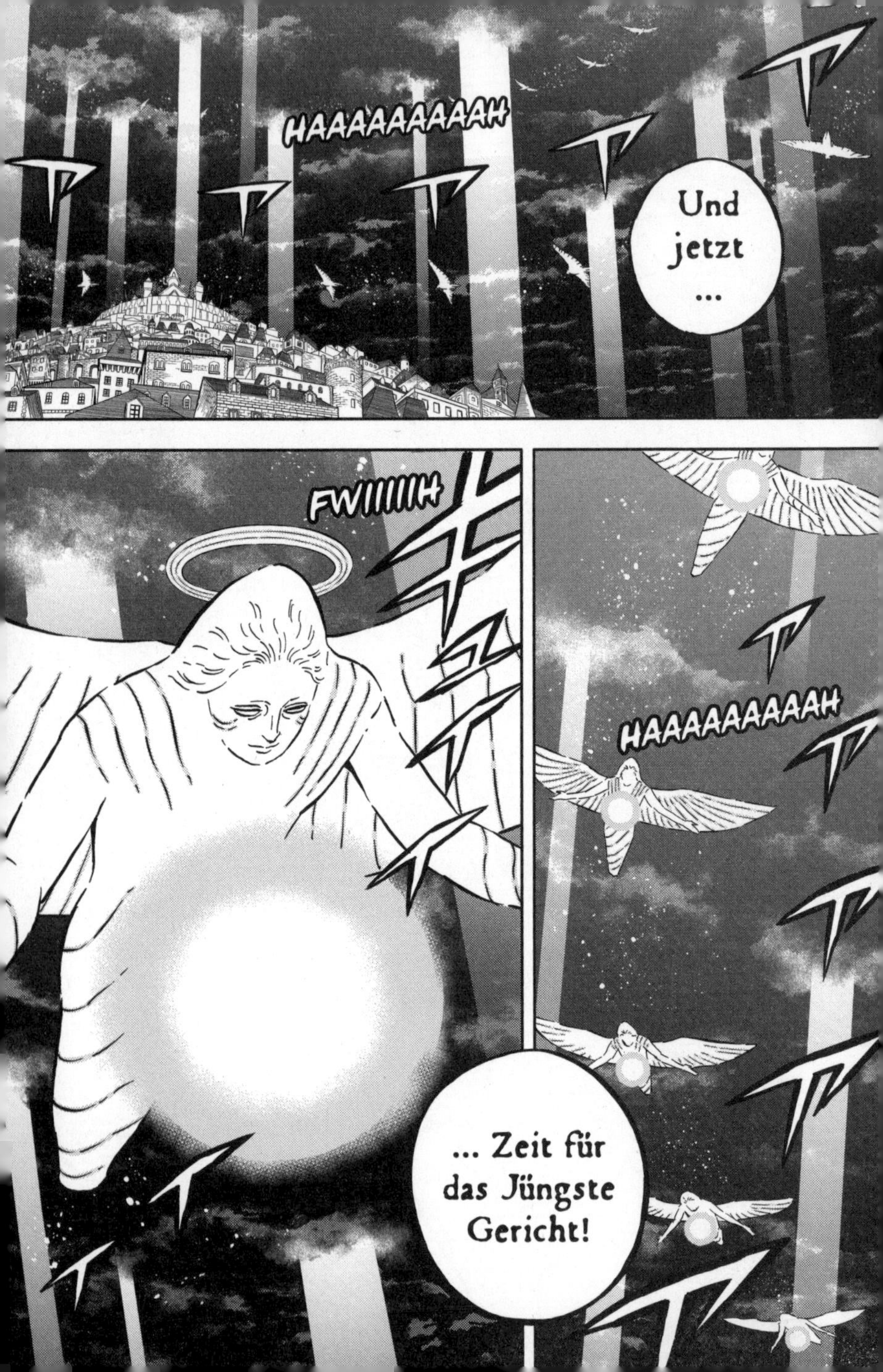
HAAAAAAAAAH
Und jetzt …
FWIIIIIH
HAAAAAAAAAH
… Zeit für das Jüngste Gericht!

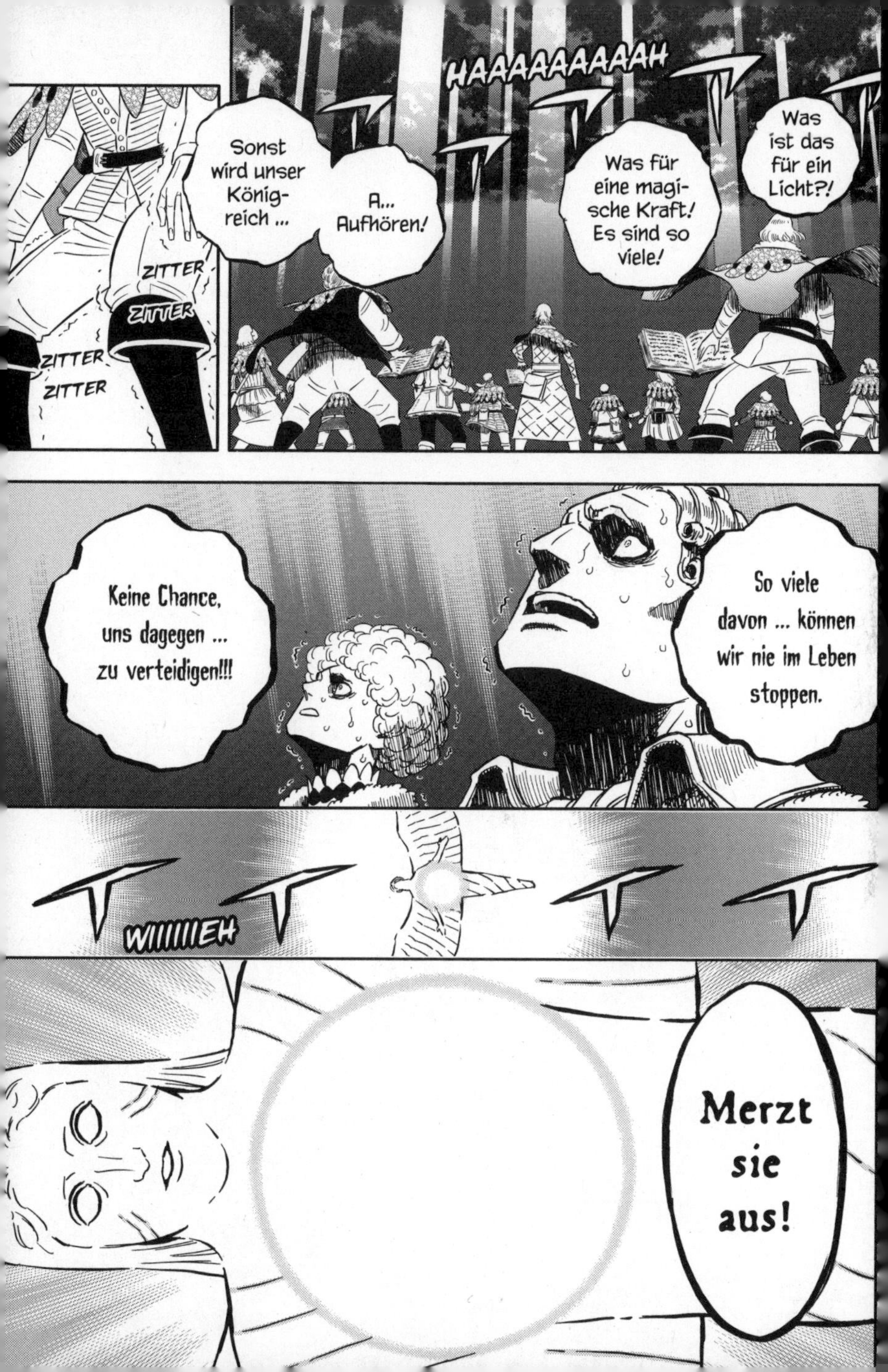

HAAAAAAAAAH
Was ist das für ein Licht?!
Was für eine magische Kraft! Es sind so viele!
A... Aufhören!
Sonst wird unser Königreich ...
ZITTER
ZITTER
ZITTER
ZITTER
So viele davon ... können wir nie im Leben stoppen.
Keine Chance, uns dagegen ... zu verteidigen!!!
WIIIIIIEH
Merzt sie aus!

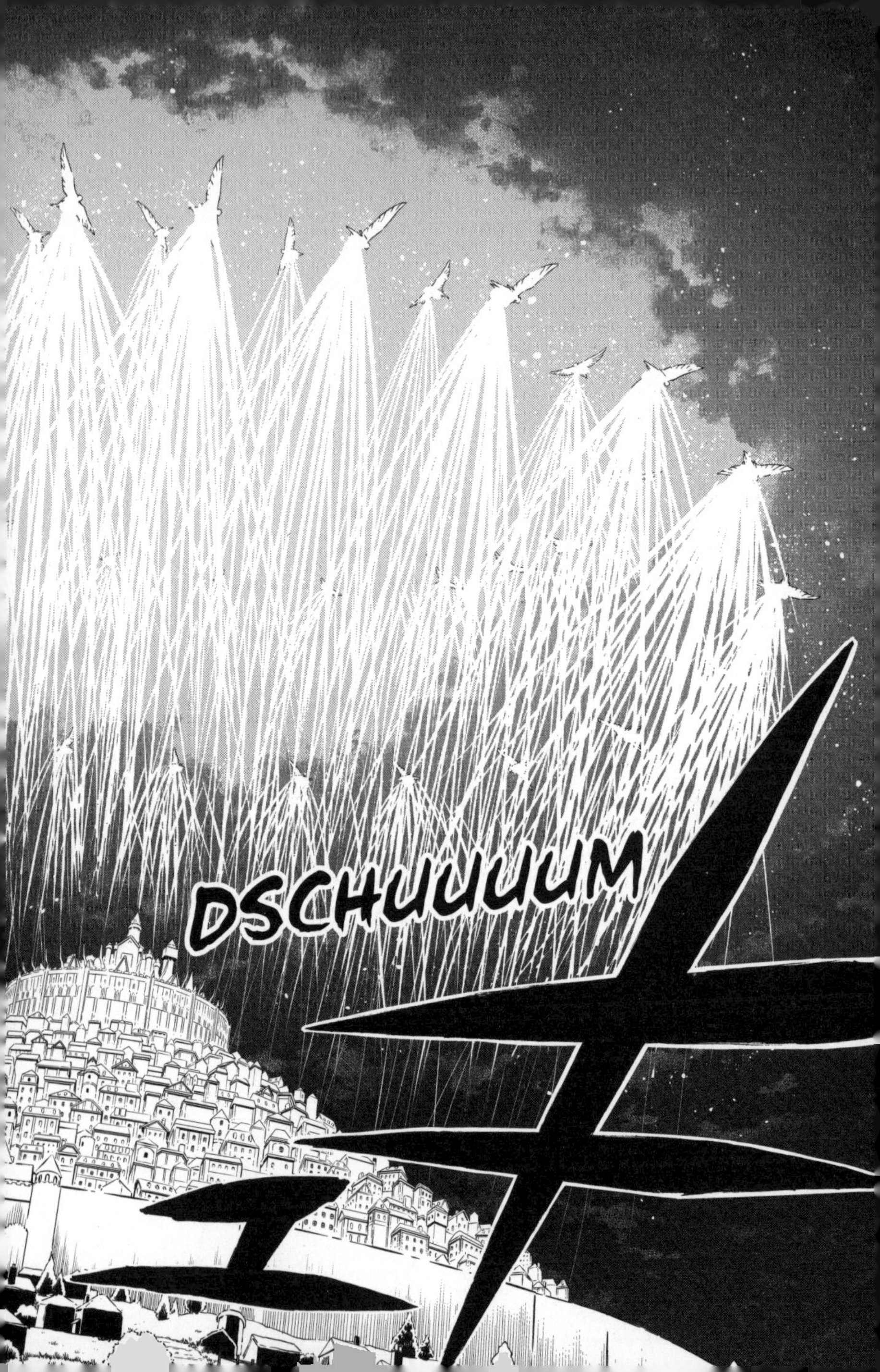
DSCHUUUUM

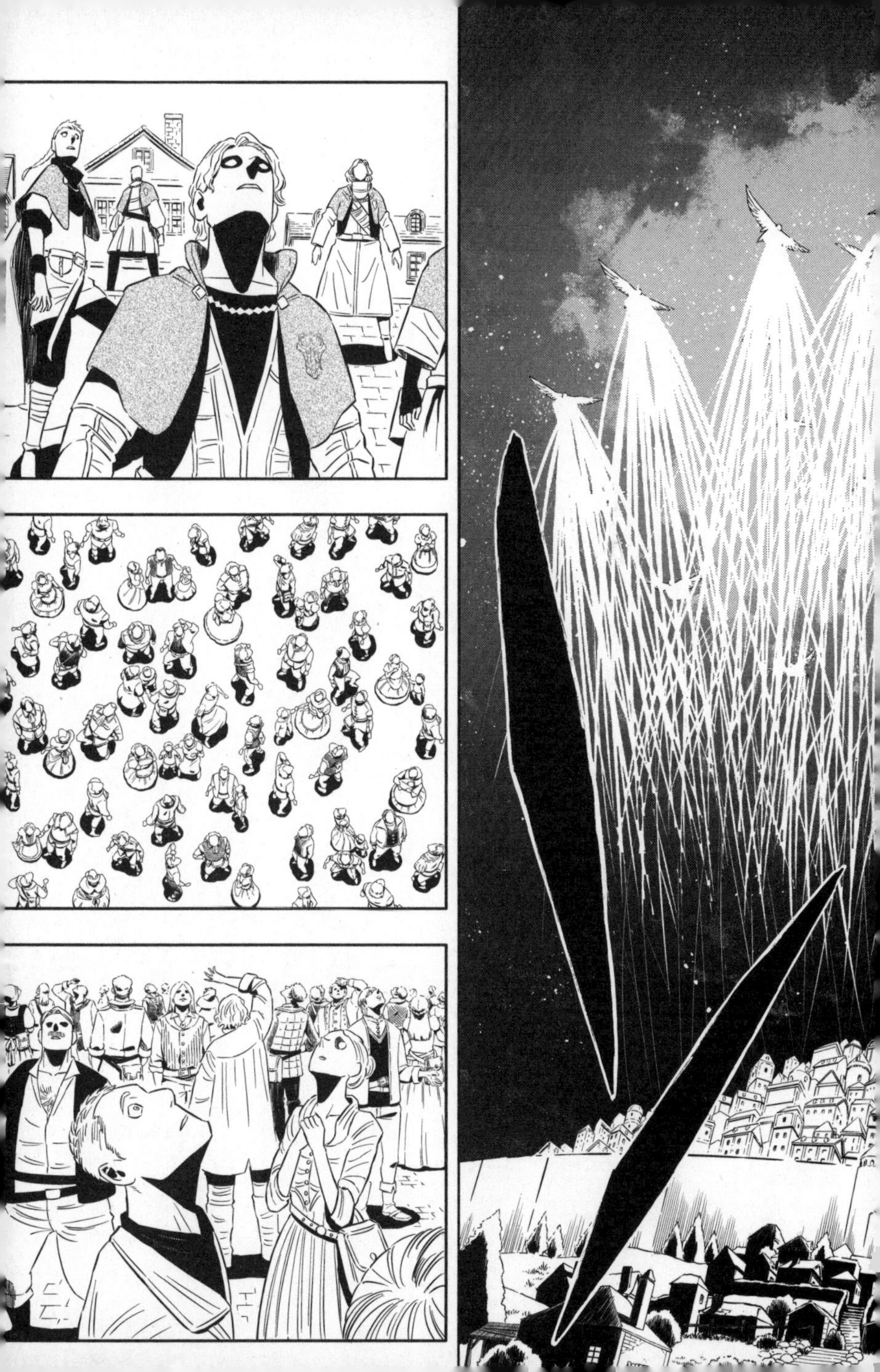

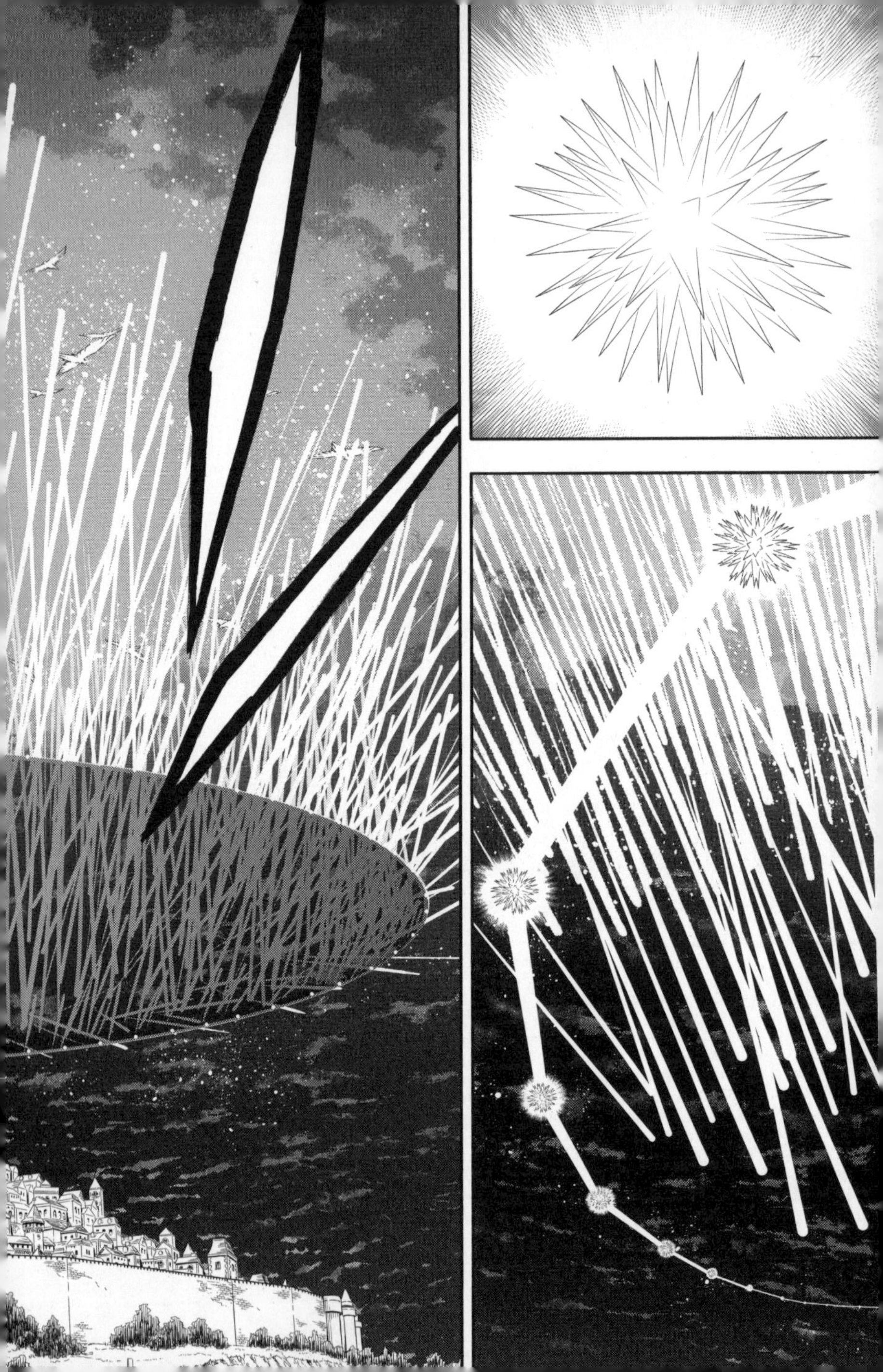

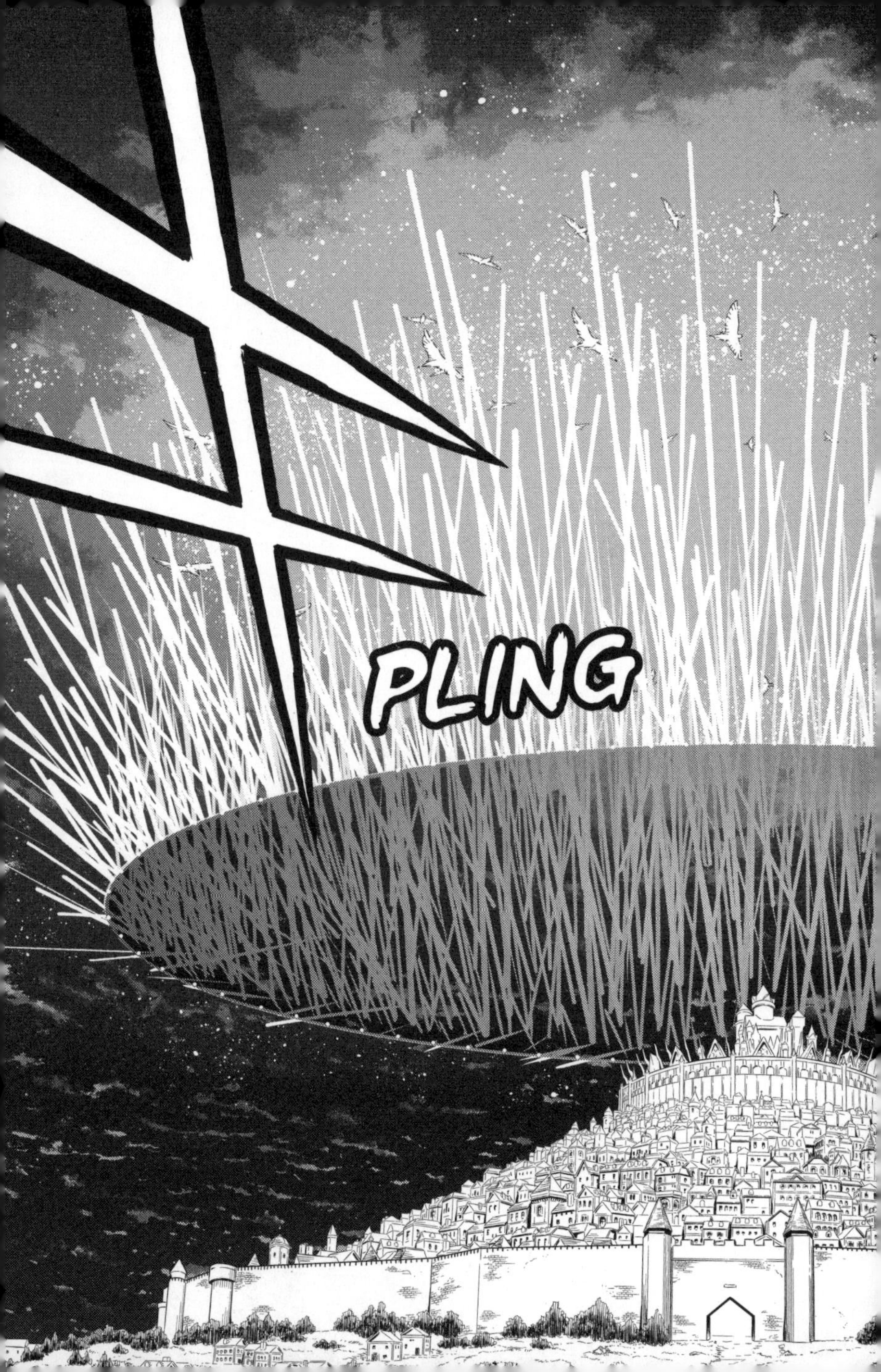
PLING

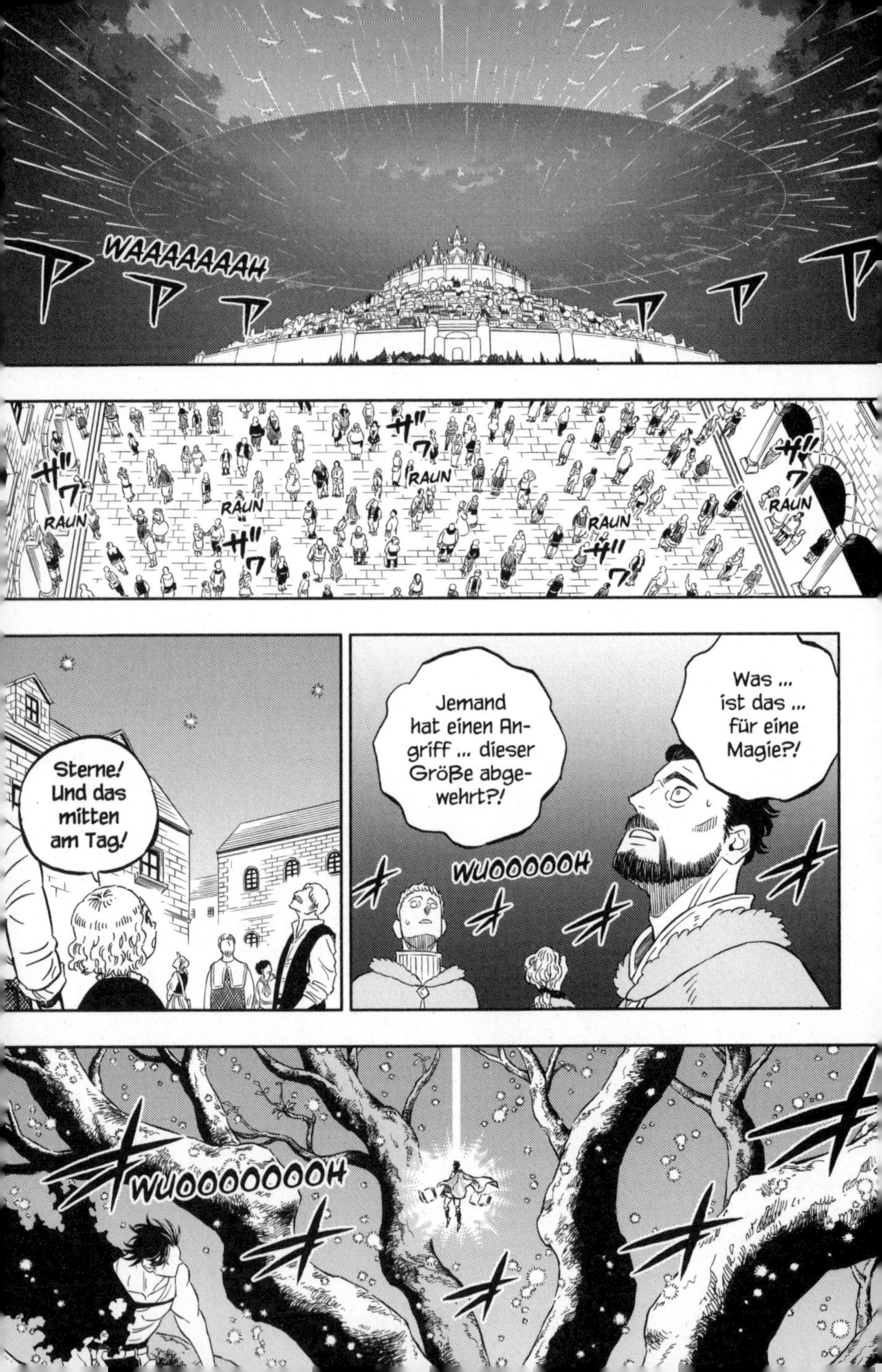
WAAAAAAAH
RAUN
RAUN
RAUN
RAUN
RAUN
Was … ist das … für eine Magie?!
Jemand hat einen Angriff … dieser Größe abgewehrt?!
WUOOOOOH
Sterne! Und das mitten am Tag!
WUOOOOOOOH

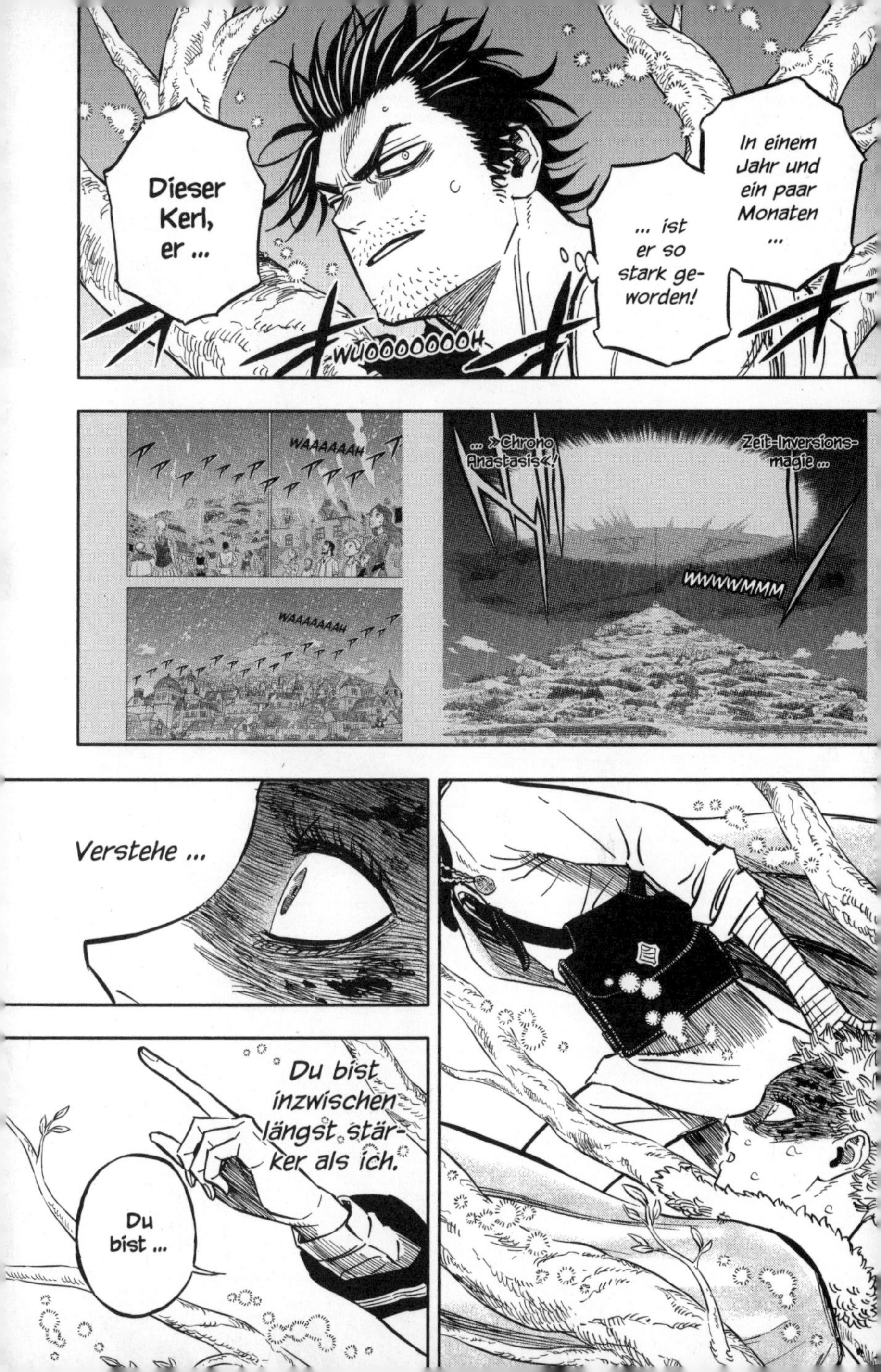
In einem Jahr und ein paar Monaten ...
... ist er so stark geworden!
Dieser Kerl, er ...
WUOOOOOOOOH
Zeit-Inversionsmagie ...
... »Chrono Anastasis«!
WWWWMMM
WAAAAAAH
WAAAAAAAH
Verstehe ...
Du bist ...
Du bist inzwischen längst stärker als ich.

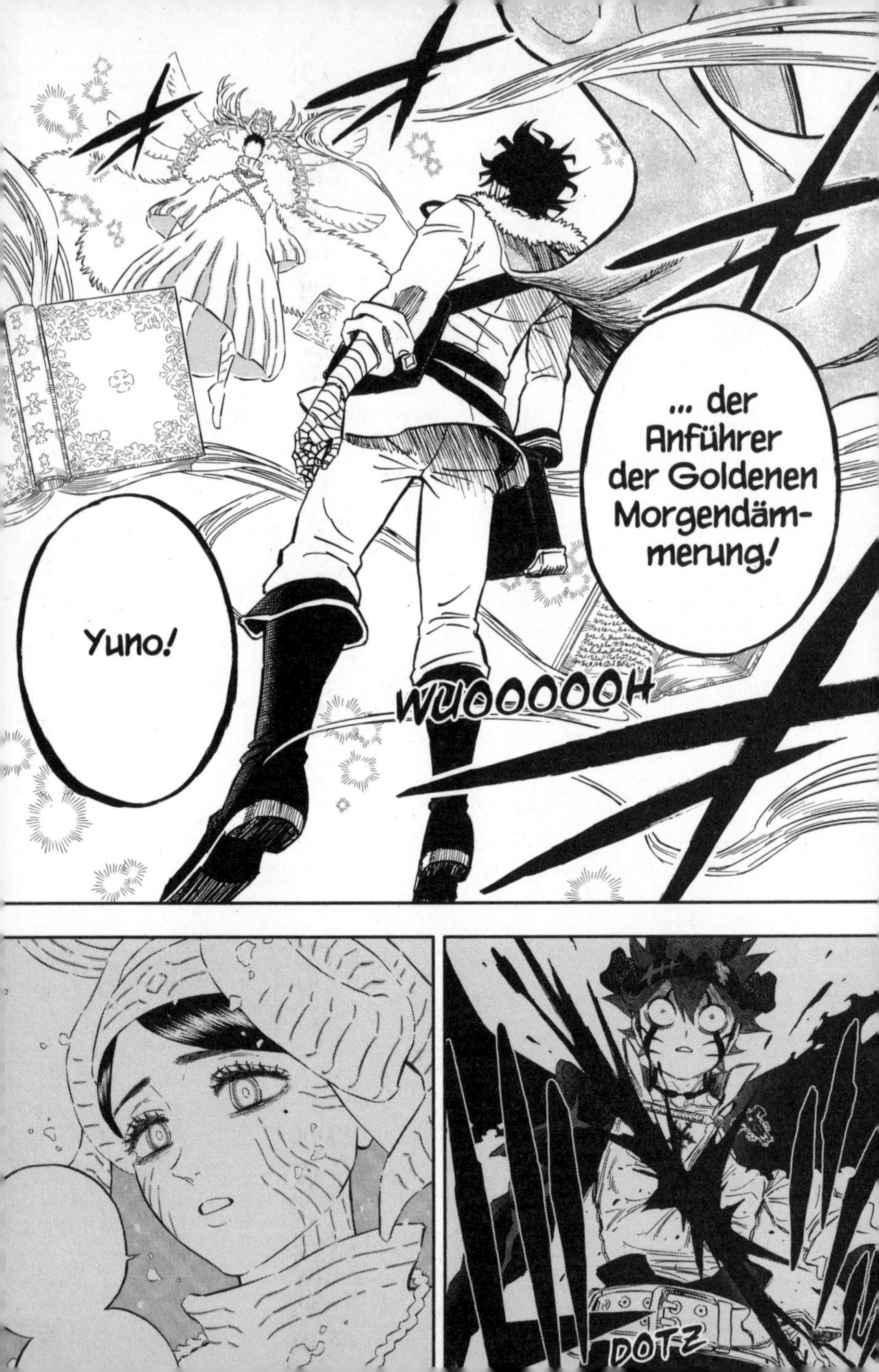

... der Anführer der Goldenen Morgendämmerung!
Yuno!
WUOOOOOH
DOTZ

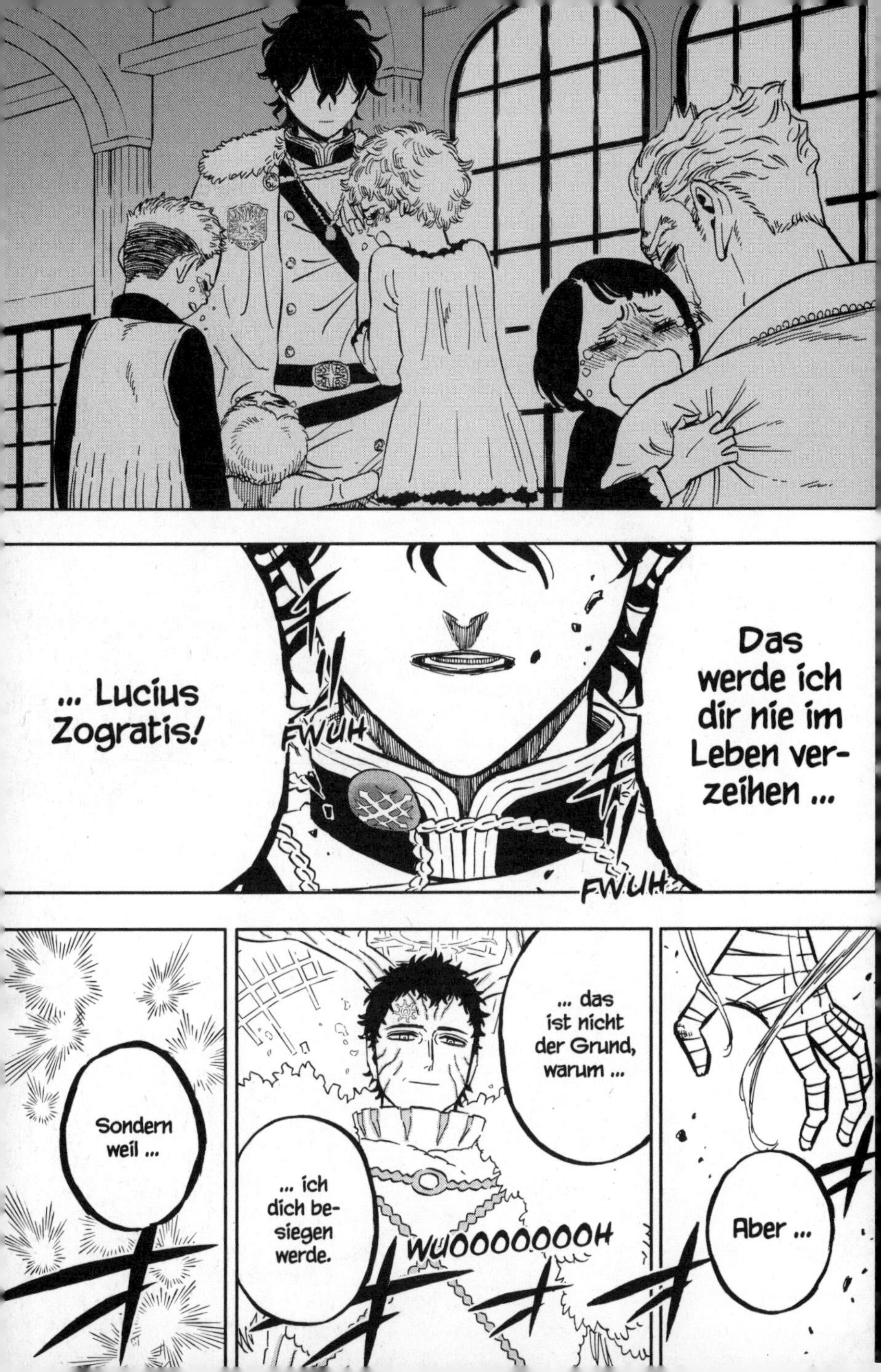
Das werde ich dir nie im Leben verzeihen ...
... Lucius Zogratis!
FWUH
FWUH
Aber ...
... das ist nicht der Grund, warum ...
... ich dich besiegen werde.
WUOOOOOOOH
Sondern weil ...

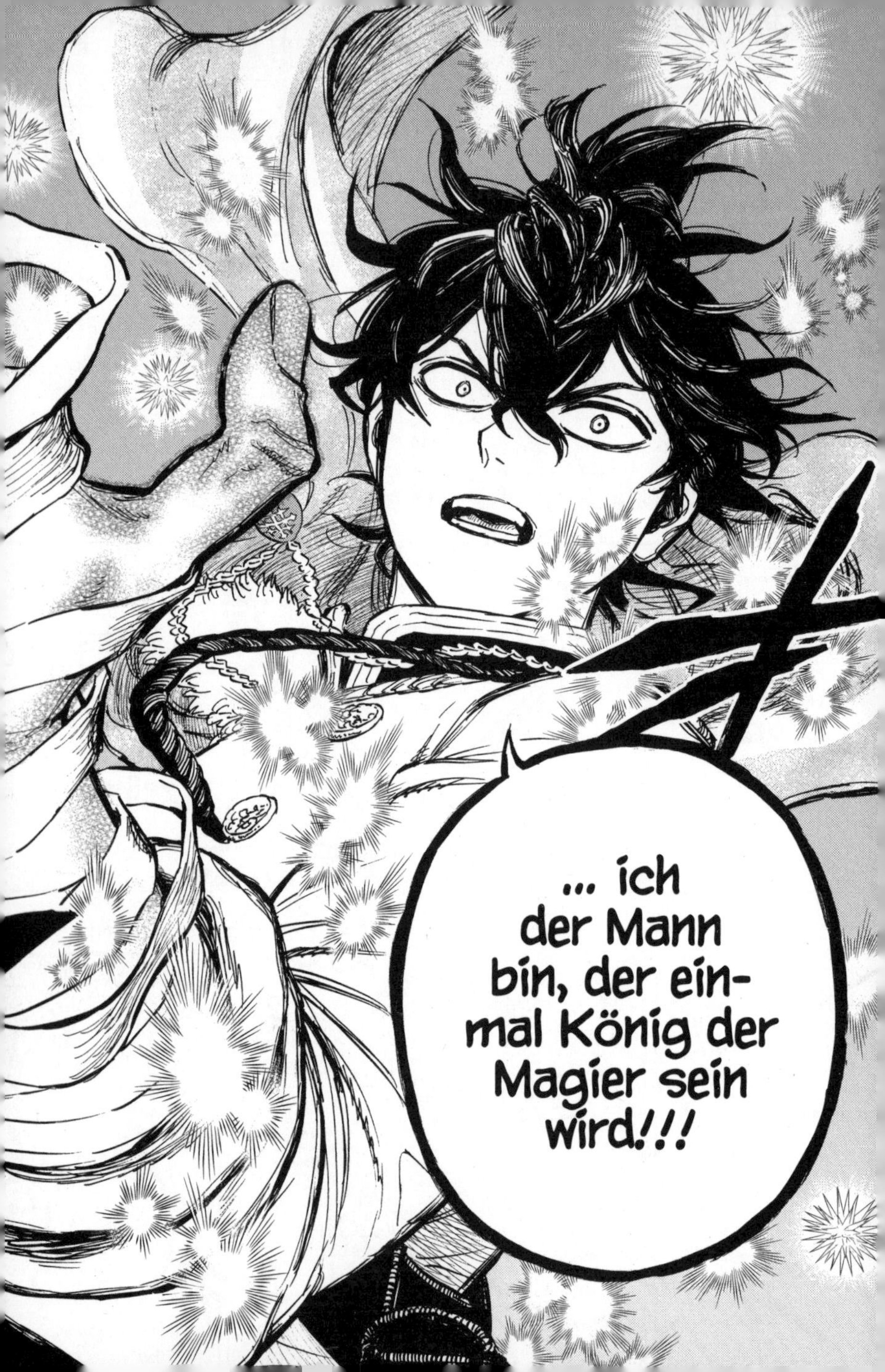
... ich der Mann bin, der ein-mal König der Magier sein wird!!!

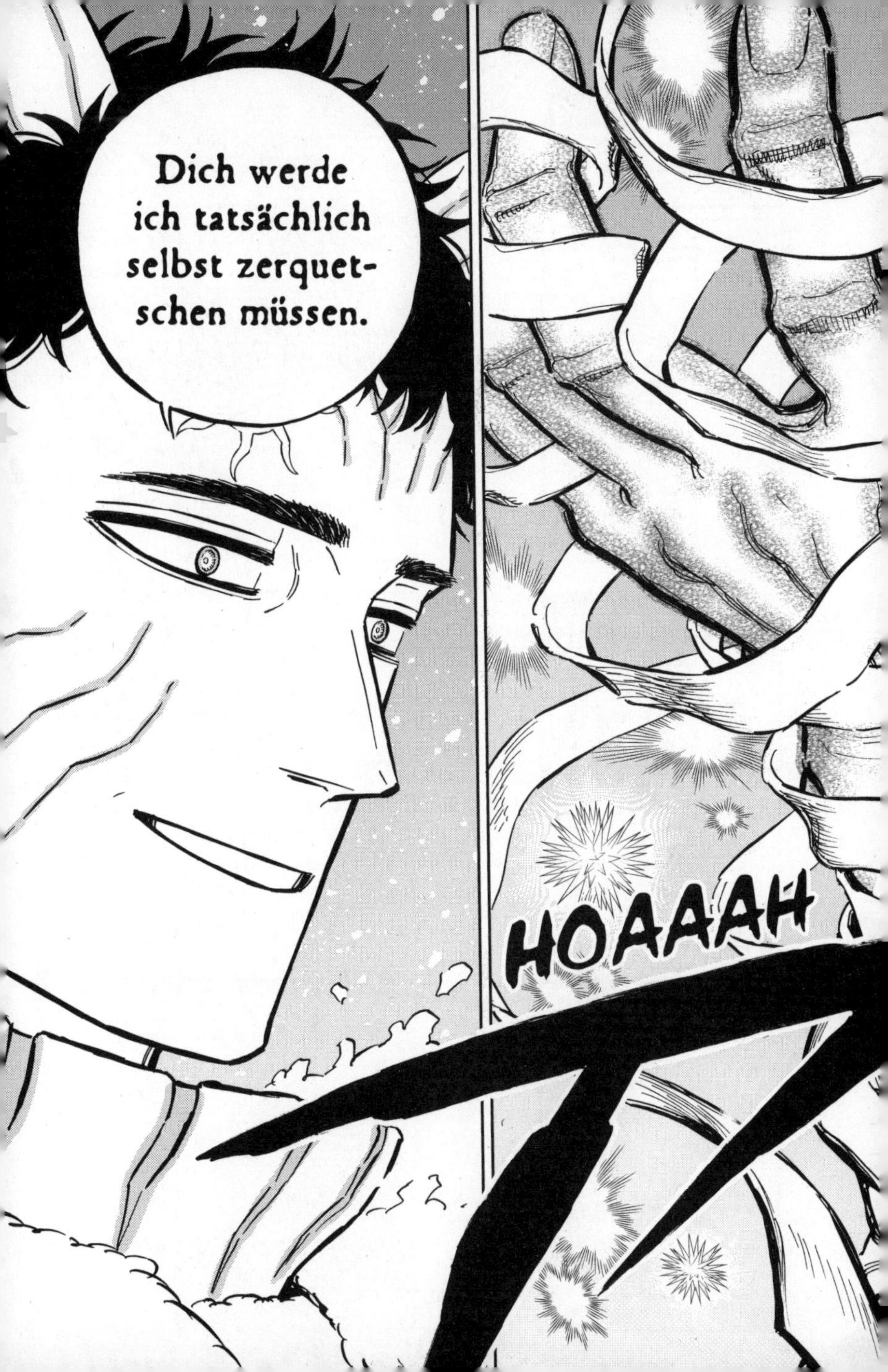
Dich werde ich tatsächlich selbst zerquetschen müssen.
HOAAAH

Der Schwarz-weiße Bilderorden Nr. 1

In diesem Bereich werden Leserzeichnungen abgedruckt! Auch diesmal ist er wieder vollgepackt mit euren Meisterwerken! Sie heitern mich immer wieder auf!

Der Tag, an dem Asta fliegen lernte?!

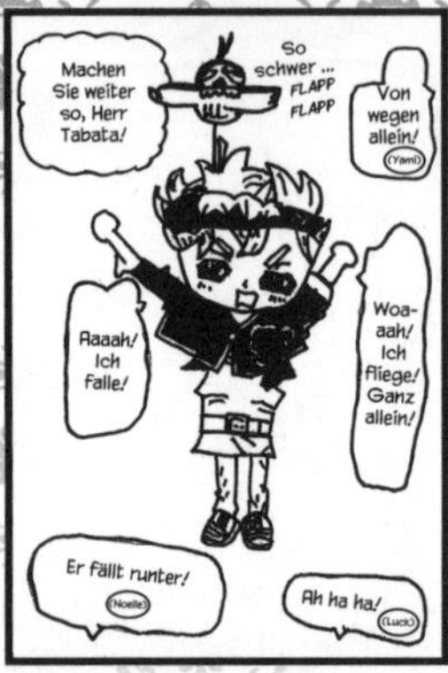

Schwarzes Eis aus Kagoshima

Ichika von den Sieben Ryuzen!

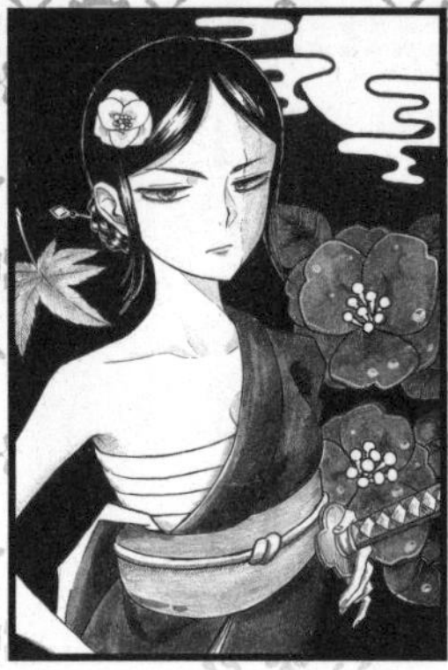

Maccaroni aus Hiroshima

Die drei Stützen des Schwarzen Stiers!

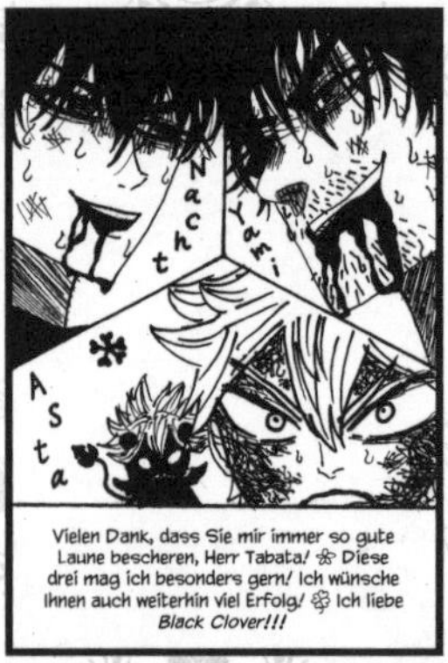

Fräulein aus Miyazaki

Naturgeist-Absorption »Spirit Dive« »Heilige Rüstung der Meereswalküre« mit Undine!

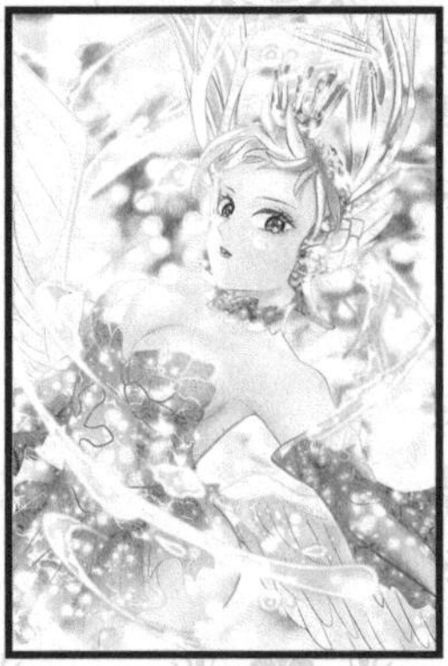

Glimmer aus Saitama

Noelle wird immer erwachsener!

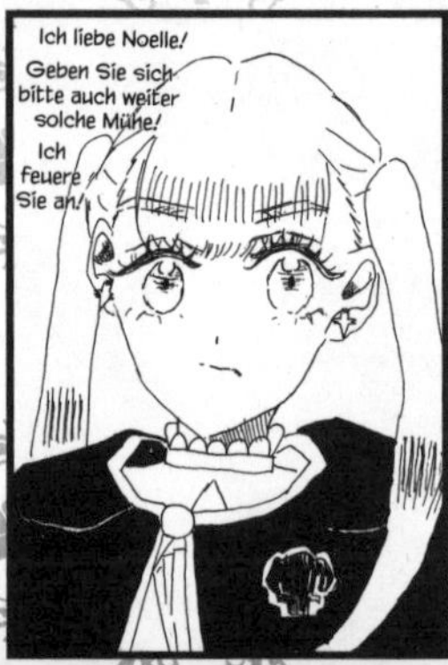

Weißreis aus Chiba

Zetten zu lernen, braucht viel Übung!

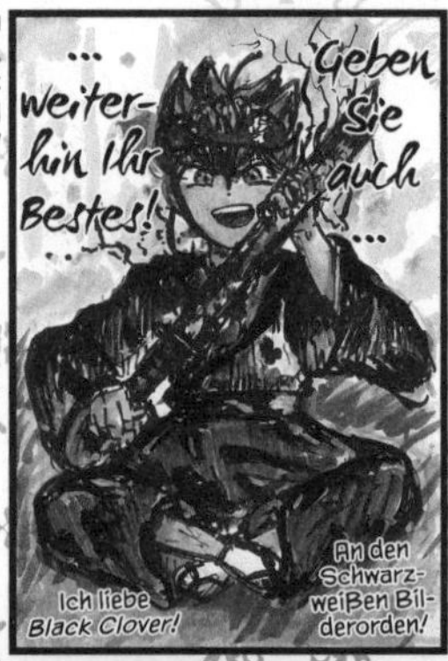

Peeerry aus Kanagawa

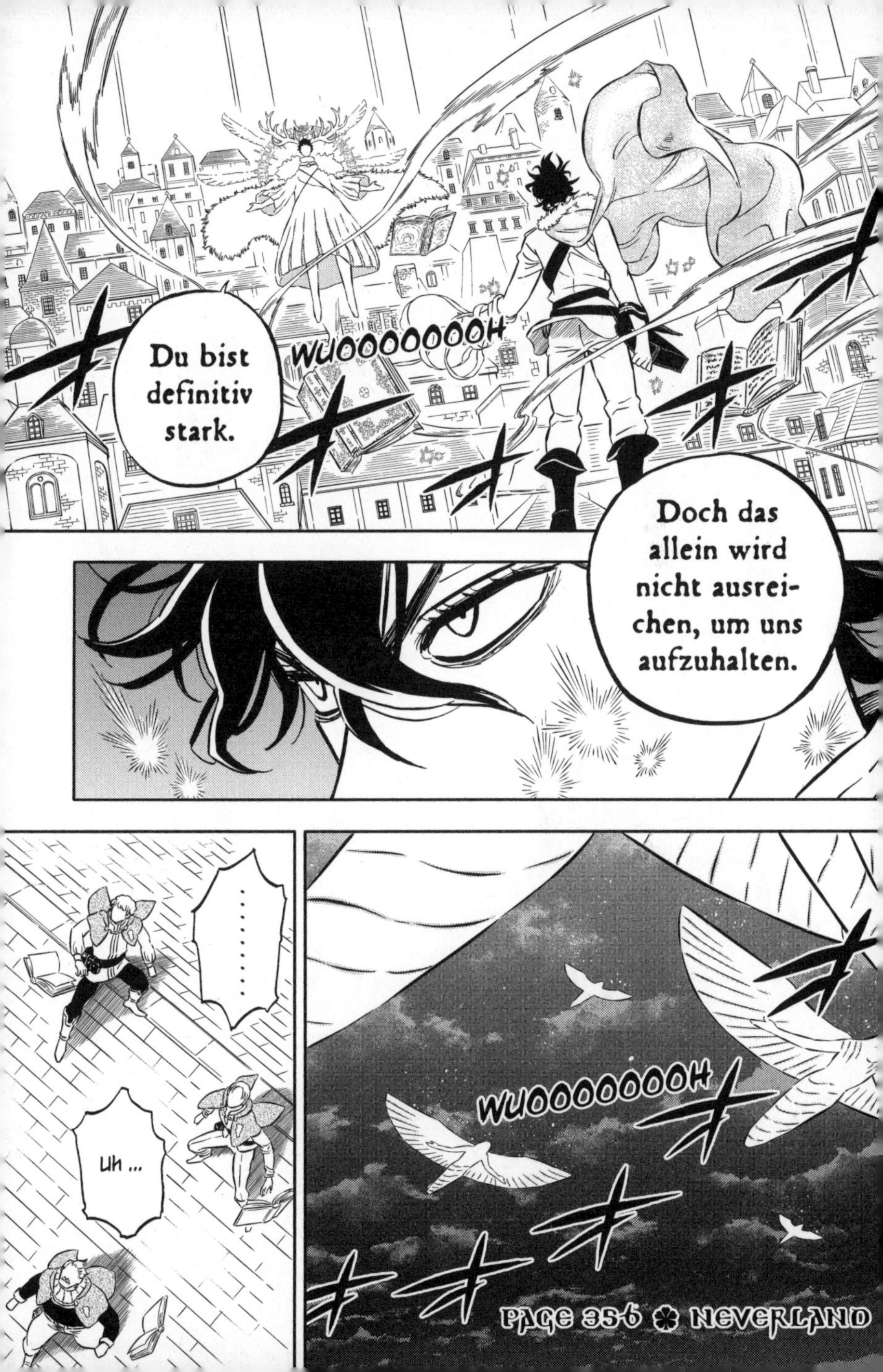

WUOOOOOOOH
Du bist definitiv stark.
Doch das allein wird nicht ausreichen, um uns aufzuhalten.
WUOOOOOOOH
PAGE 356 ✿ NEVERLAND
....
Uh ...

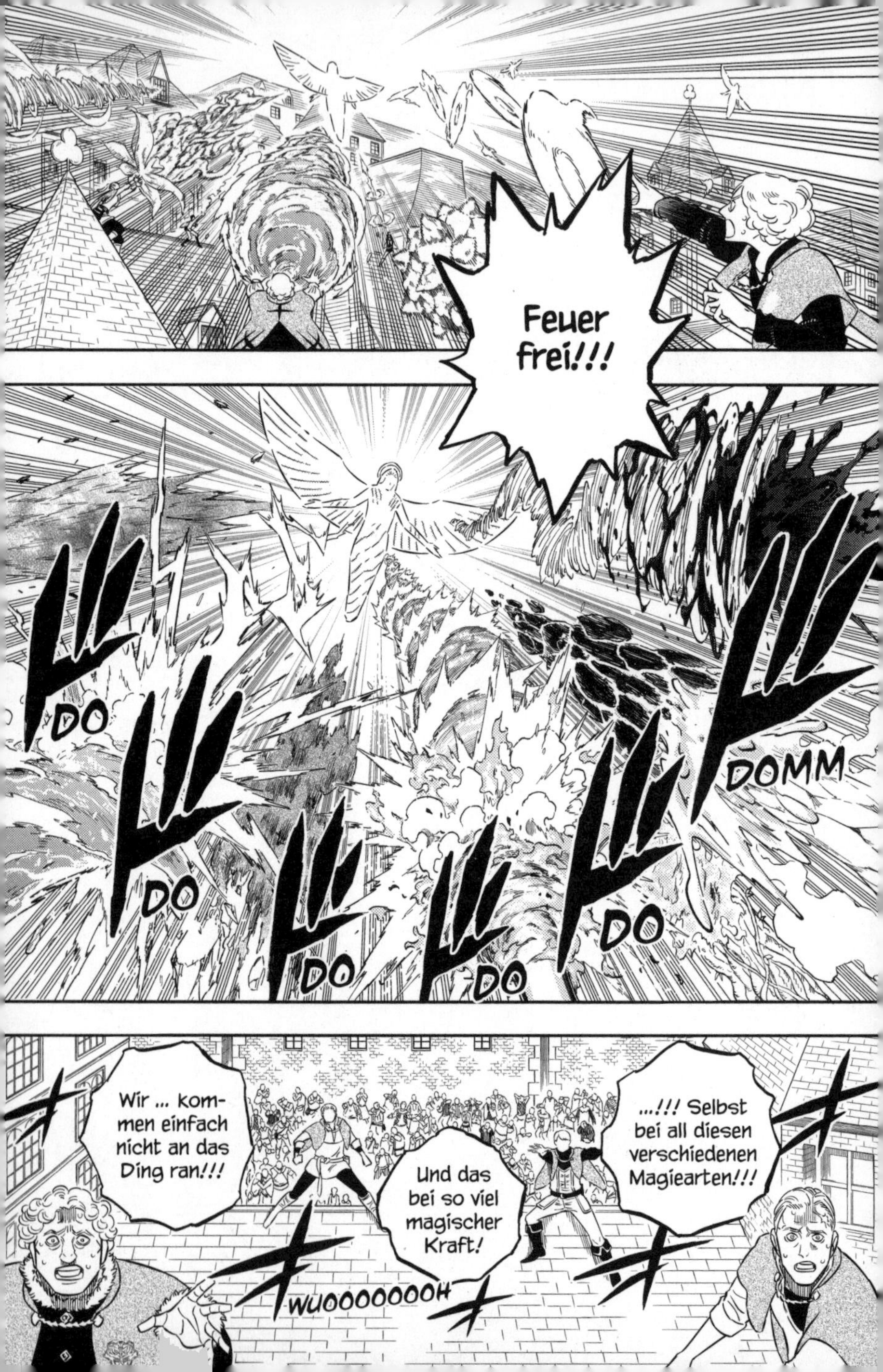
Feuer frei!!!
DO
DO
DO
DO
DO
DOMM
...!!! Selbst bei all diesen verschiedenen Magiearten!!!
Und das bei so viel magischer Kraft!
Wir ... kommen einfach nicht an das Ding ran!!!
WUOOOOOOOH

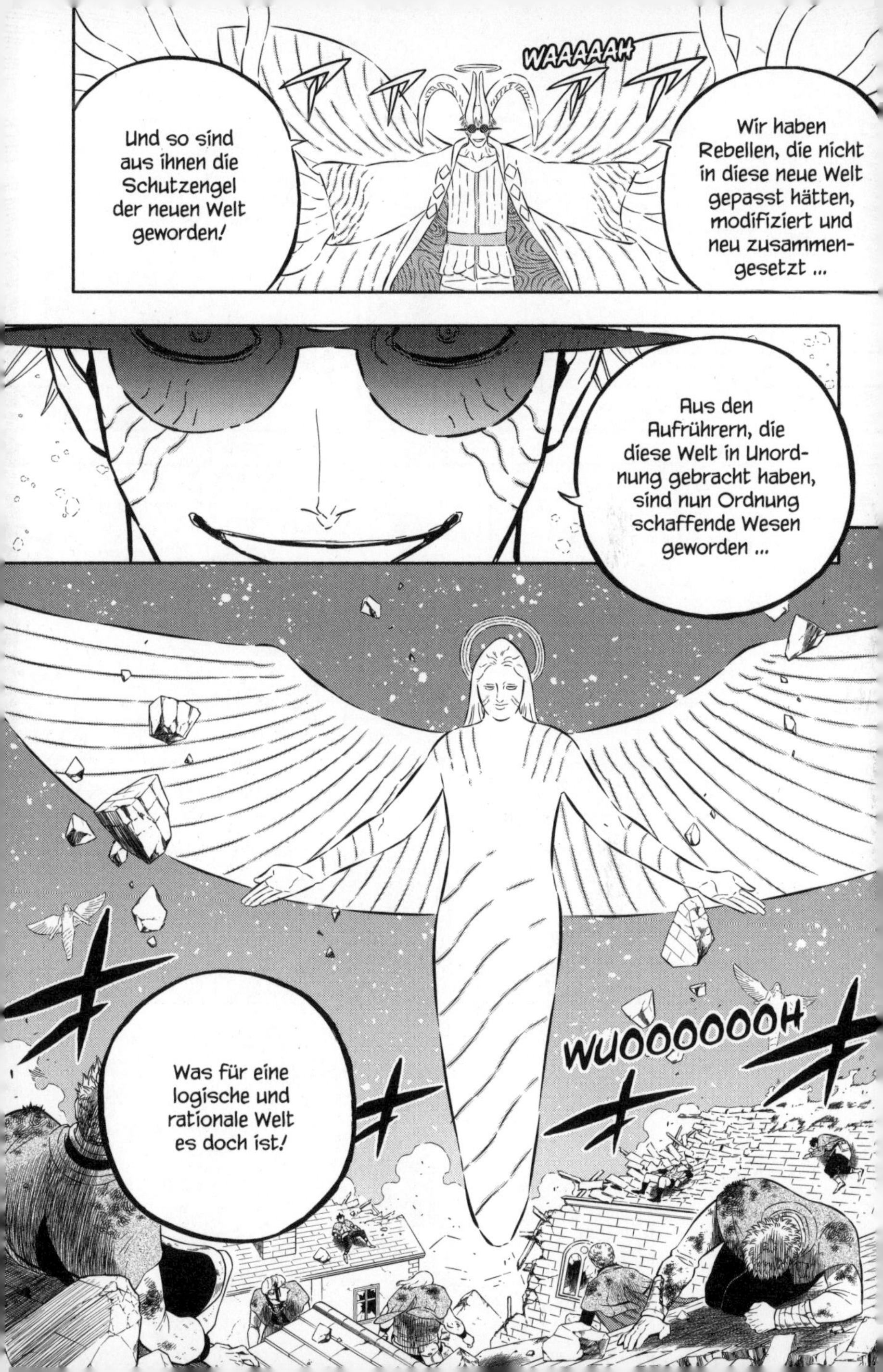
WAAAAAH
Wir haben Rebellen, die nicht in diese neue Welt gepasst hätten, modifiziert und neu zusammen-gesetzt ...
Und so sind aus ihnen die Schutzengel der neuen Welt geworden!
Aus den Aufrührern, die diese Welt in Unord-nung gebracht haben, sind nun Ordnung schaffende Wesen geworden ...
WUOOOOOOH
Was für eine logische und rationale Welt es doch ist!

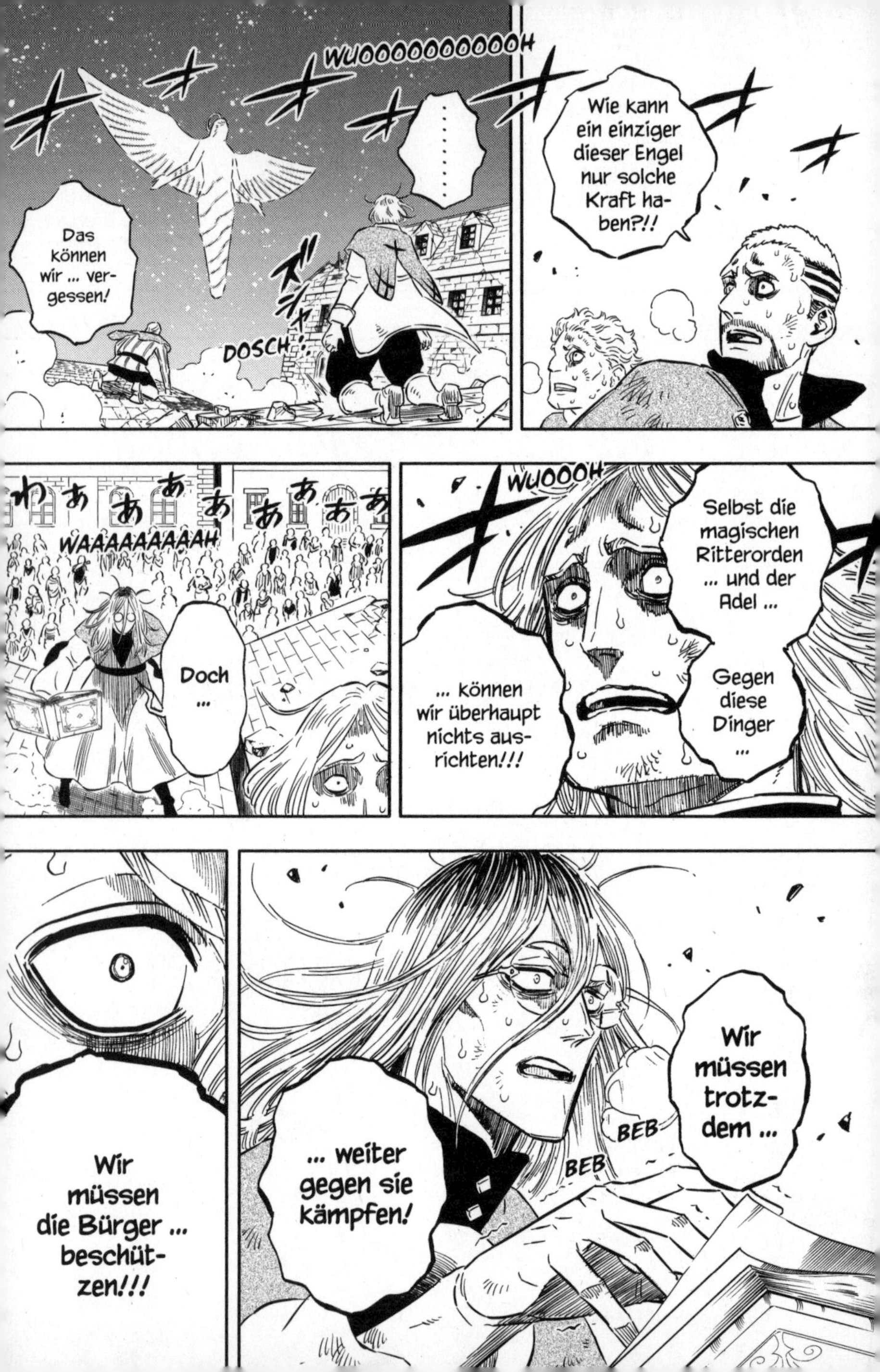
Wie kann ein einziger dieser Engel nur solche Kraft haben?!!
WUOOOOOOOOOOOH
……
DOSCH
Das können wir ... vergessen!
WUOOOH
Selbst die magischen Ritterorden ... und der Adel ...
Gegen diese Dinger ...
... können wir überhaupt nichts ausrichten!!!
WAAAAAAAAAH
Doch ...
Wir müssen trotzdem ...
BEB
BEB
... weiter gegen sie kämpfen!
Wir müssen die Bürger ... beschützen!!!

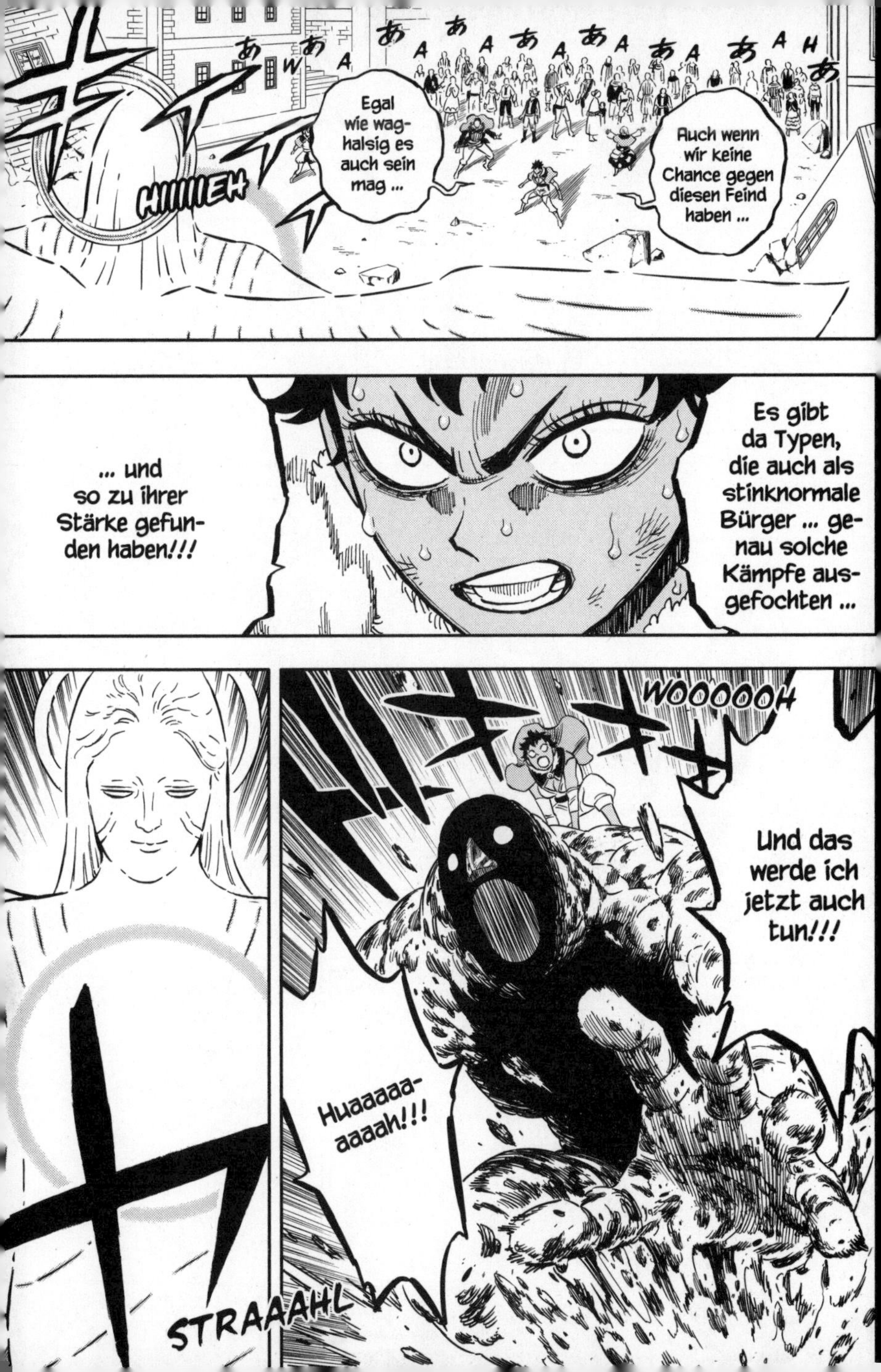
Auch wenn wir keine Chance gegen diesen Feind haben ...
Egal wie waghalsig es auch sein mag ...
HIIIIIEH
Es gibt da Typen, die auch als stinknormale Bürger ... genau solche Kämpfe ausgefochten ...
... und so zu ihrer Stärke gefunden haben!!!
WOOOOOH
Und das werde ich jetzt auch tun!!!
Huaaaaa-aaaah!!!
STRAAAHL

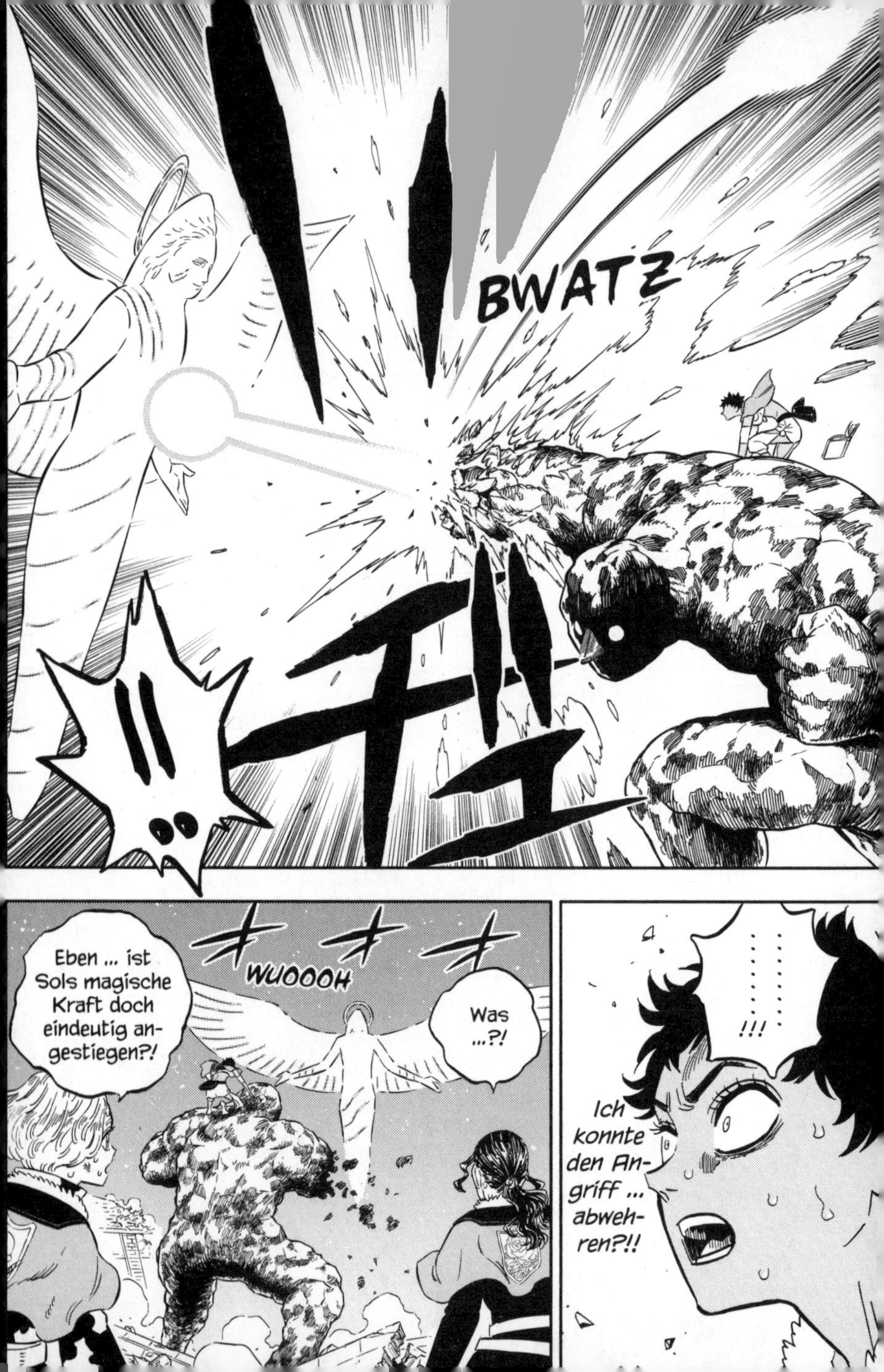
BWATZ
WUOOOH
Eben ... ist Sols magische Kraft doch eindeutig angestiegen?!
Was ...?!
......!!!
Ich konnte den Angriff ... abwehren?!!

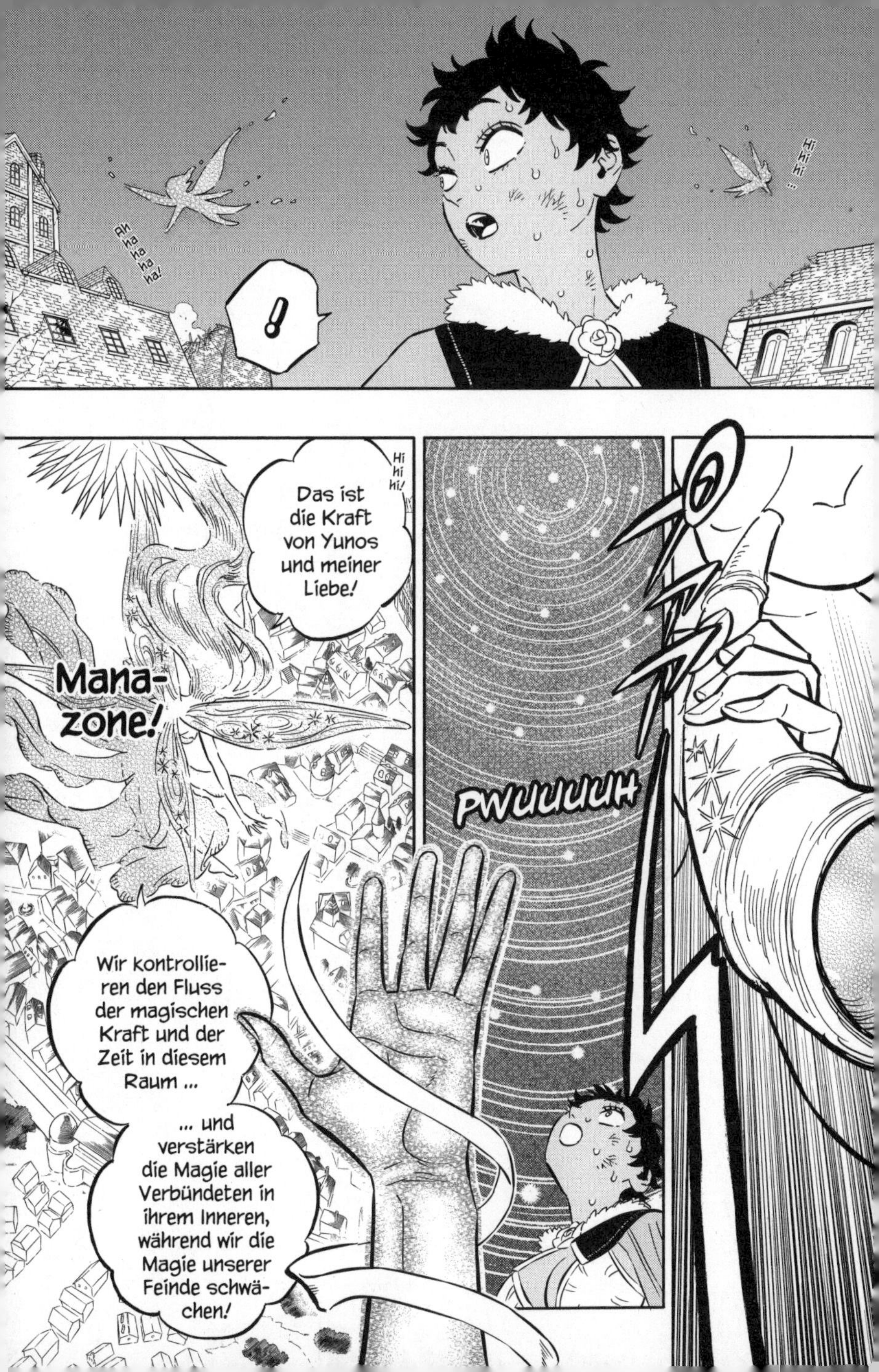

Ah ha ha ha ha!
!
Hi hi hi ...
Hi hi hi!
Das ist die Kraft von Yunos und meiner Liebe!
Mana-zone!
PWUUUUH
Wir kontrollie-ren den Fluss der magischen Kraft und der Zeit in diesem Raum ...
... und verstärken die Magie aller Verbündeten in ihrem Inneren, während wir die Magie unserer Feinde schwä-chen!

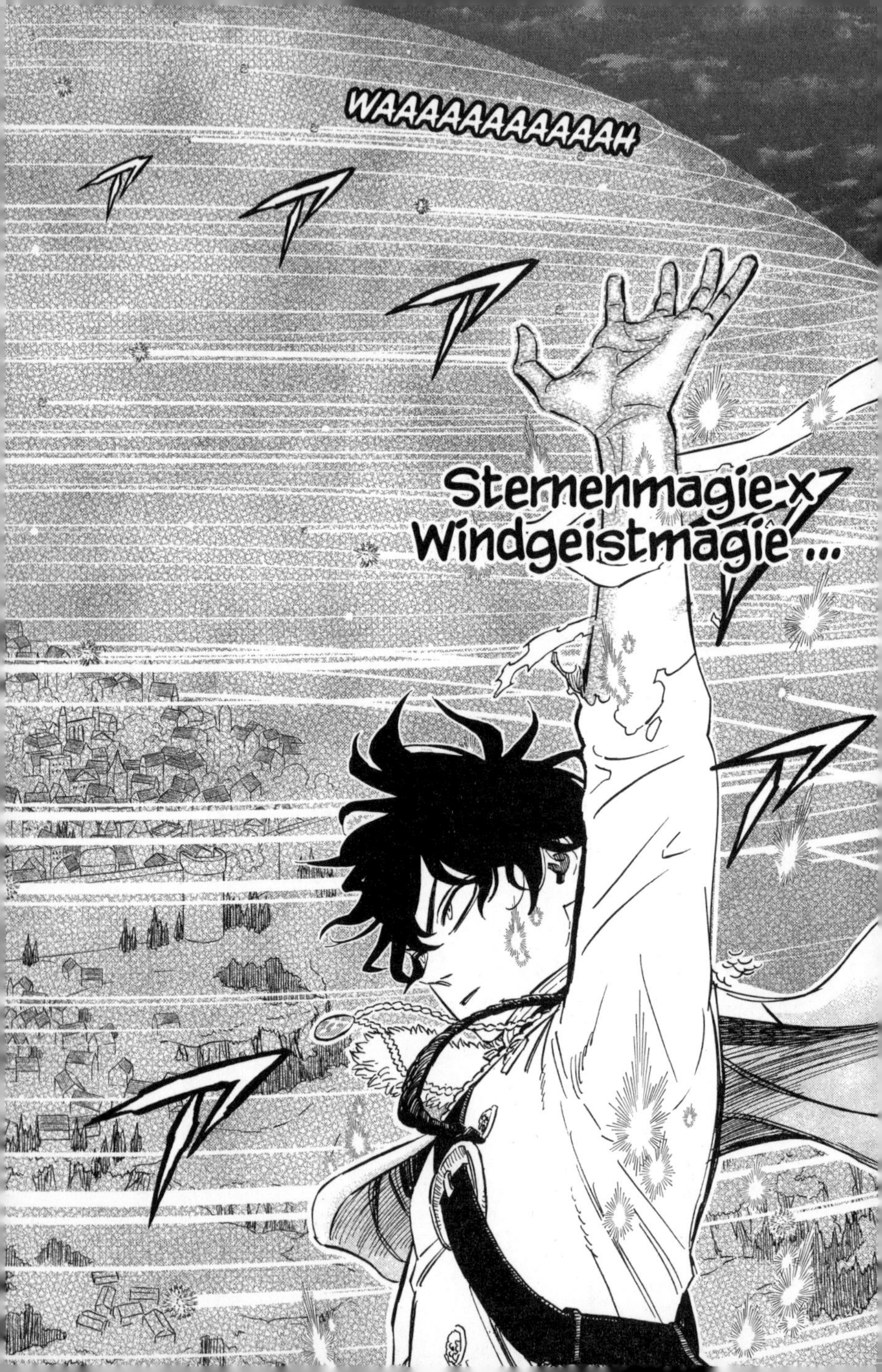
WAAAAAAAAAAAAH
Sternenmagie-x Windgeistmagie ...

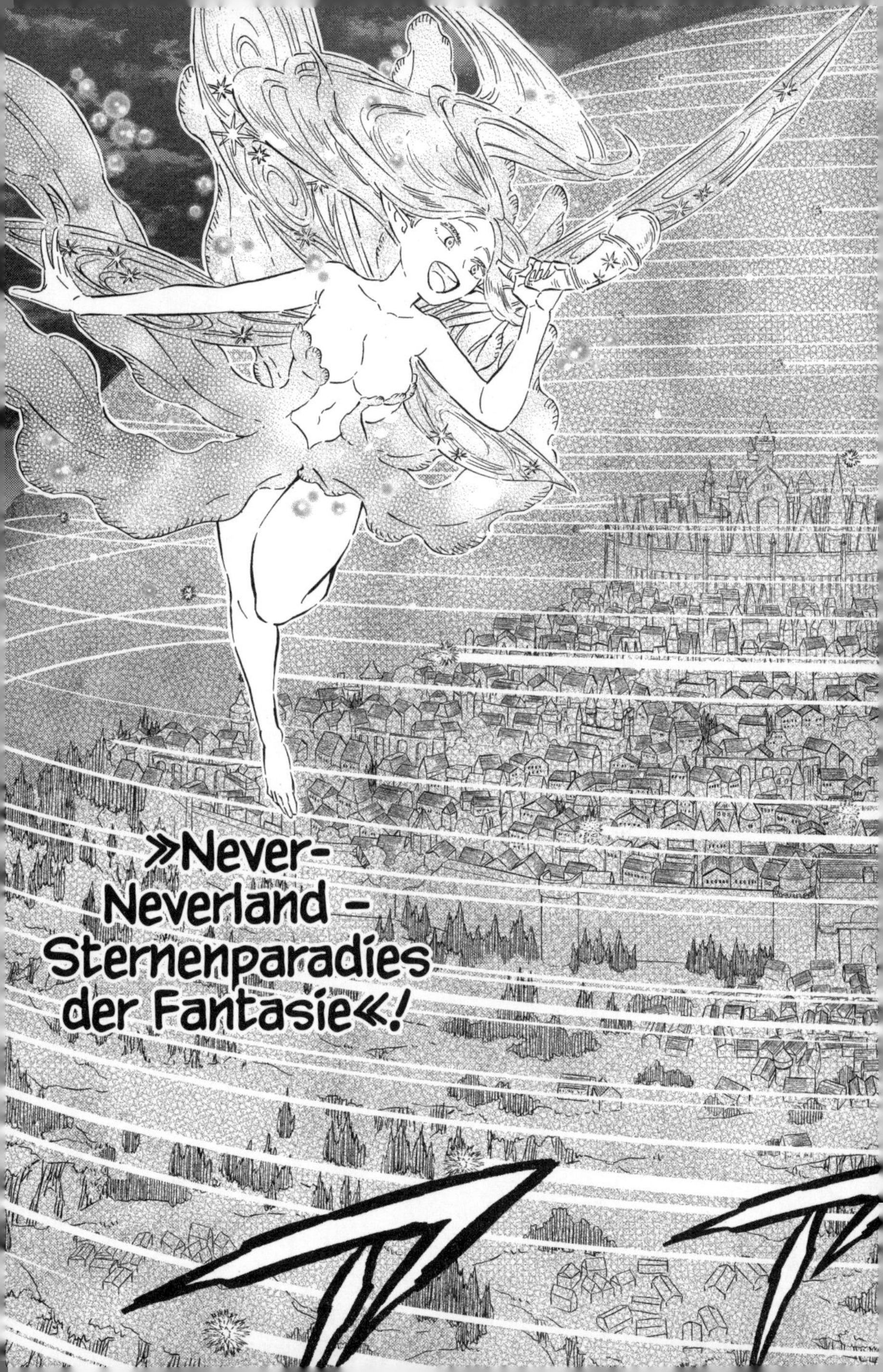
»Never-Neverland – Sternenparadies der Fantasie«!

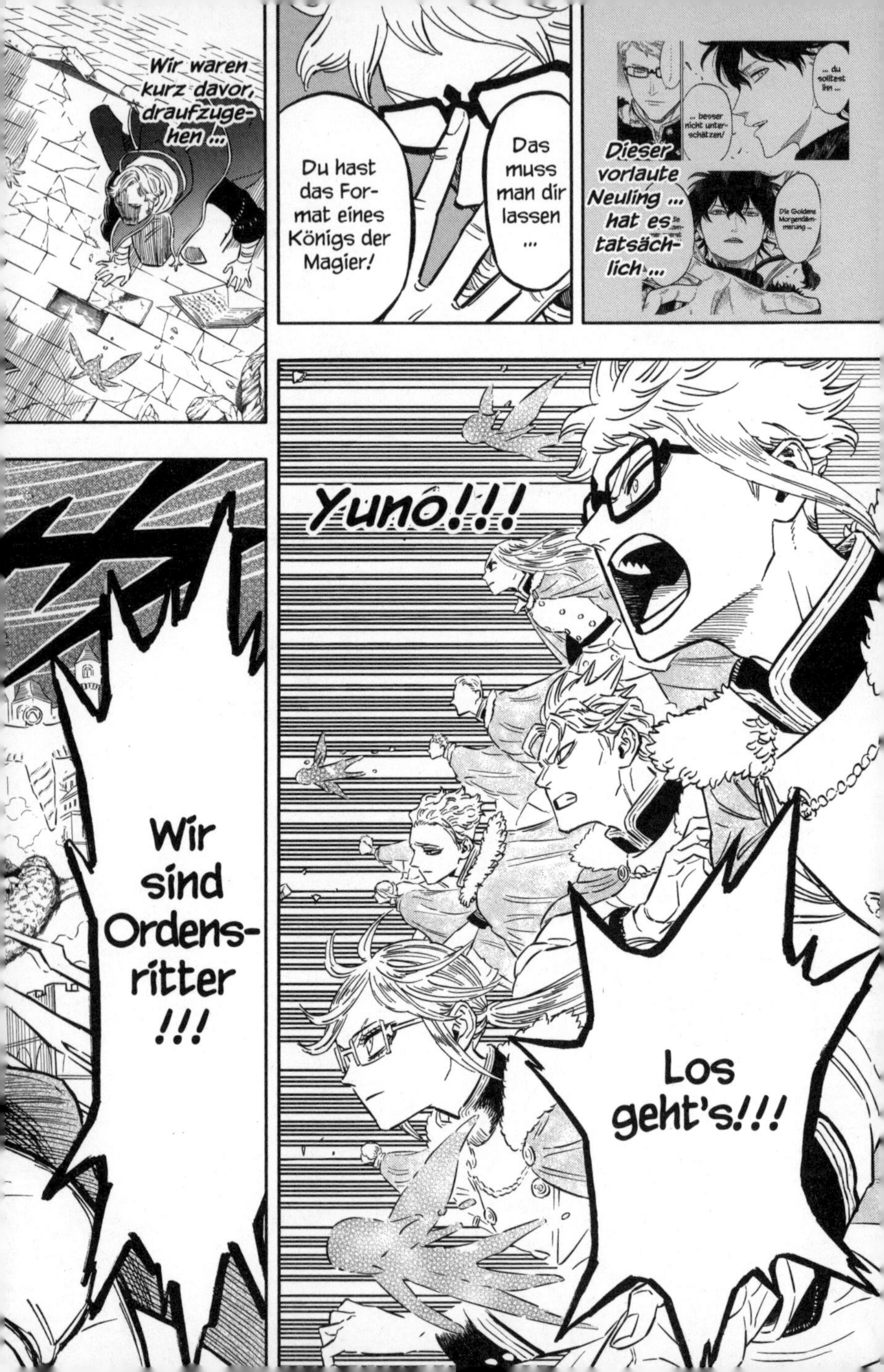

... du solltest ihn ...
... besser nicht unterschätzen!
Dieser vorlaute Neuling ... hat es tatsächlich ...
Die Goldene Morgendämmerung ...
Das muss man dir lassen ...
Du hast das Format eines Königs der Magier!
Wir waren kurz davor, draufzugehen ...
Yuno!!!
Los geht's!!!
Wir sind Ordensritter!!!

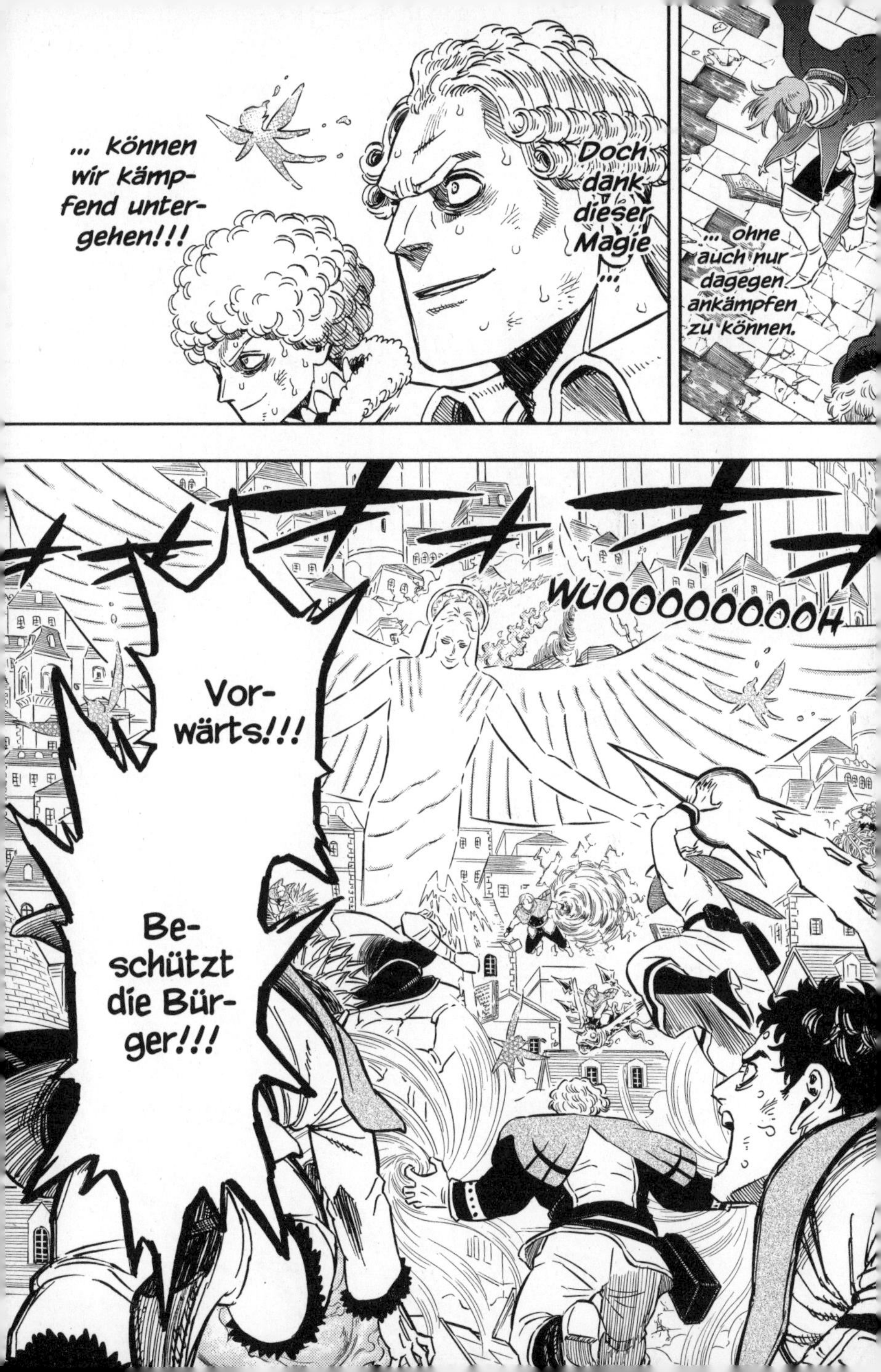

... ohne auch nur dagegen ankämpfen zu können.
Doch dank dieser Magie ...
... können wir kämpfend untergehen!!!
WUOOOOOOOOOH
Vorwärts!!!
Beschützt die Bürger!!!

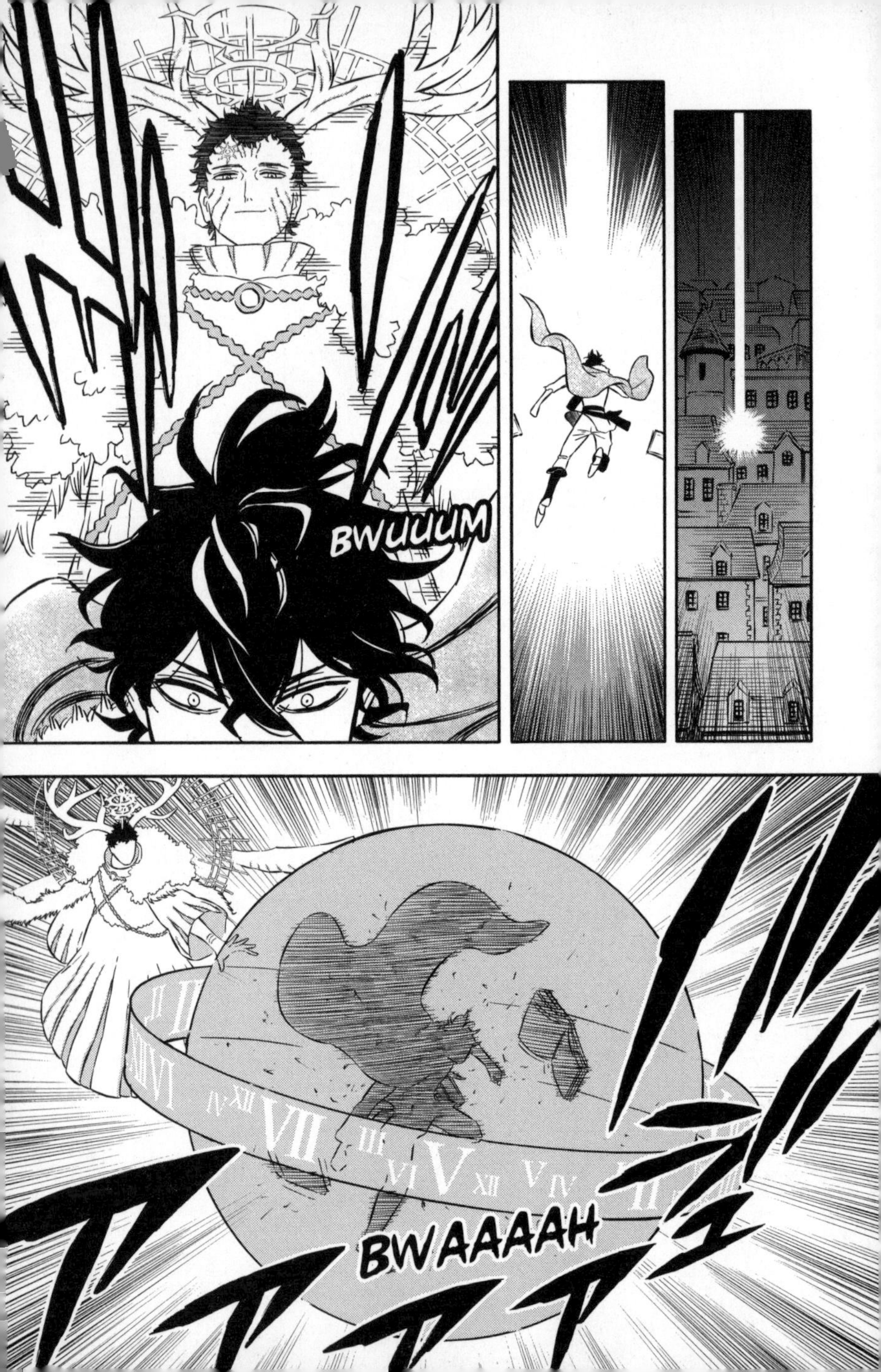
BWUUUM
BWAAAAH

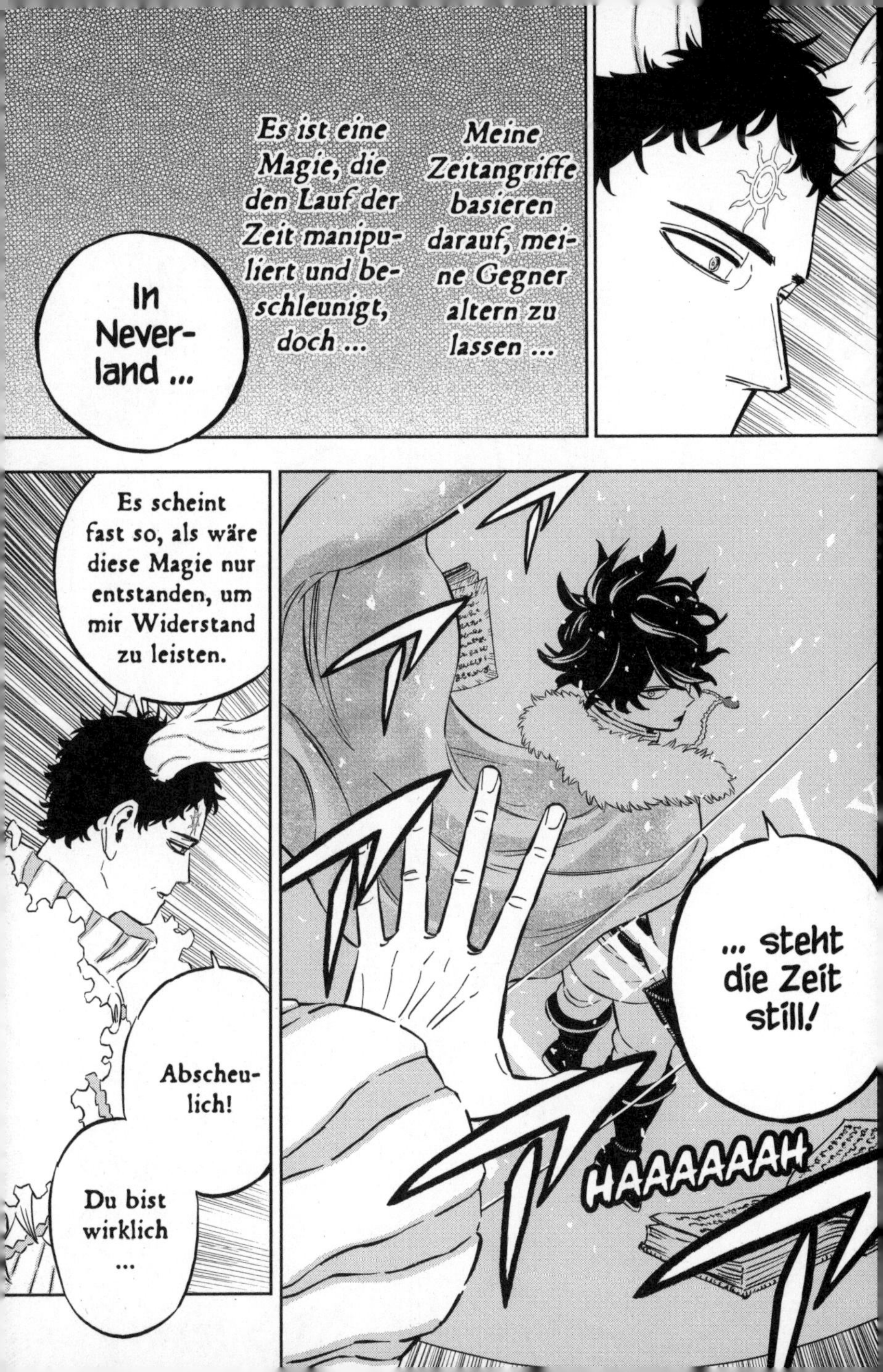

Meine Zeitangriffe basieren darauf, mei-ne Gegner altern zu lassen ...
Es ist eine Magie, die den Lauf der Zeit manipu-liert und be-schleunigt, doch ...
In Never-land ...
... steht die Zeit still!
HAAAAAAH
Es scheint fast so, als wäre diese Magie nur entstanden, um mir Widerstand zu leisten.
Abscheu-lich!
Du bist wirklich ...

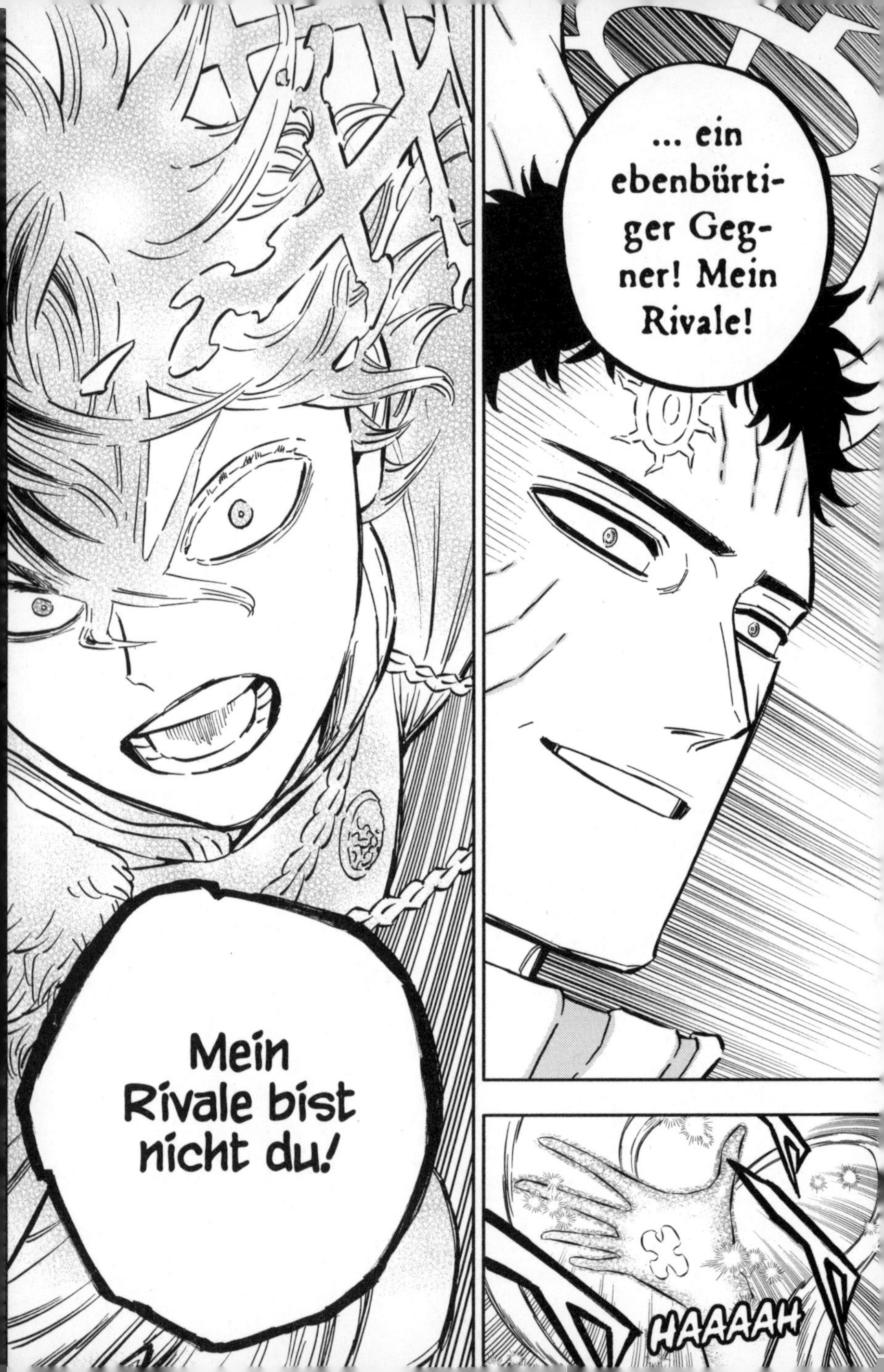
... ein ebenbürtiger Gegner! Mein Rivale!
Mein Rivale bist nicht du!
HAAAAH

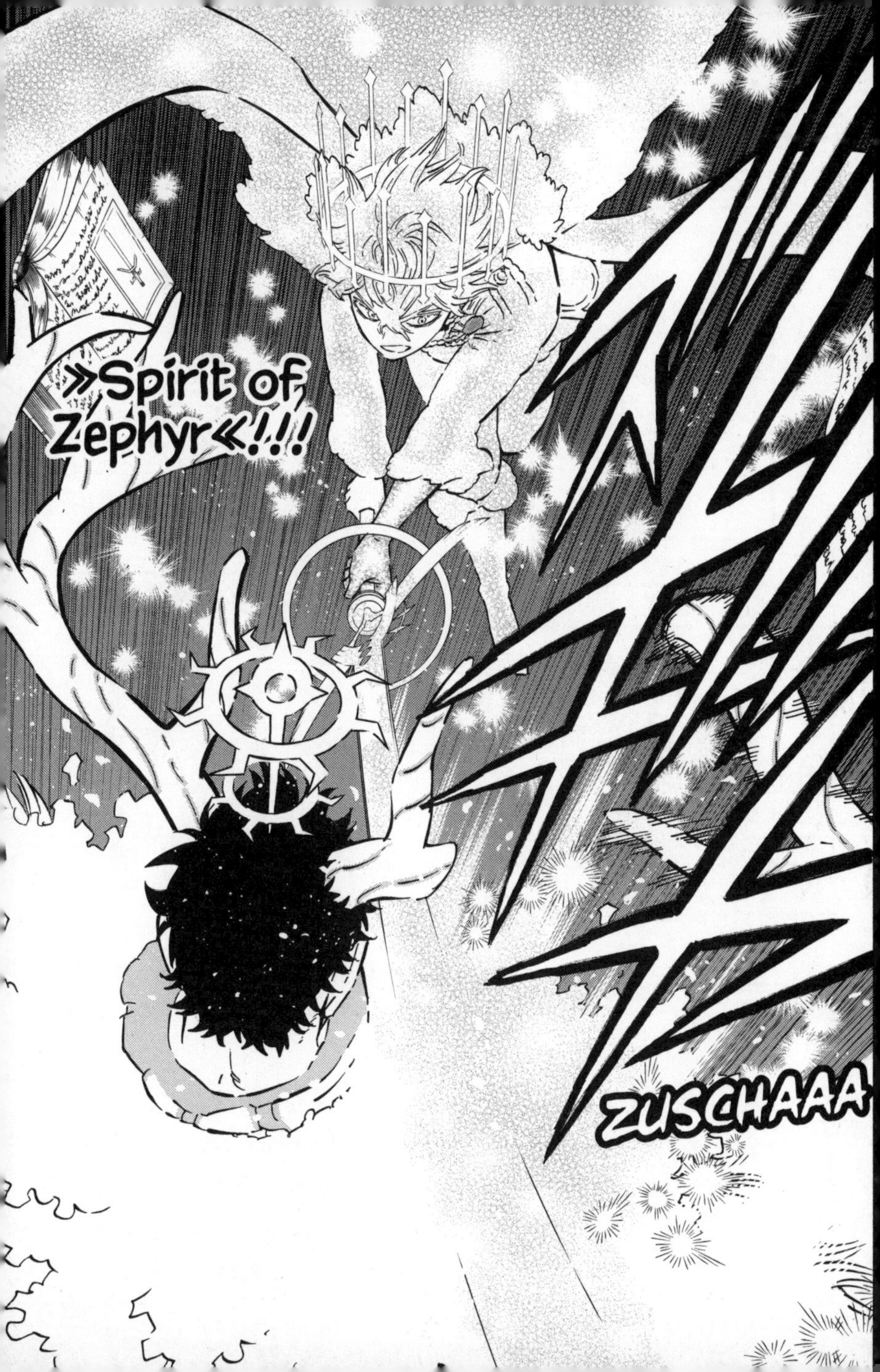
»Spirit of Zephyr«!!!
ZUSCHAAA

DER SCHWARZ-WEISSE BILDERORDEN NR. 2

Senju-Kannon*-Charmy?!

Chico aus Kagoshima

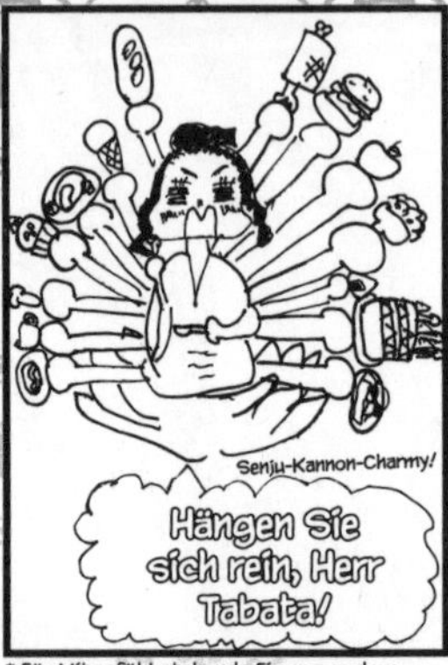

* Für Mitgefühl stehende Figur aus dem Buddhismus mit tausend Armen.

Asuka mit den Antivögeln aus Miyazaki

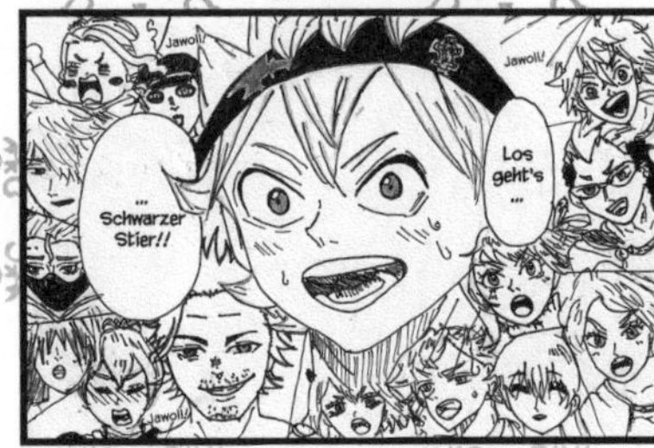

Alle Mitglieder des Schwarzen Stiers vereint!

Zitronensäure aus Saitama

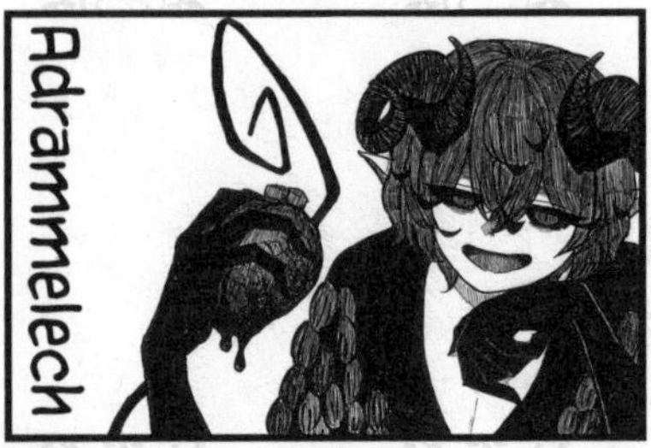

Adrammelech, der hinter den Kulissen die Strippen zieht. Was führt er wirklich im Schilde?!

Der 13. Herrscher des Königreichs Clover!

Abuko Simbel aus Mie

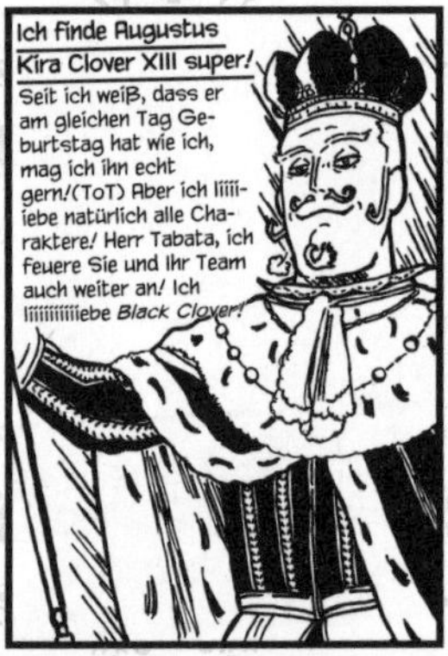

AUFGEPASST!

✤ Liebe Leser, auch im nächsten Band wird es einen Bereich mit Illustrationen geben. Ich präsentiere wieder Fanarts zu *Black Clover*!

Danke für eure Unterstützung!

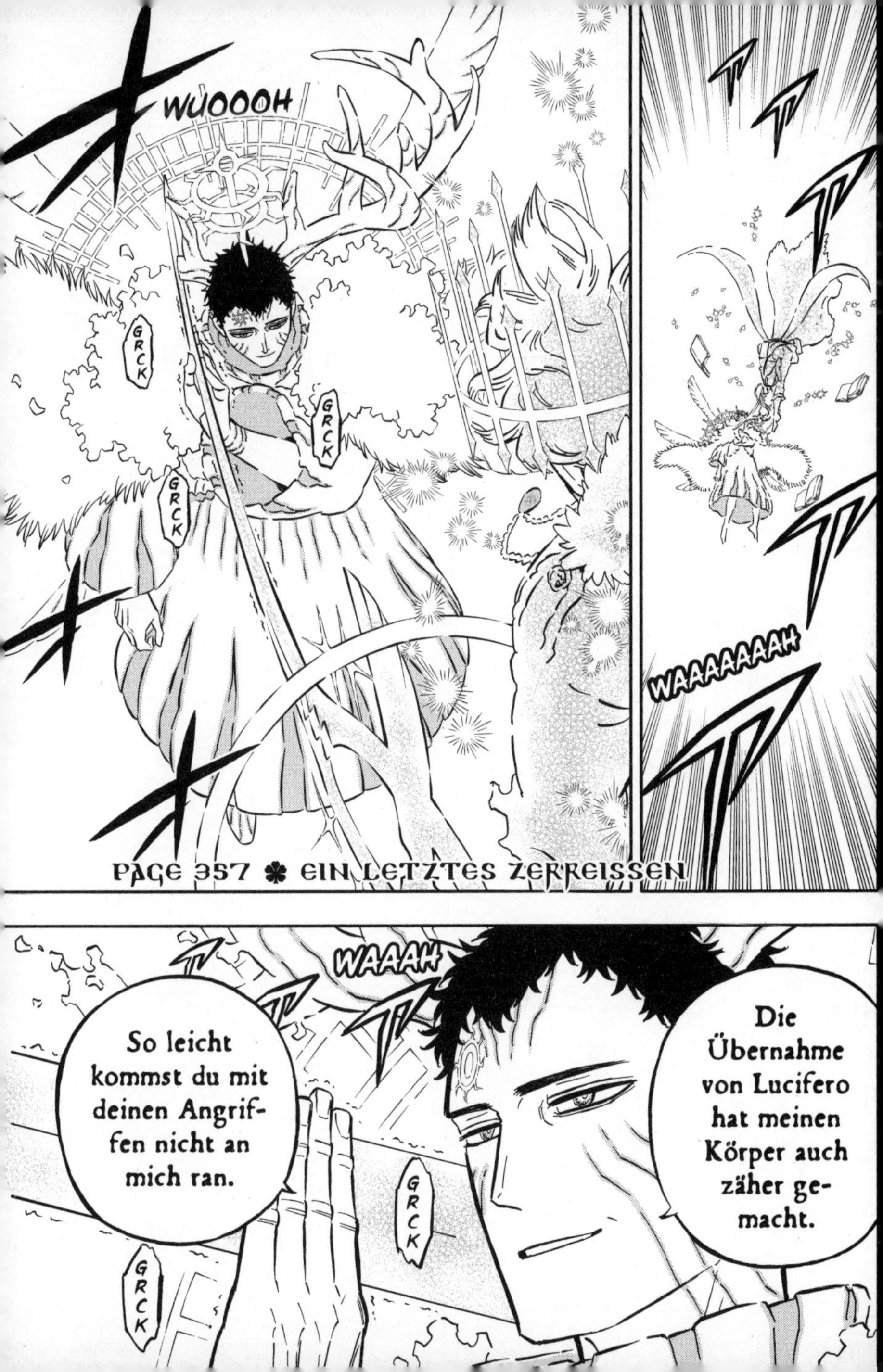

WAAAAAAAH
WUOOOH
GRCK
GRCK
GRCK
PAGE 357 ✿ EIN LETZTES ZERREISSEN
WAAAH
Die Übernahme von Lucifero hat meinen Körper auch zäher gemacht.
So leicht kommst du mit deinen Angriffen nicht an mich ran.
GRCK
GRCK

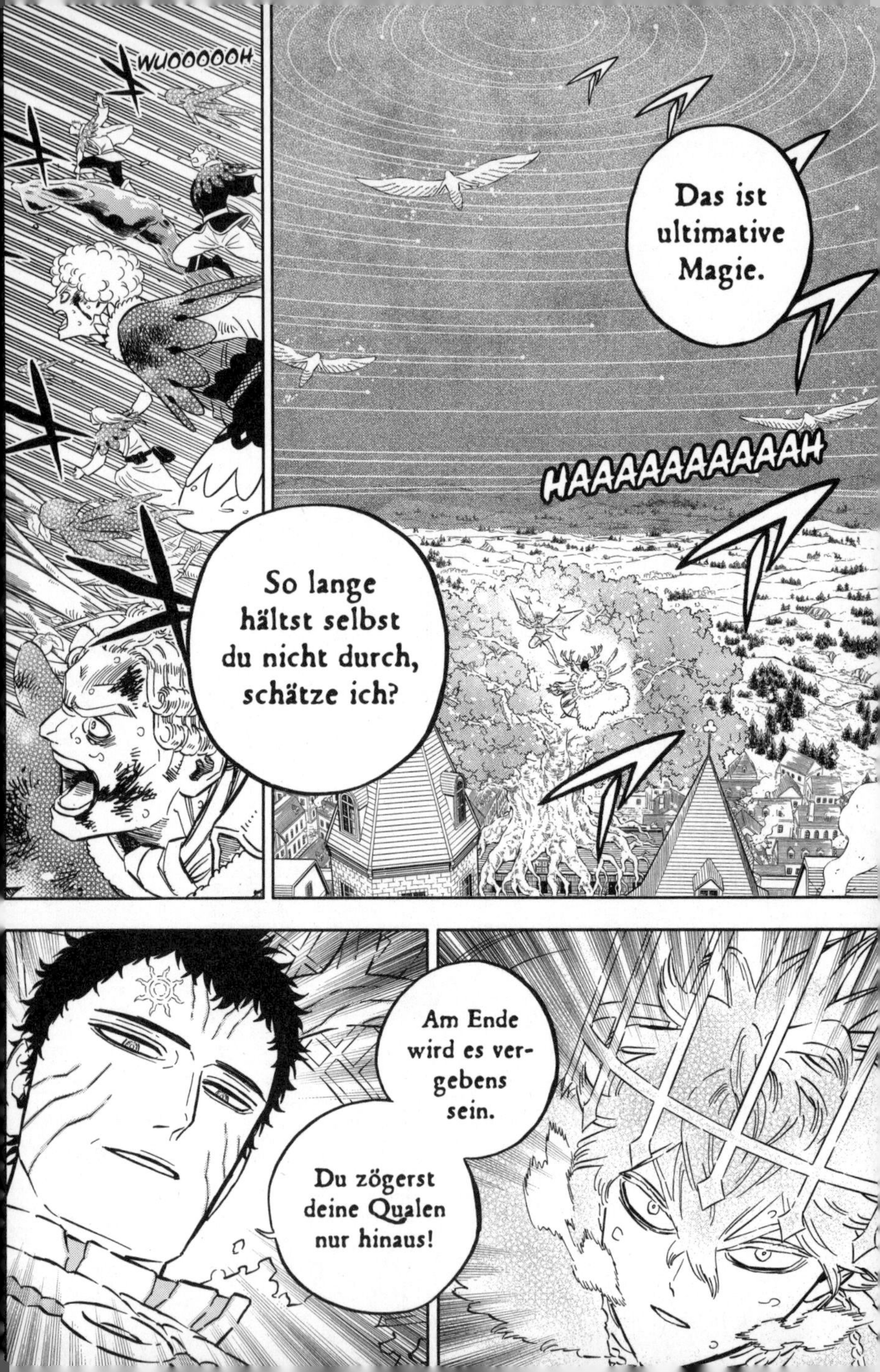
WUOOOOOH
Das ist ultimative Magie.
HAAAAAAAAAAH
So lange hältst selbst du nicht durch, schätze ich?
Am Ende wird es vergebens sein.
Du zögerst deine Qualen nur hinaus!

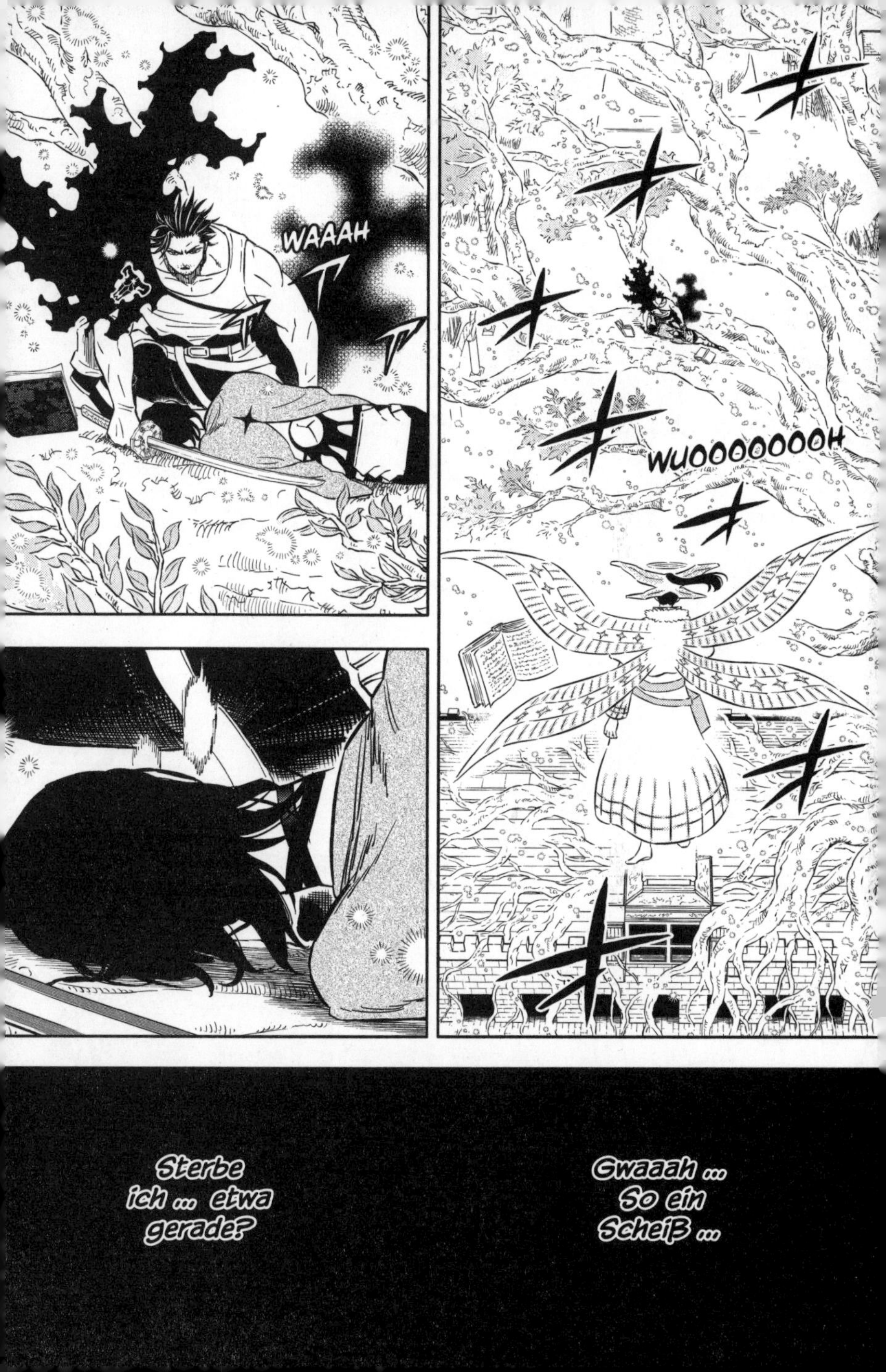
WUOOOOOOOH
WAAAH
Gwaaah ... So ein Scheiß ...
Sterbe ich ... etwa gerade?

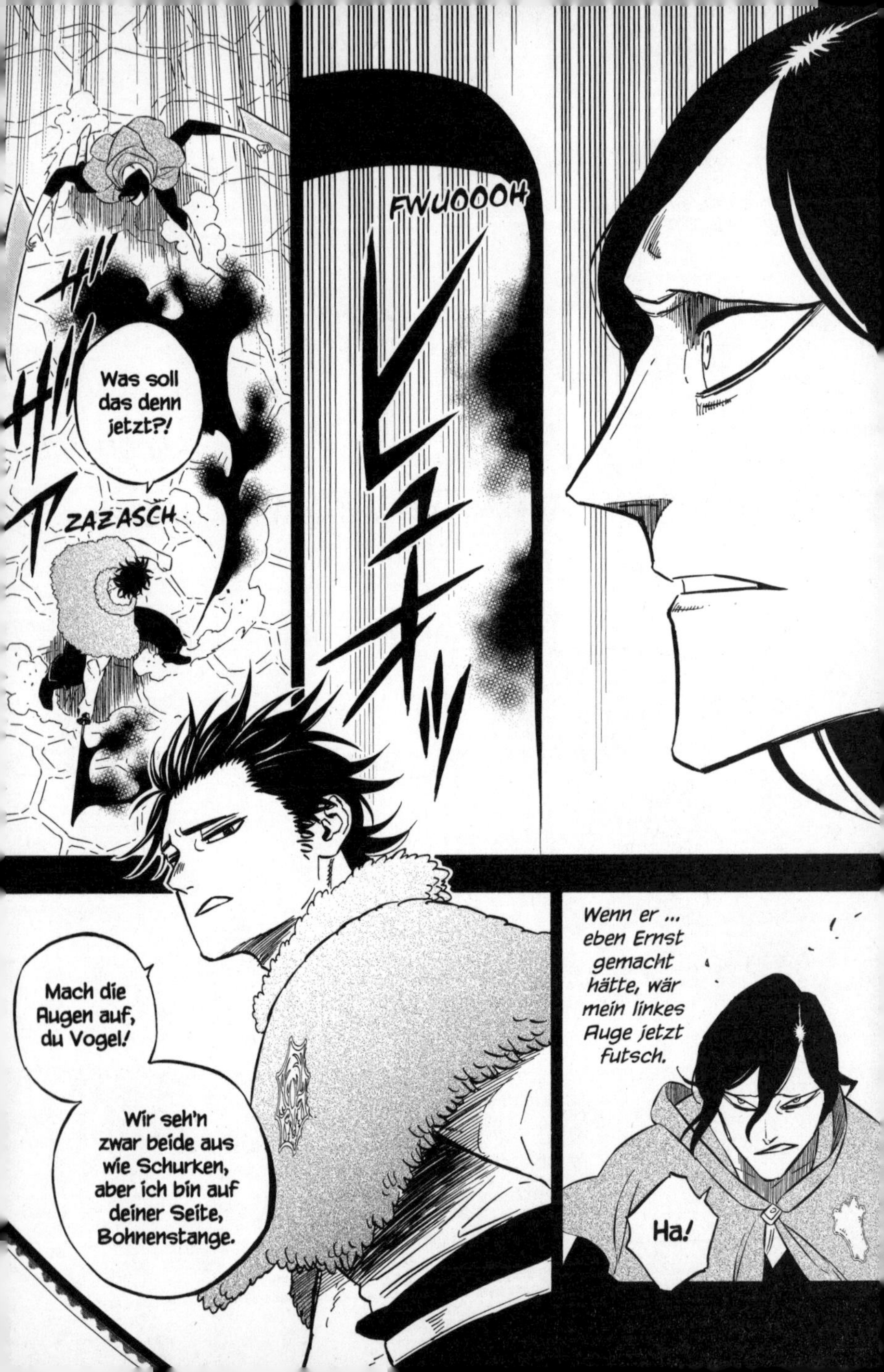
FWUOOOH
Was soll das denn jetzt?!
ZAZASCH
Wenn er ... eben Ernst gemacht hätte, wär mein linkes Auge jetzt futsch.
Ha!
Mach die Augen auf, du Vogel!
Wir seh'n zwar beide aus wie Schurken, aber ich bin auf deiner Seite, Bohnenstange.

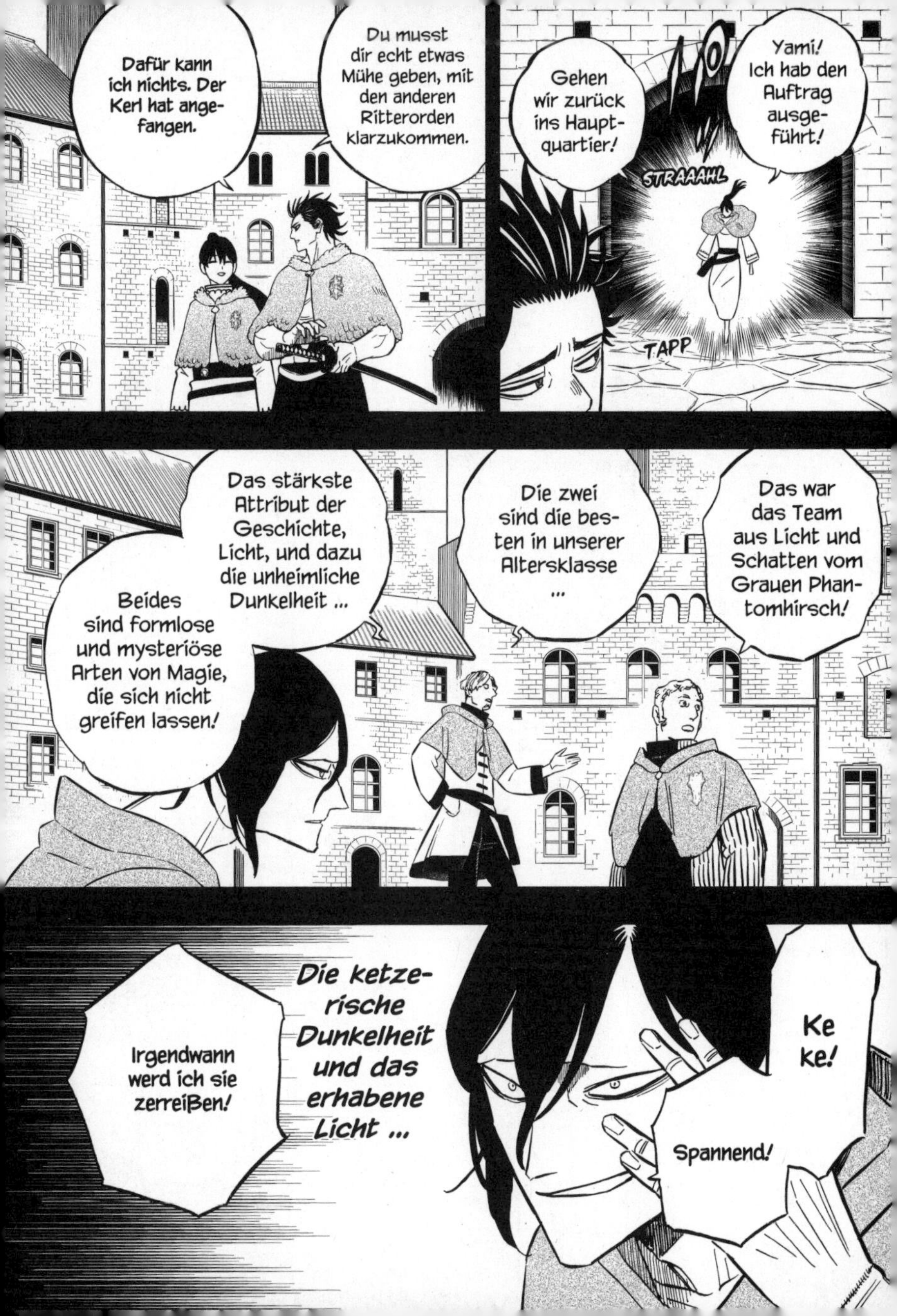
Yami! Ich hab den Auftrag ausgeführt!
STRAAAHL
TAPP
Gehen wir zurück ins Hauptquartier!
Du musst dir echt etwas Mühe geben, mit den anderen Ritterorden klarzukommen.
Dafür kann ich nichts. Der Kerl hat angefangen.
Das war das Team aus Licht und Schatten vom Grauen Phantomhirsch!
Die zwei sind die besten in unserer Altersklasse …
Das stärkste Attribut der Geschichte, Licht, und dazu die unheimliche Dunkelheit …
Beides sind formlose und mysteriöse Arten von Magie, die sich nicht greifen lassen!
Ke ke!
Spannend!
Die ketzerische Dunkelheit und das erhabene Licht …
Irgendwann werd ich sie zerreißen!

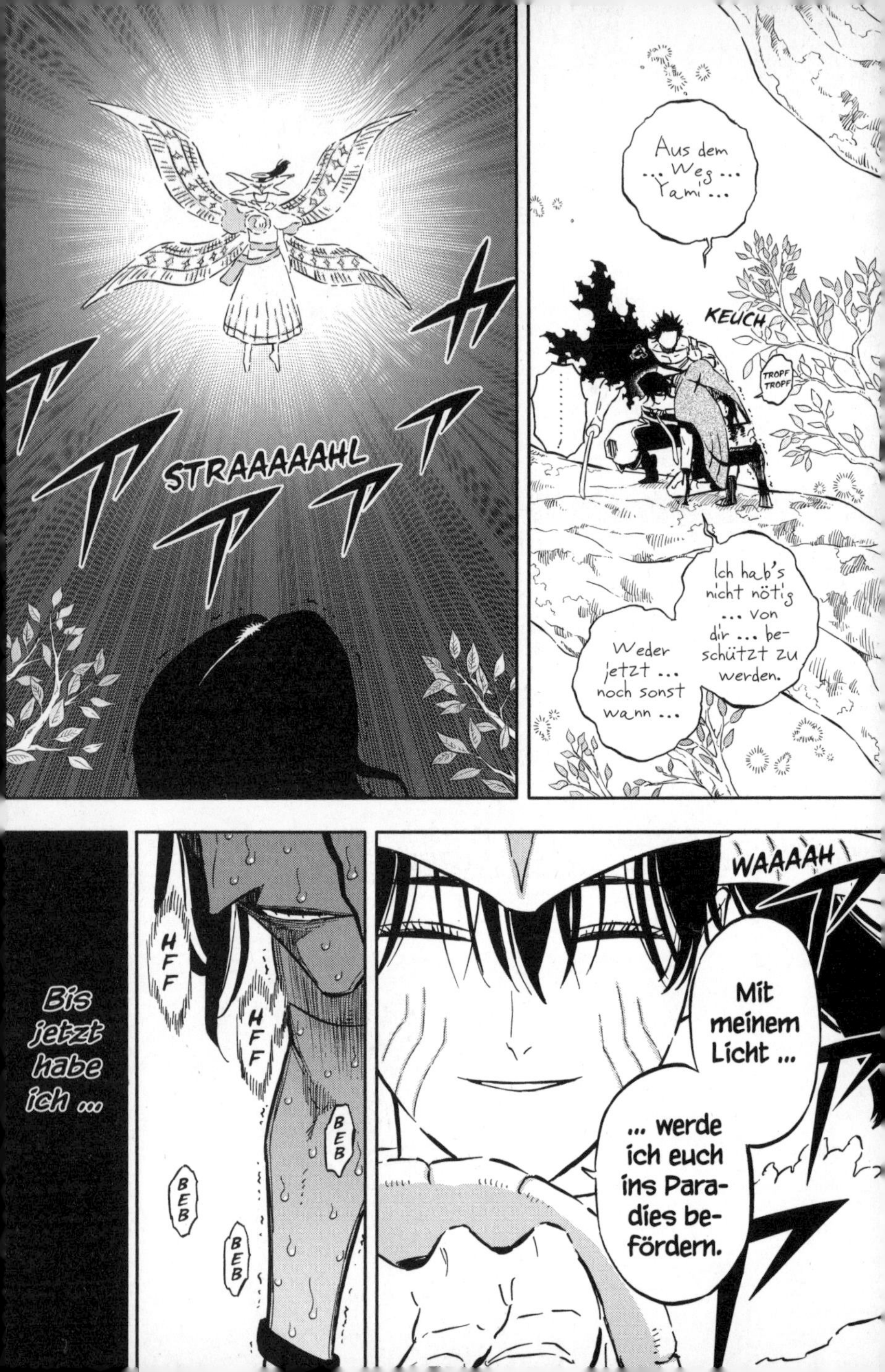

Aus dem ... Weg ... Yami ...
KEUCH
TROPF TROPF
Ich hab's nicht nötig ... von dir ... be-schützt zu werden.
Weder jetzt ... noch sonst wann ...
STRAAAAAHL
WAAAAH
Mit meinem Licht ...
... werde ich euch ins Para-dies be-fördern.
HFF
HFF
BEB
BEB
BEB
Bis jetzt habe ich ...

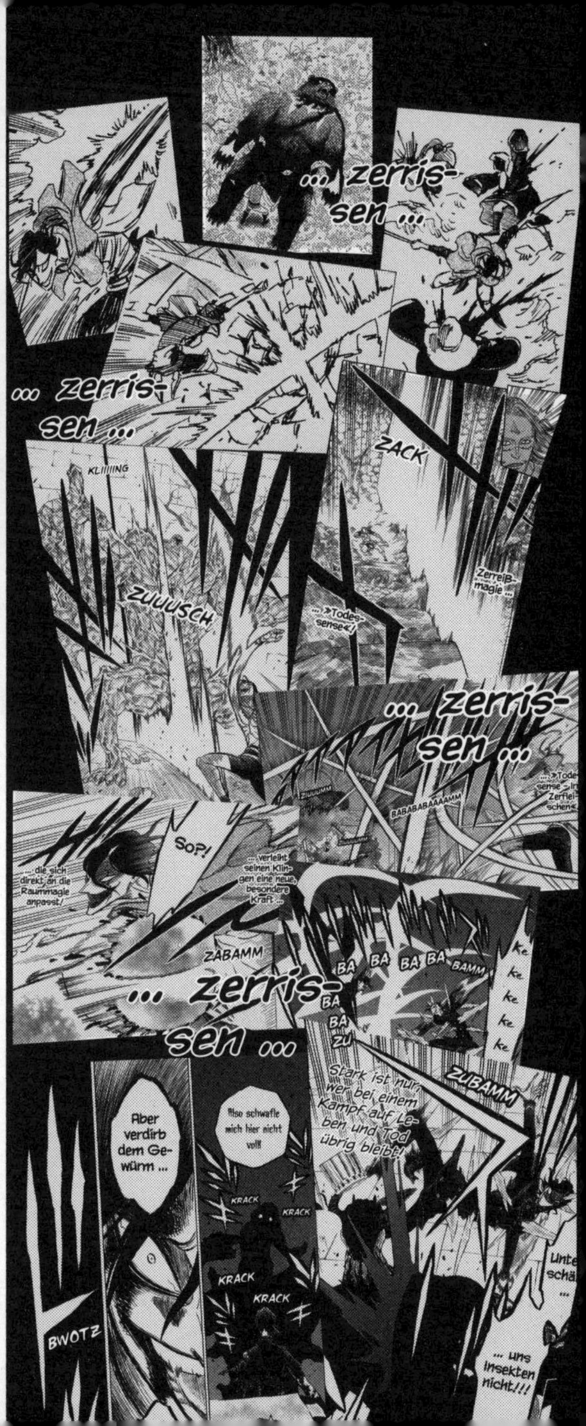
... zerrissen ...
... zerrissen ...
KLIIIIING
ZACK
Zerreißmagie ...
ZUUUUSCH
... »Todessense«!
... zerrissen ...
BABABABAAAAMM
SO?!
... verleiht seinen Klingen eine neue, besondere Kraft ...
... die sich direkt an die Raummagie anpasst!
ZABAMM
BA BA BA BA BAMM
Ke ke ke ke ke
... zerrissen ...
BA BA ZU
ZUBAMM
Stark ist nur, wer bei einem Kampf auf Leben und Tod übrig bleibt!
Also schwafle mich hier nicht voll!
Aber verdirb dem Gewürm ...
KRACK
KRACK
KRACK
KRACK
BWOTZ
... uns Insekten nicht!!!
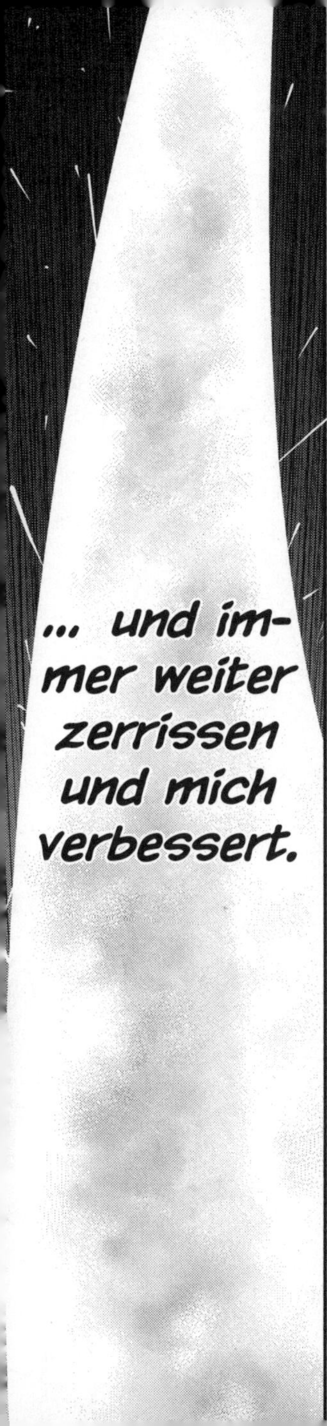
... und immer weiter zerrissen und mich verbessert.

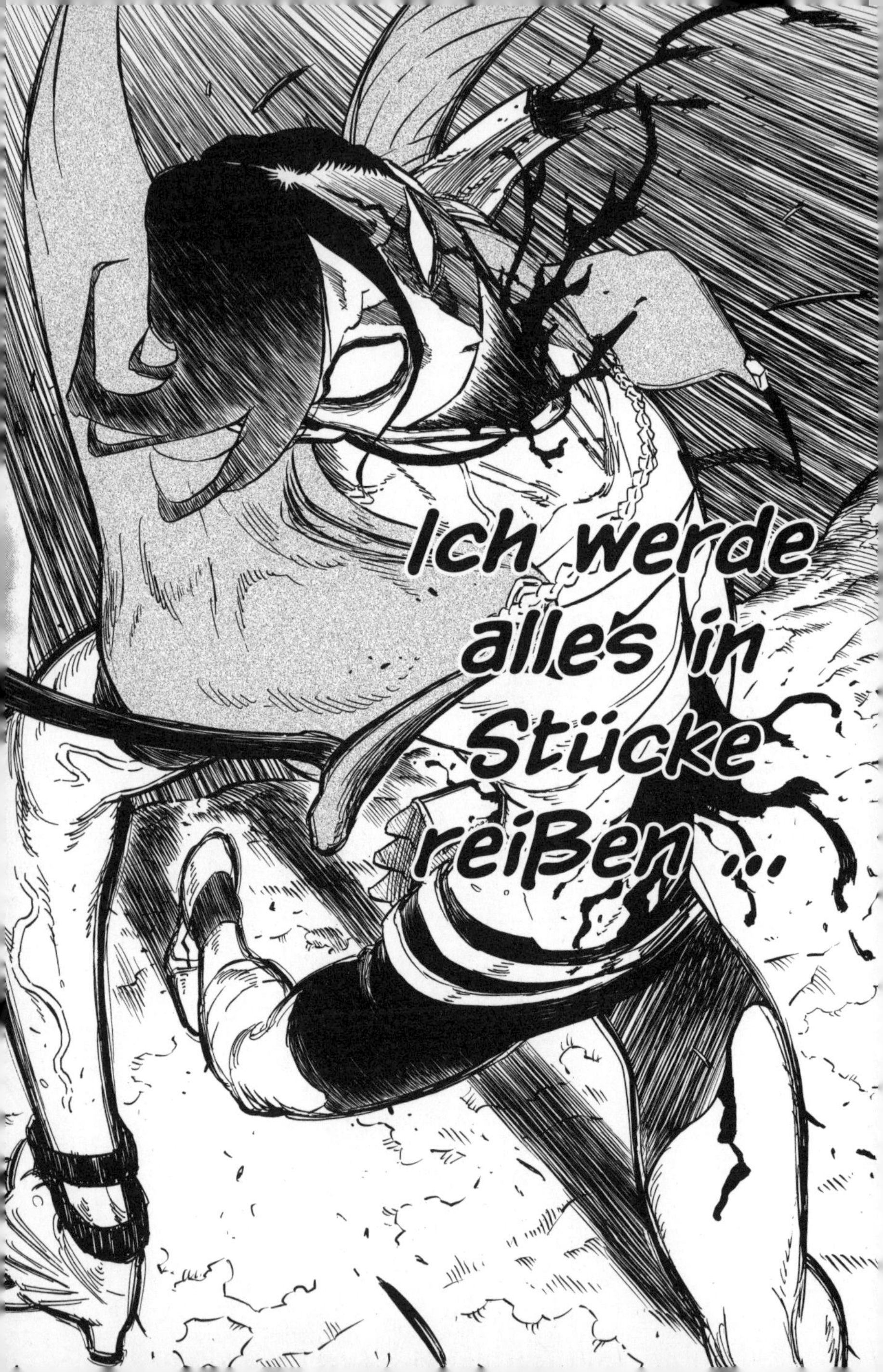
Ich werde alles in Stücke reißen ...

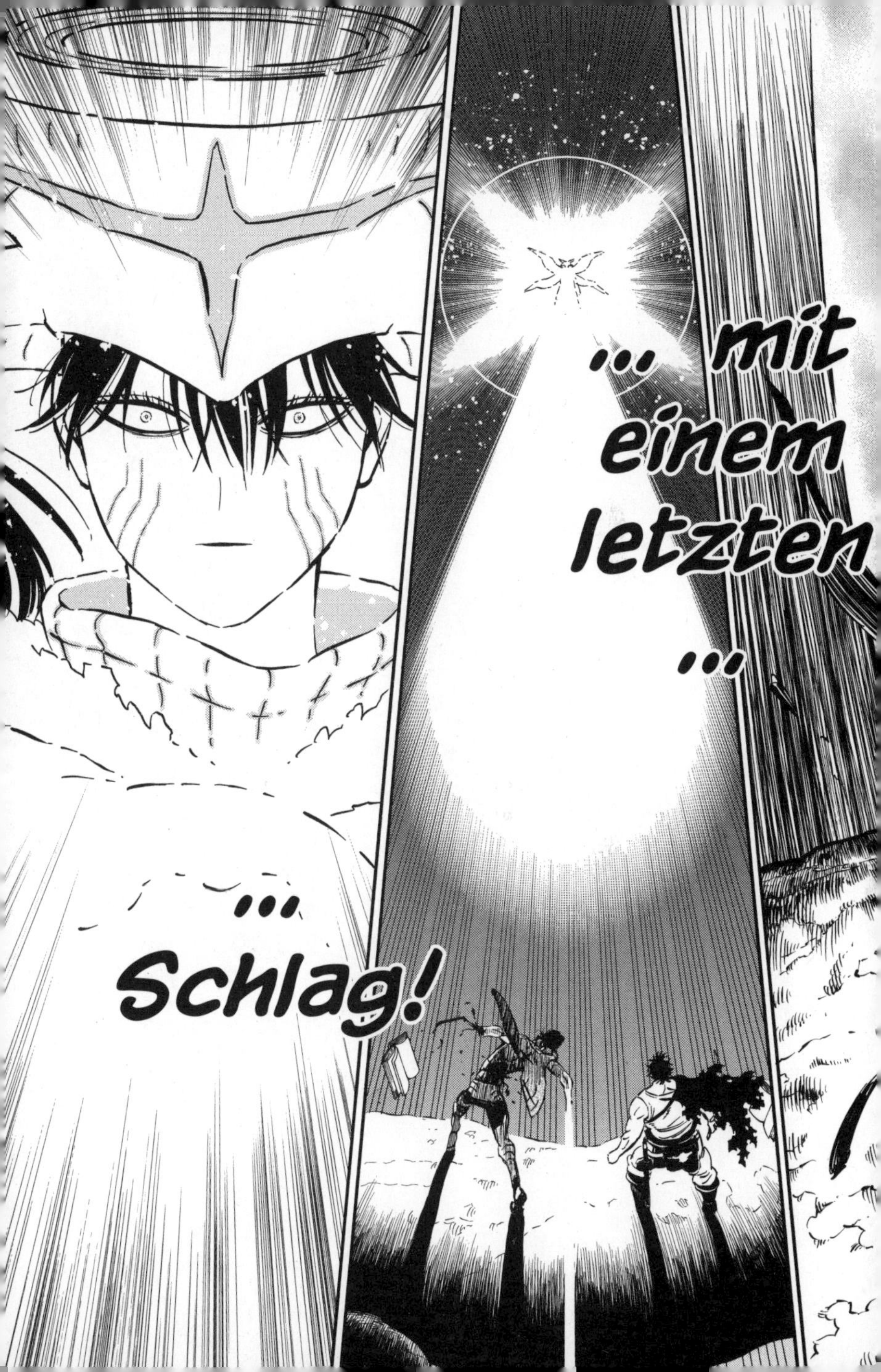
... mit einem letzten ...
... Schlag!

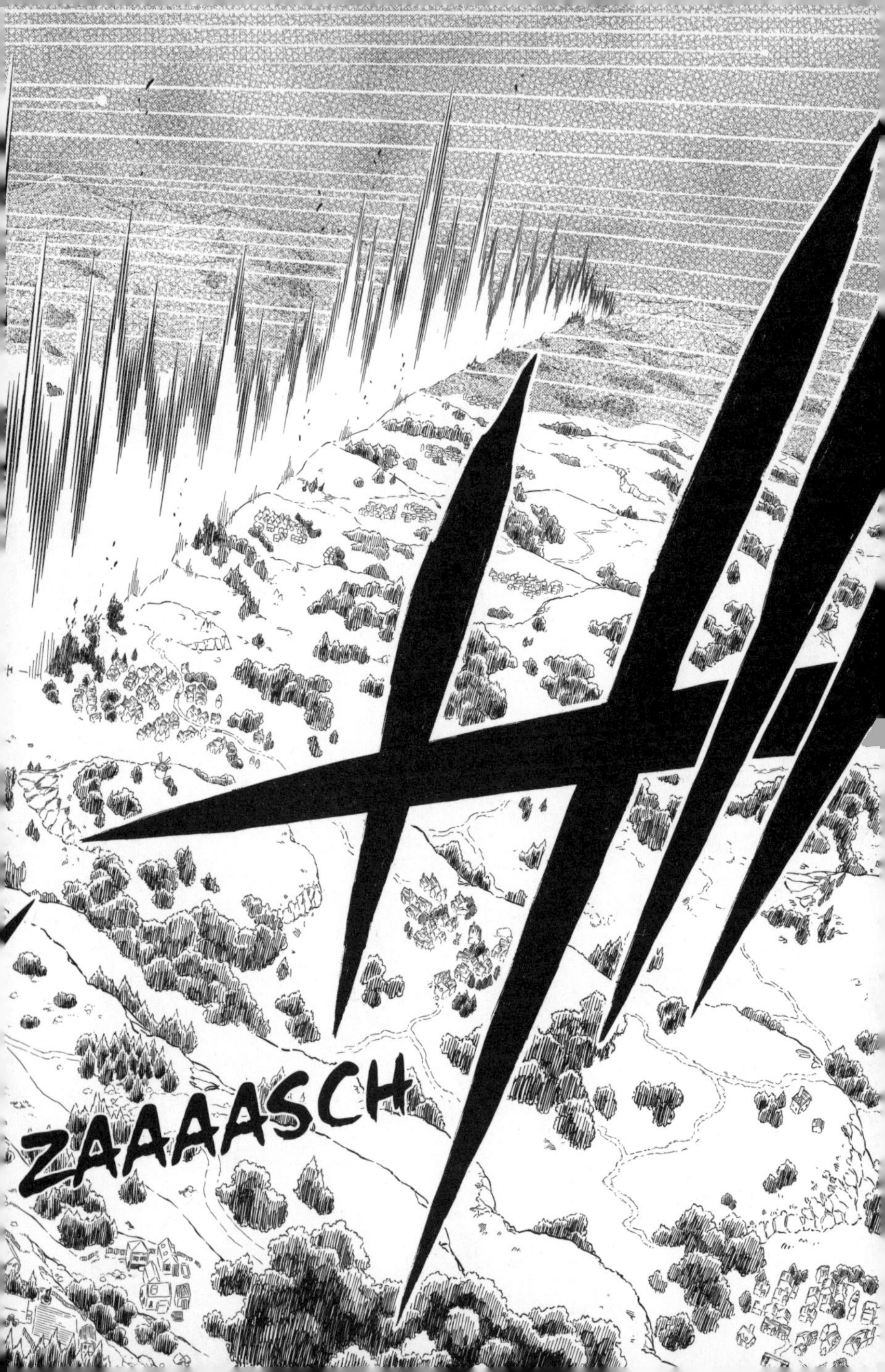
ZAAAASCH

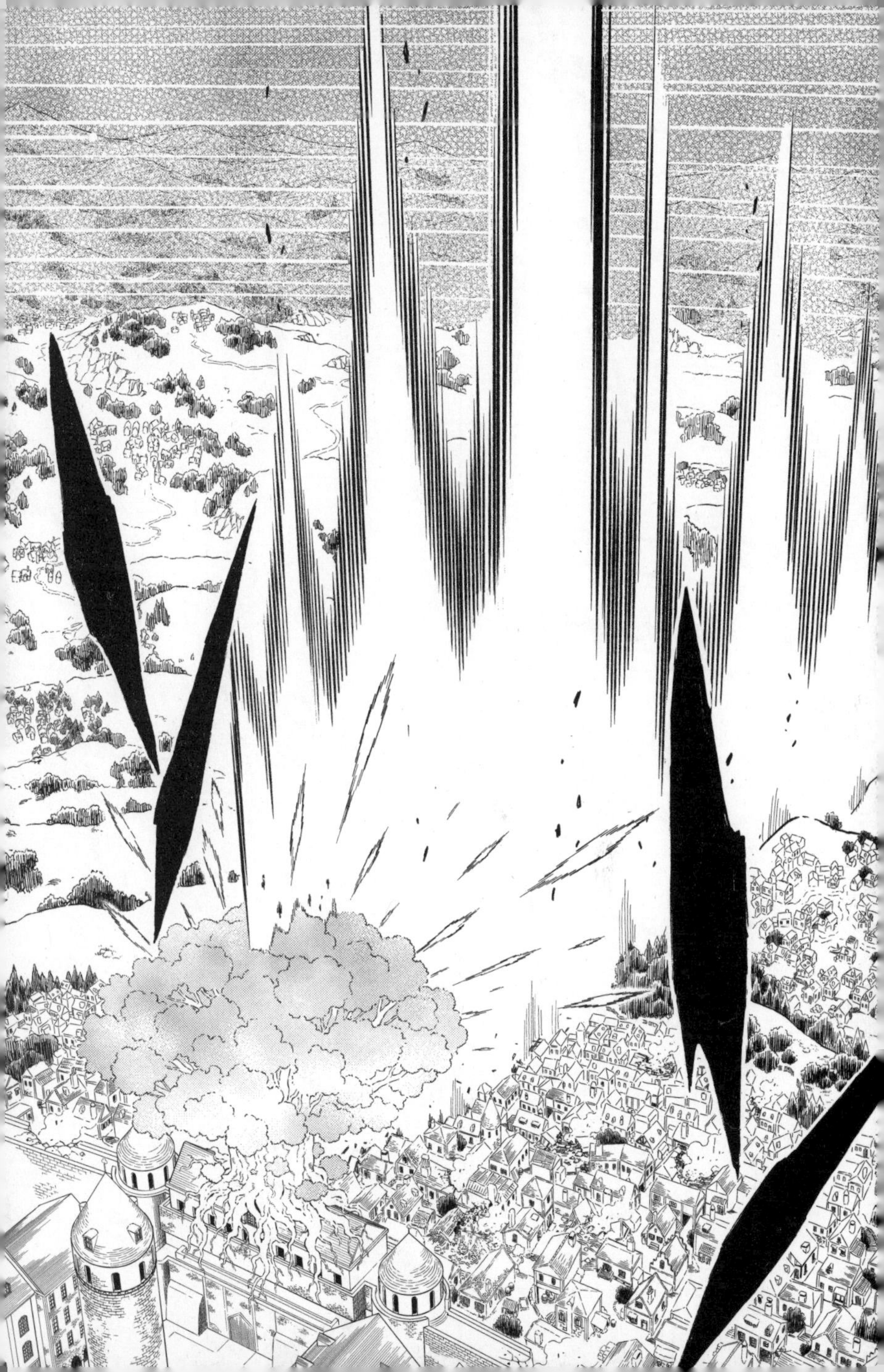

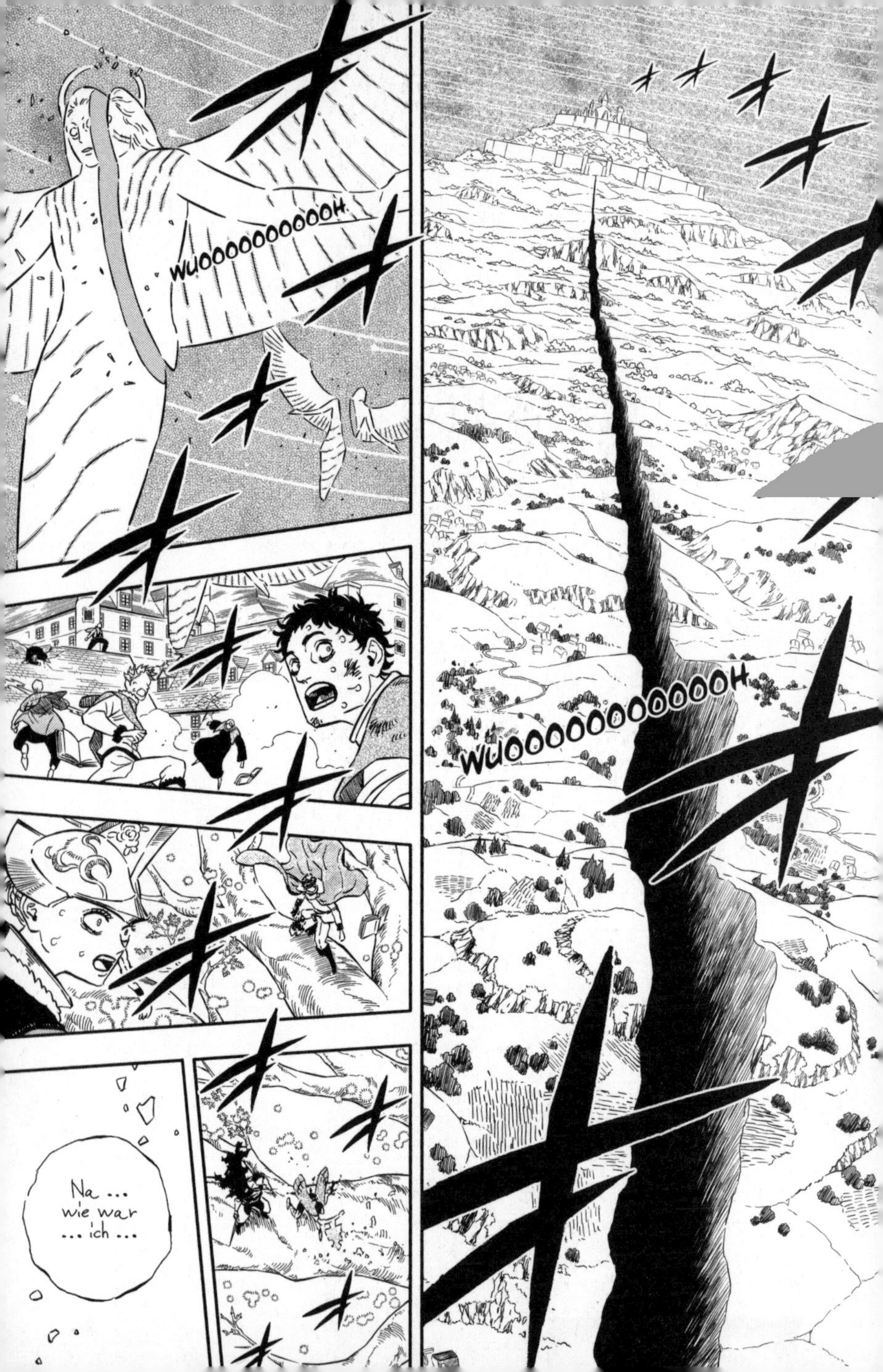
WUOOOOOOOOOOH
WUOOOOOOOOOOOOOH
Na ...
wie war
... ich ...

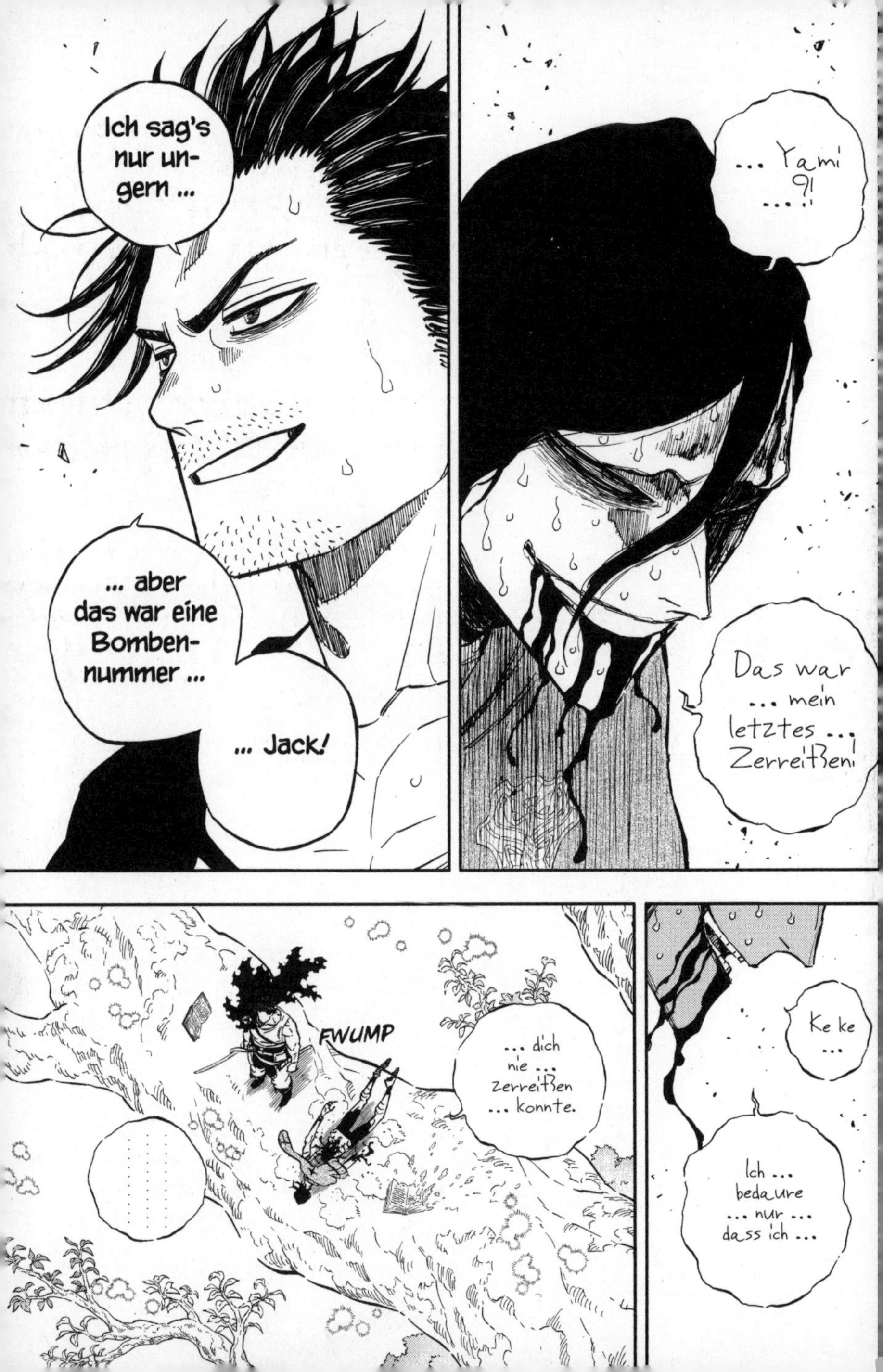

... Yami ?!
... ?!
Das war ... mein letztes ... Zerreißen!
Ich sag's nur ungern ...
... aber das war eine Bombennummer ...
... Jack!
Ke ke ...
Ich ... bedaure ... nur ... dass ich ...
... dich nie ... zerreißen ... konnte.
FWUMP

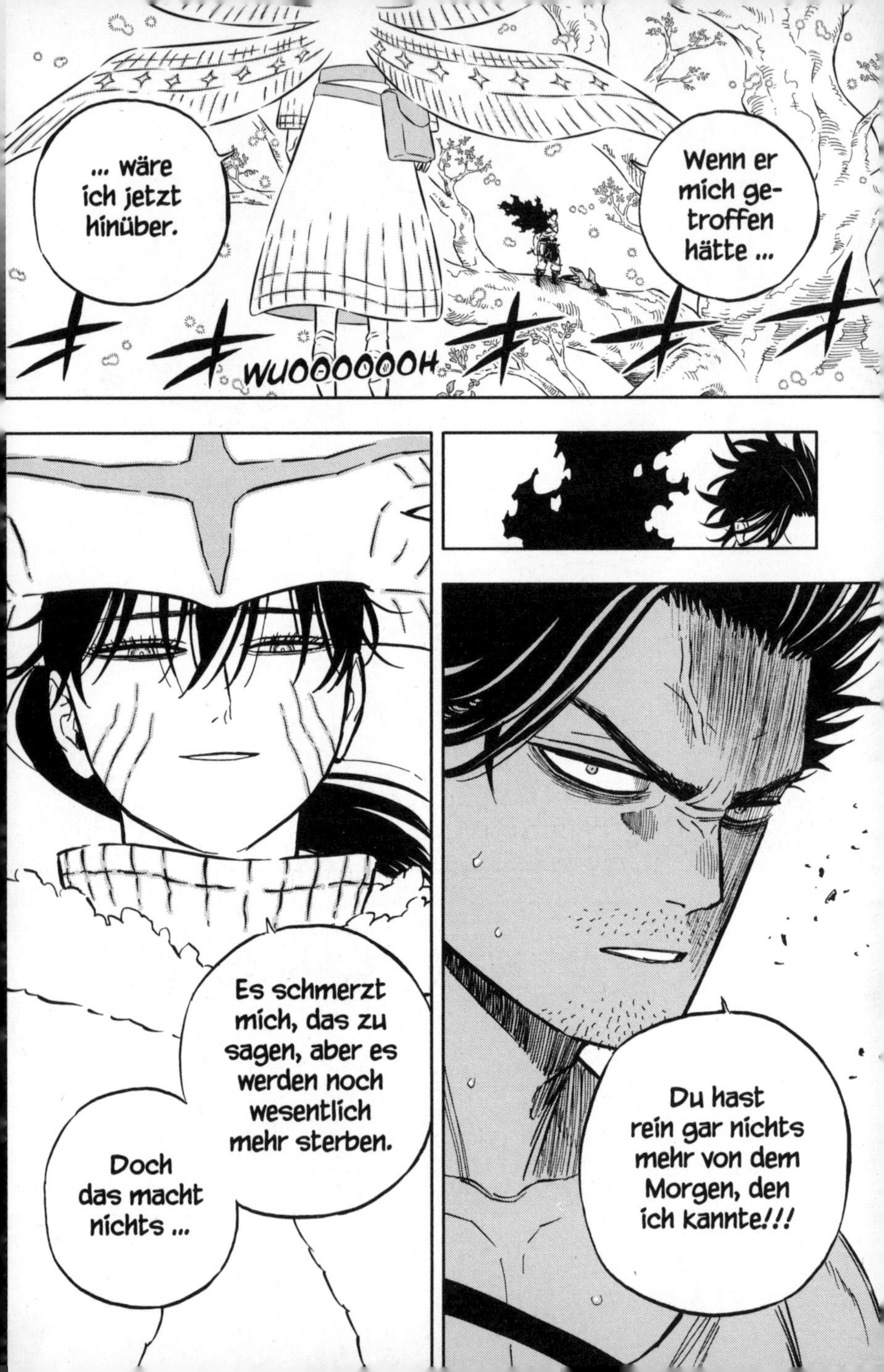
Wenn er mich getroffen hätte ...
... wäre ich jetzt hinüber.
WUOOOOOOH
Du hast rein gar nichts mehr von dem Morgen, den ich kannte!!!
Es schmerzt mich, das zu sagen, aber es werden noch wesentlich mehr sterben.
Doch das macht nichts ...

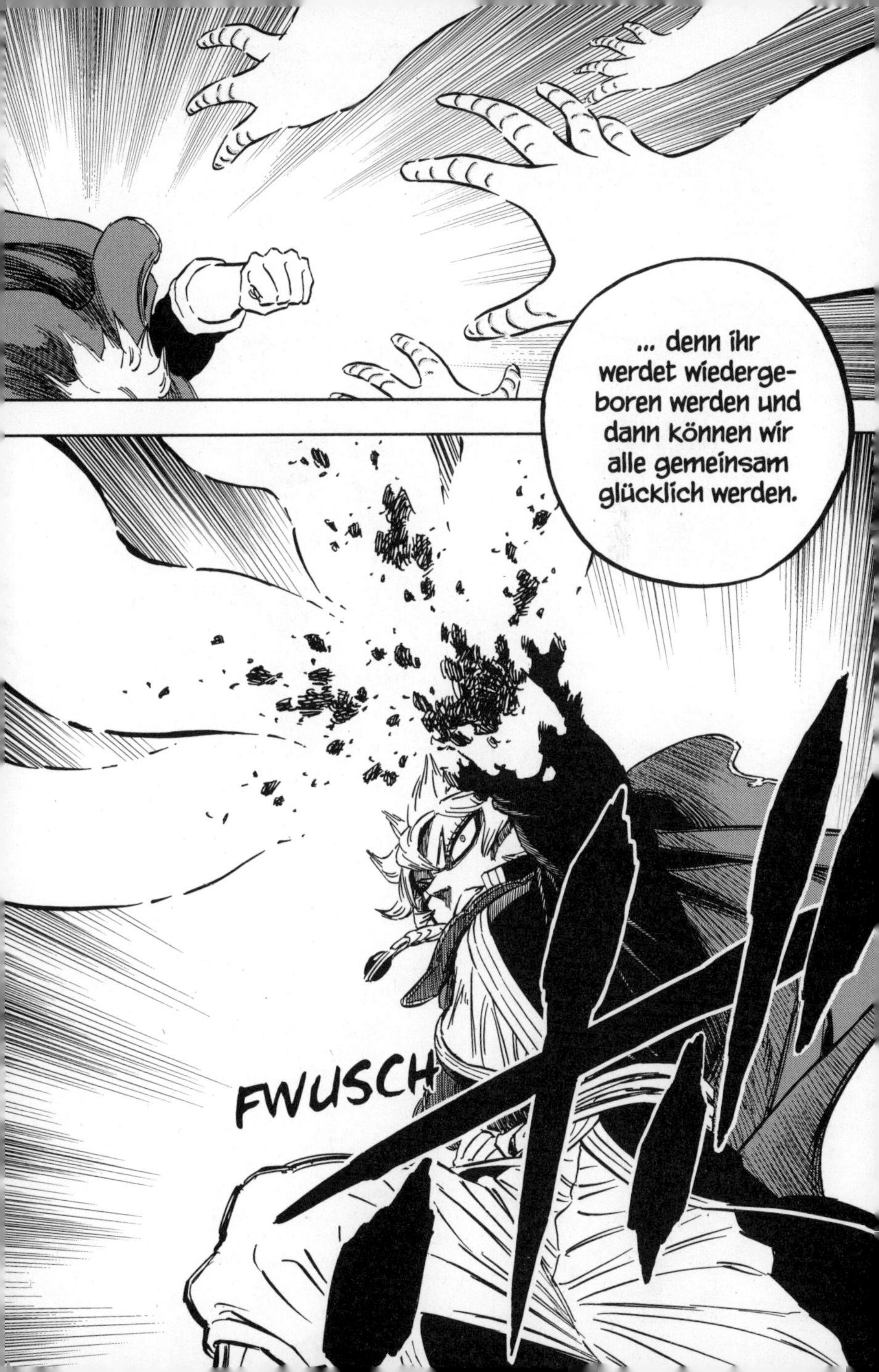
... denn ihr werdet wiederge- boren werden und dann können wir alle gemeinsam glücklich werden.
FWUSCH

DER MANGAKAORDEN »UNBESCHRIEBENES BLATT«

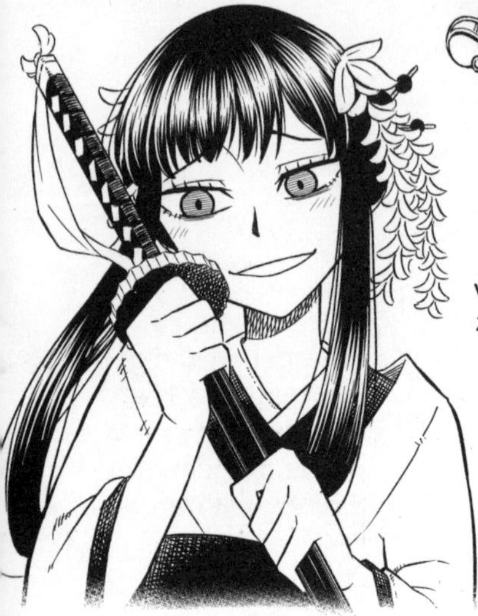

Thema diesmal:
Wenn ihr eine Zeitmaschine hättet und sie ein einziges Mal benutzen dürftet, wohin würdet ihr reisen? Was würdet ihr sehen wollen?

Ich würde gern frühere Vocaloid-Liveauftritte besuchen, zu denen ich in meiner Schulzeit nicht gehen konnte.

Tatsuya Hayashi

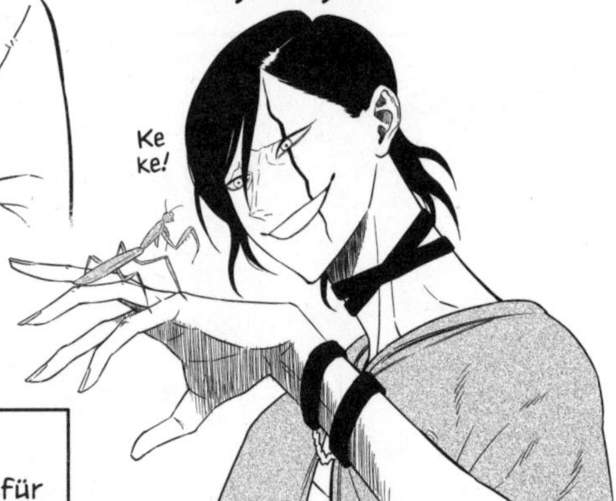

Ich würde in die Urzeit reisen und Mammuts jagen!

Kazuhiro Wakao

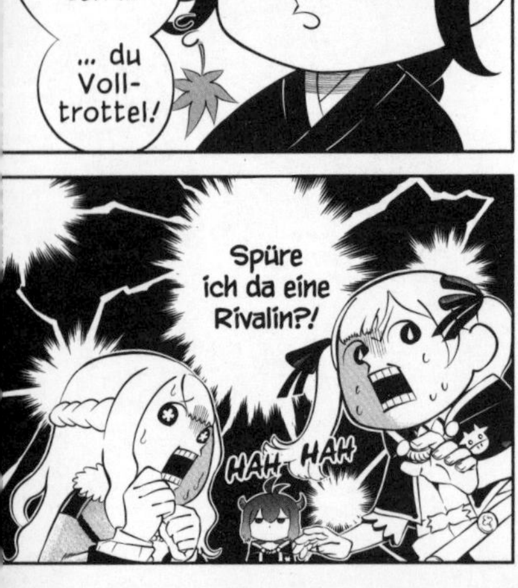

Ich würde gern in meine Grundschulzeit zurückreisen und mir ansehen, wie schön das Meer damals noch war.

Koki Soga

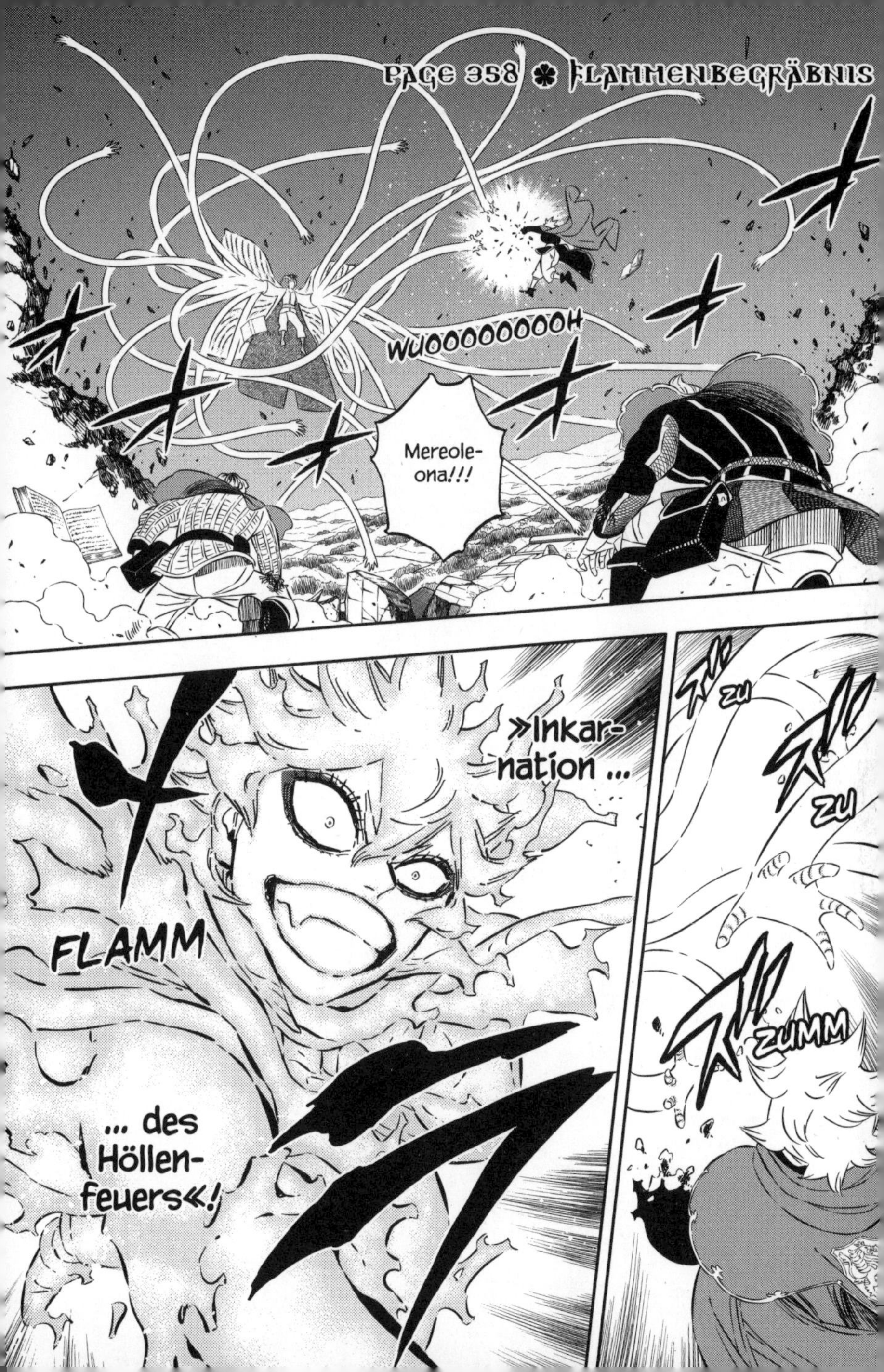
PAGE 358 ✤ FLAMMENBEGRÄBNIS
WUOOOOOOOOH
Mereole-
ona!!!
»Inkar-
nation ...
FLAMM
... des
Höllen-
feuers«!
ZU
ZU
ZUMM

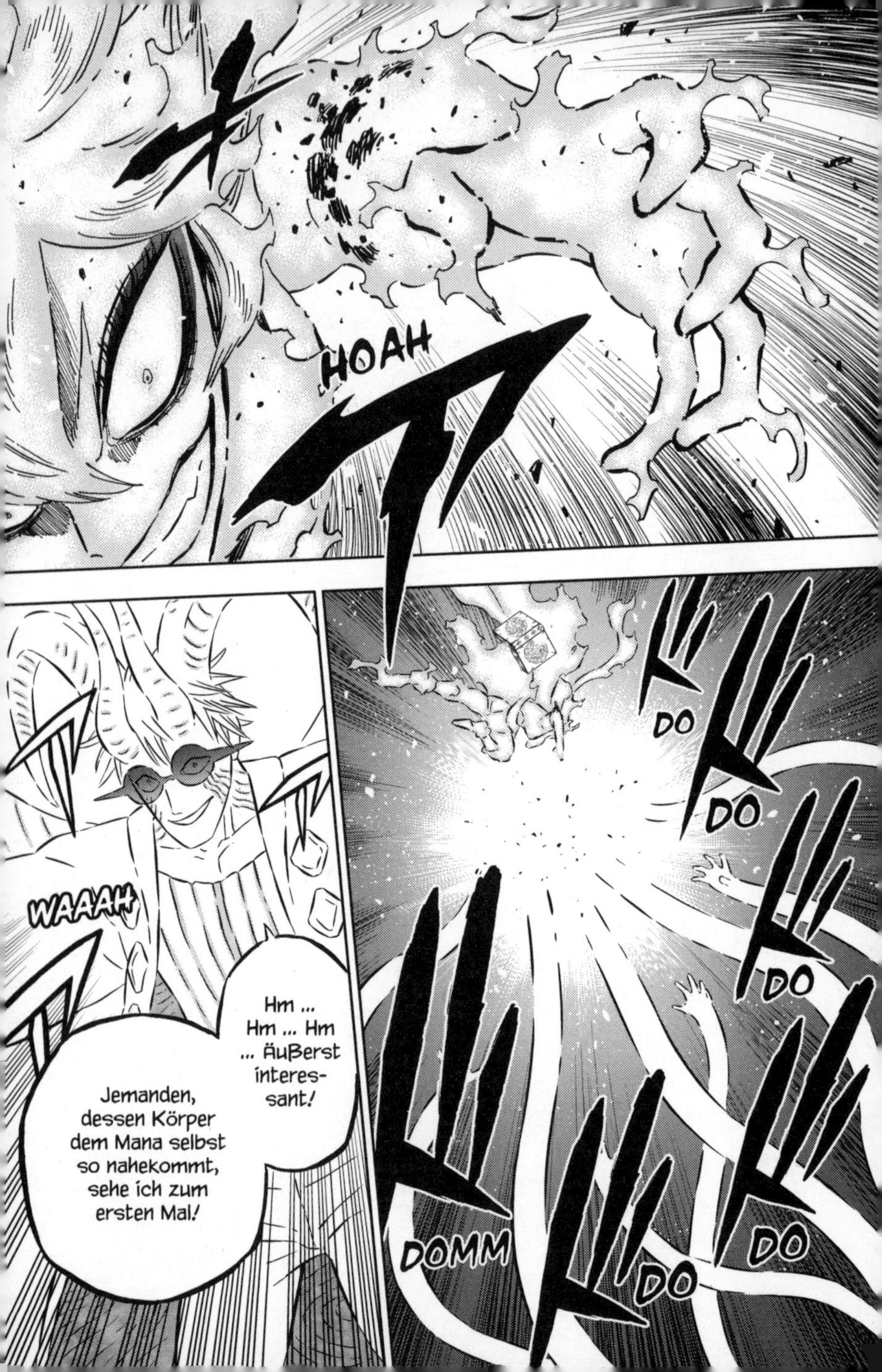
HOAH
DO
DO
DO
DO
DO
DOMM
Hm ... Hm ... Hm ... Äußerst interessant!
Jemanden, dessen Körper dem Mana selbst so nahekommt, sehe ich zum ersten Mal!
WAAAH

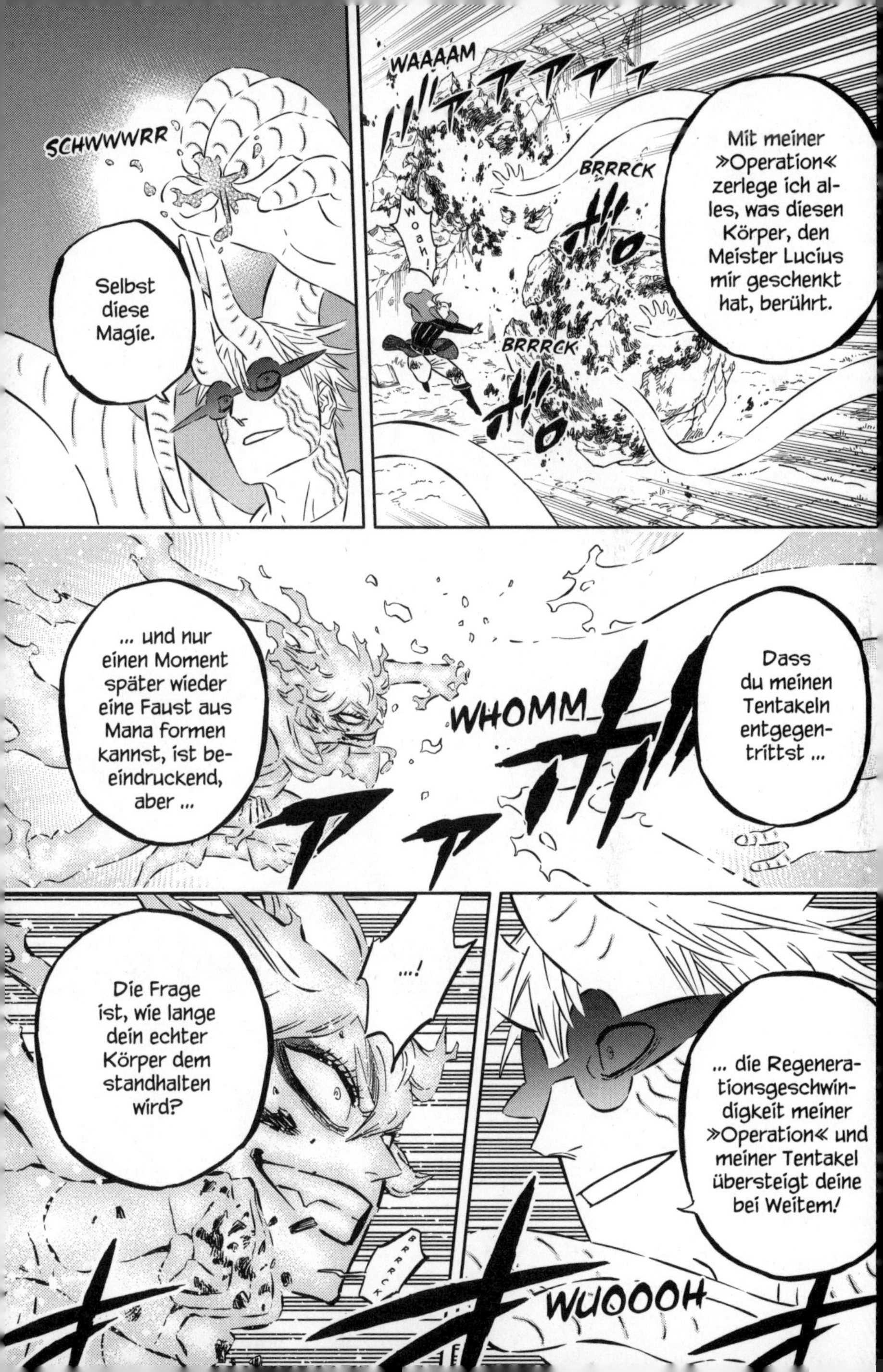
WAAAAM
Mit meiner »Operation« zerlege ich alles, was diesen Körper, den Meister Lucius mir geschenkt hat, berührt.
BRRRCK
Woah!
BRRRCK
SCHWWWRR
Selbst diese Magie.
Dass du meinen Tentakeln entgegentrittst ...
WHOMM
... und nur einen Moment später wieder eine Faust aus Mana formen kannst, ist beeindruckend, aber ...
... die Regenerationsgeschwindigkeit meiner »Operation« und meiner Tentakel übersteigt deine bei Weitem!
WUOOOH
...!
Die Frage ist, wie lange dein echter Körper dem standhalten wird?
BRRRCK

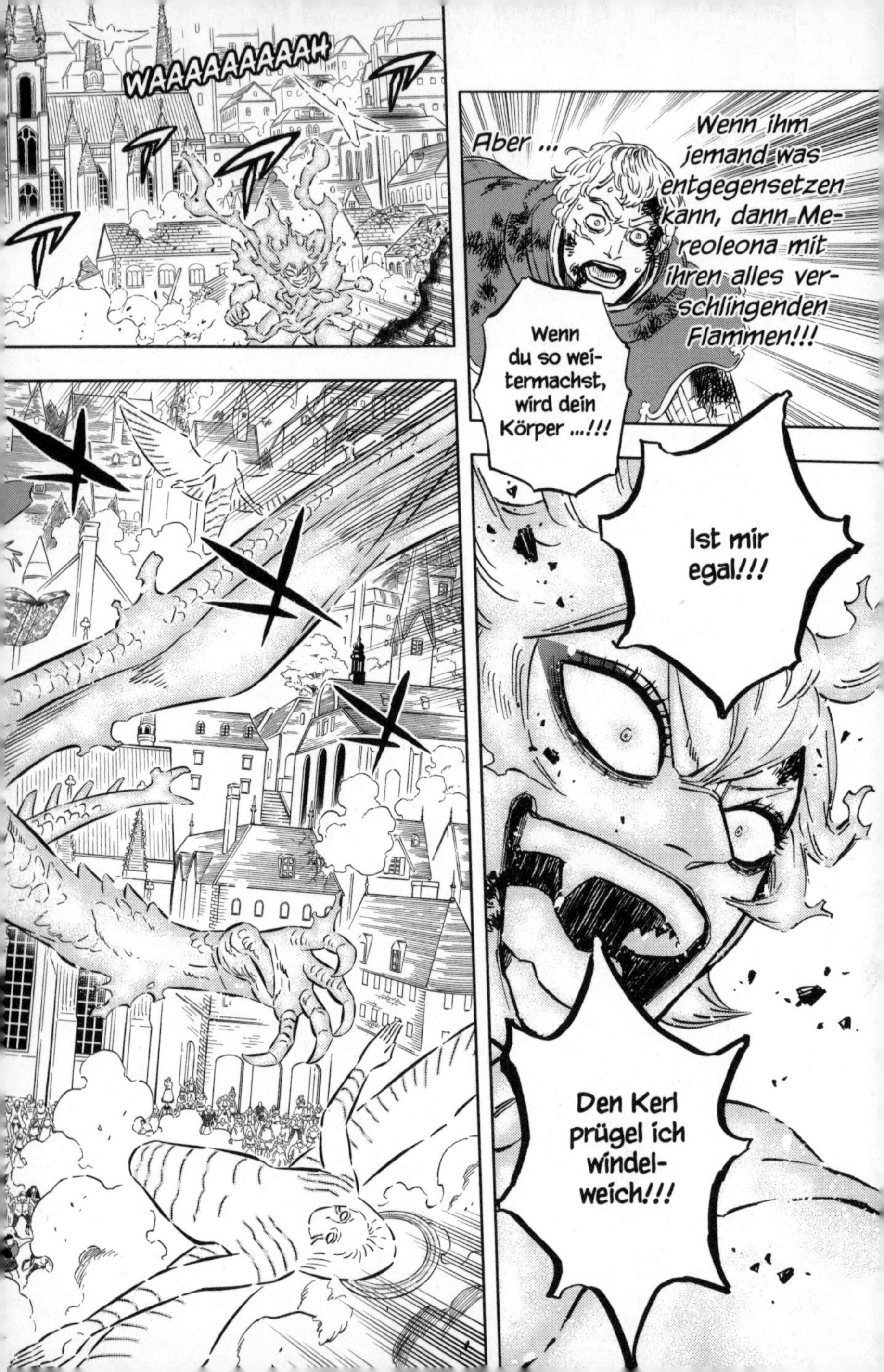
WAAAAAAAAAH
Aber ...
Wenn ihm jemand was entgegensetzen kann, dann Mereoleona mit ihren alles verschlingenden Flammen!!!
Wenn du so weitermachst, wird dein Körper ...!!!
Ist mir egal!!!
Den Kerl prügel ich windelweich!!!

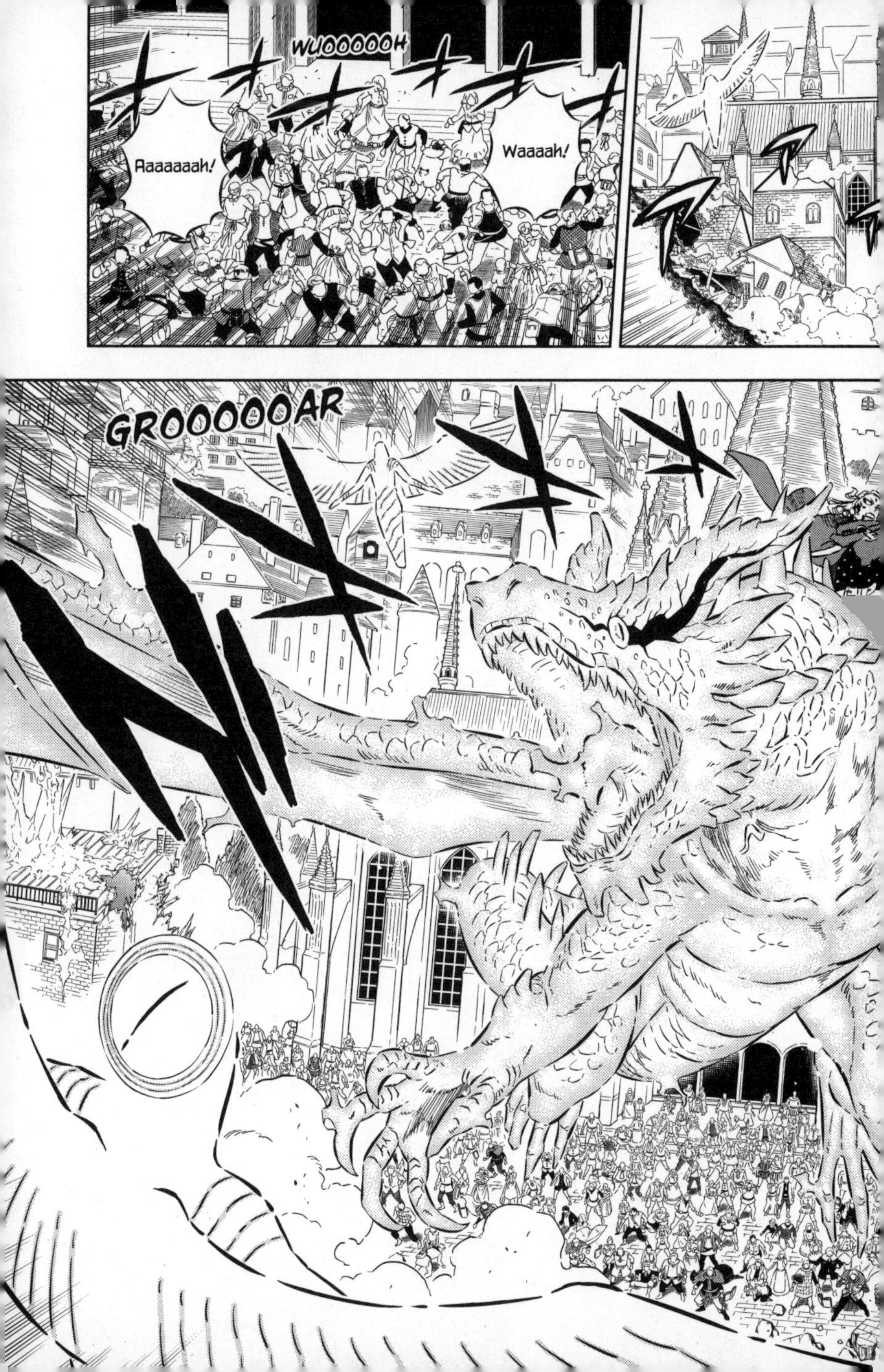
WUOOOOOH
Aaaaaaah!
Waaaah!
GROOOOOAR

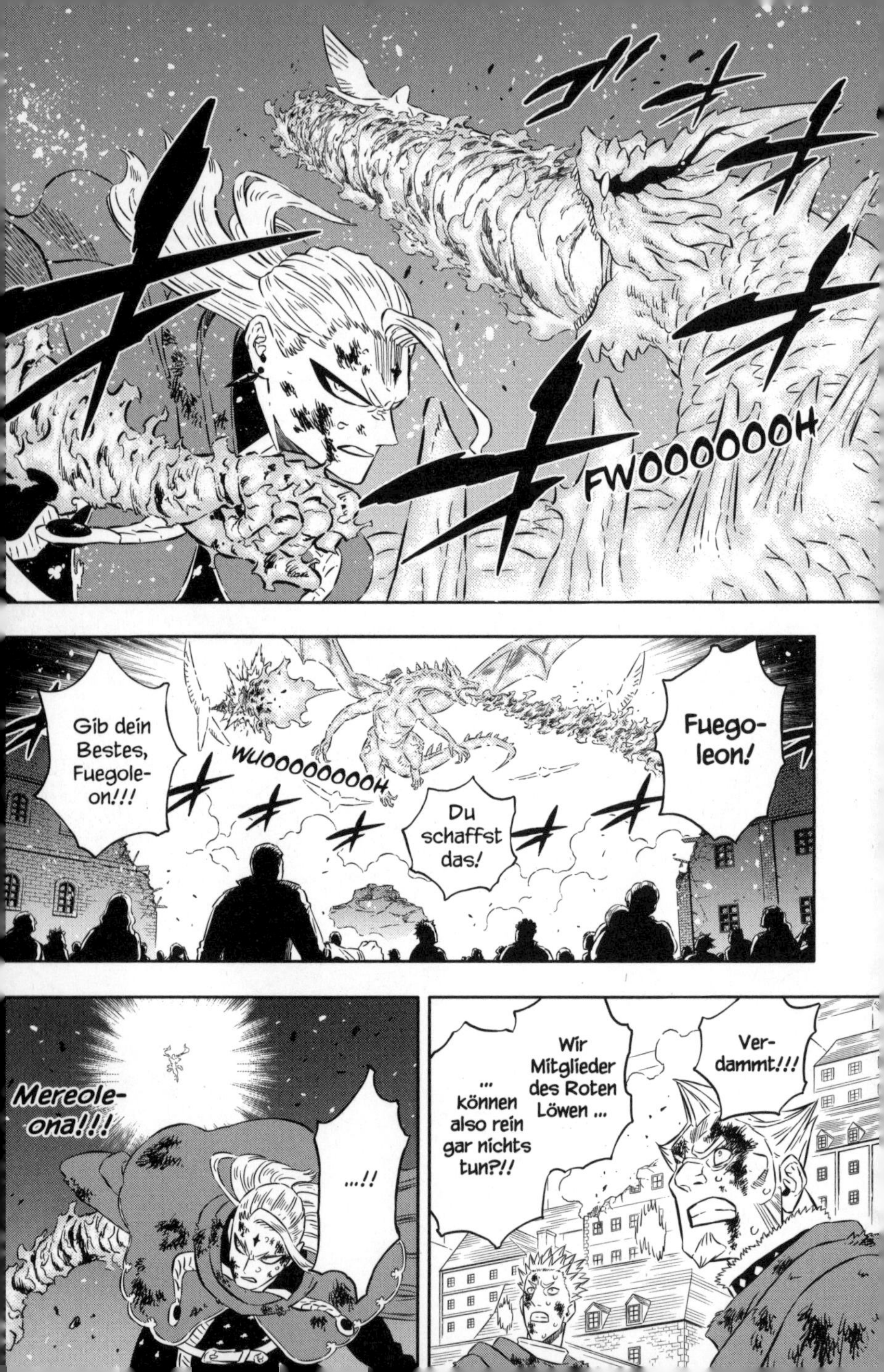
FWOOOOOOH
Fuego-leon!
Du schaffst das!
WUOOOOOOOOOH
Gib dein Bestes, Fuegole-on!!!
Ver-dammt!!!
Wir Mitglieder des Roten Löwen ...
... können also rein gar nichts tun?!!
Mereole-ona!!!
...!!

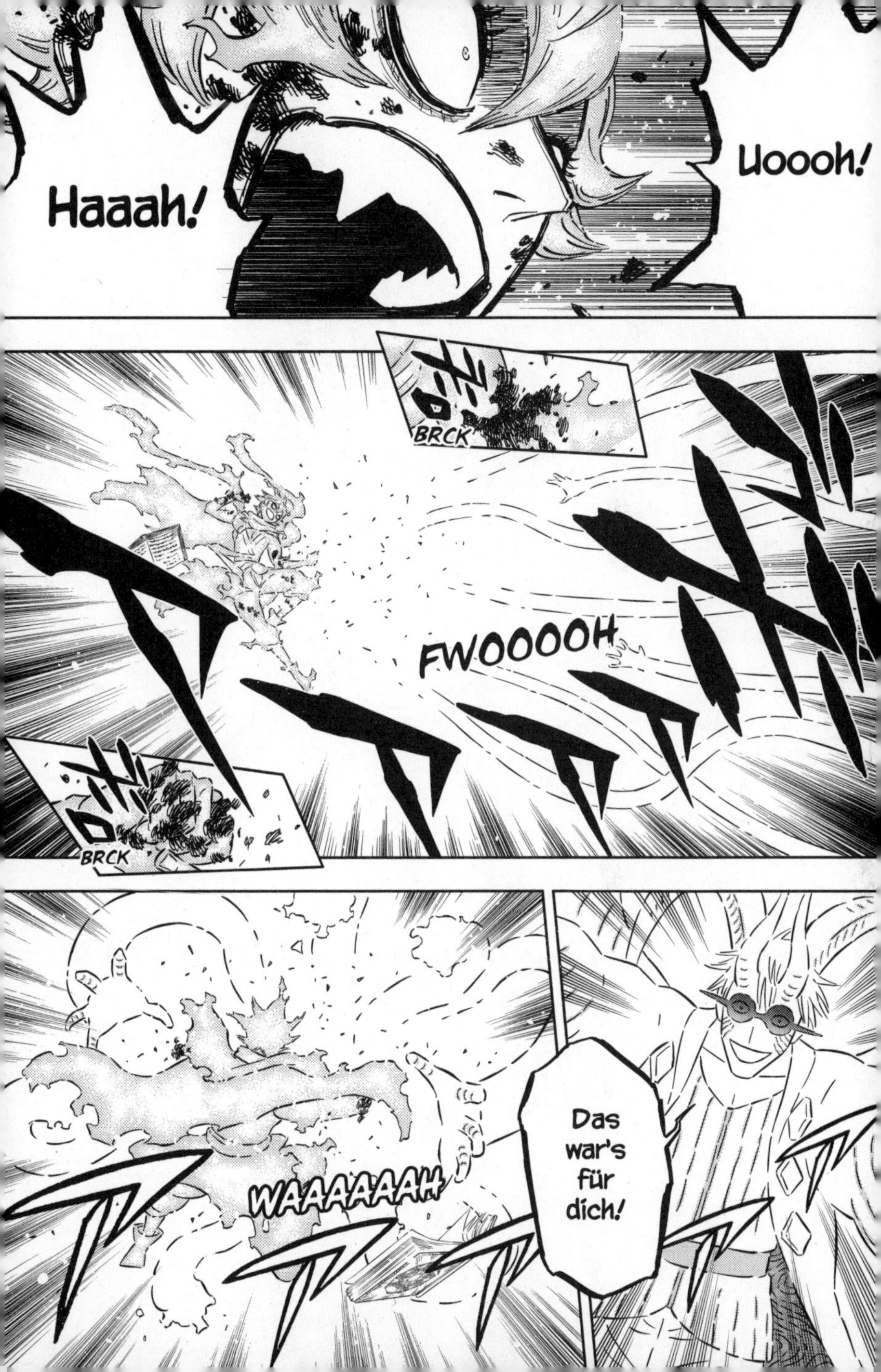
Uoooh!
Haaah!
BRCK
FWOOOOH
BRCK
Das war's für dich!
WAAAAAAH

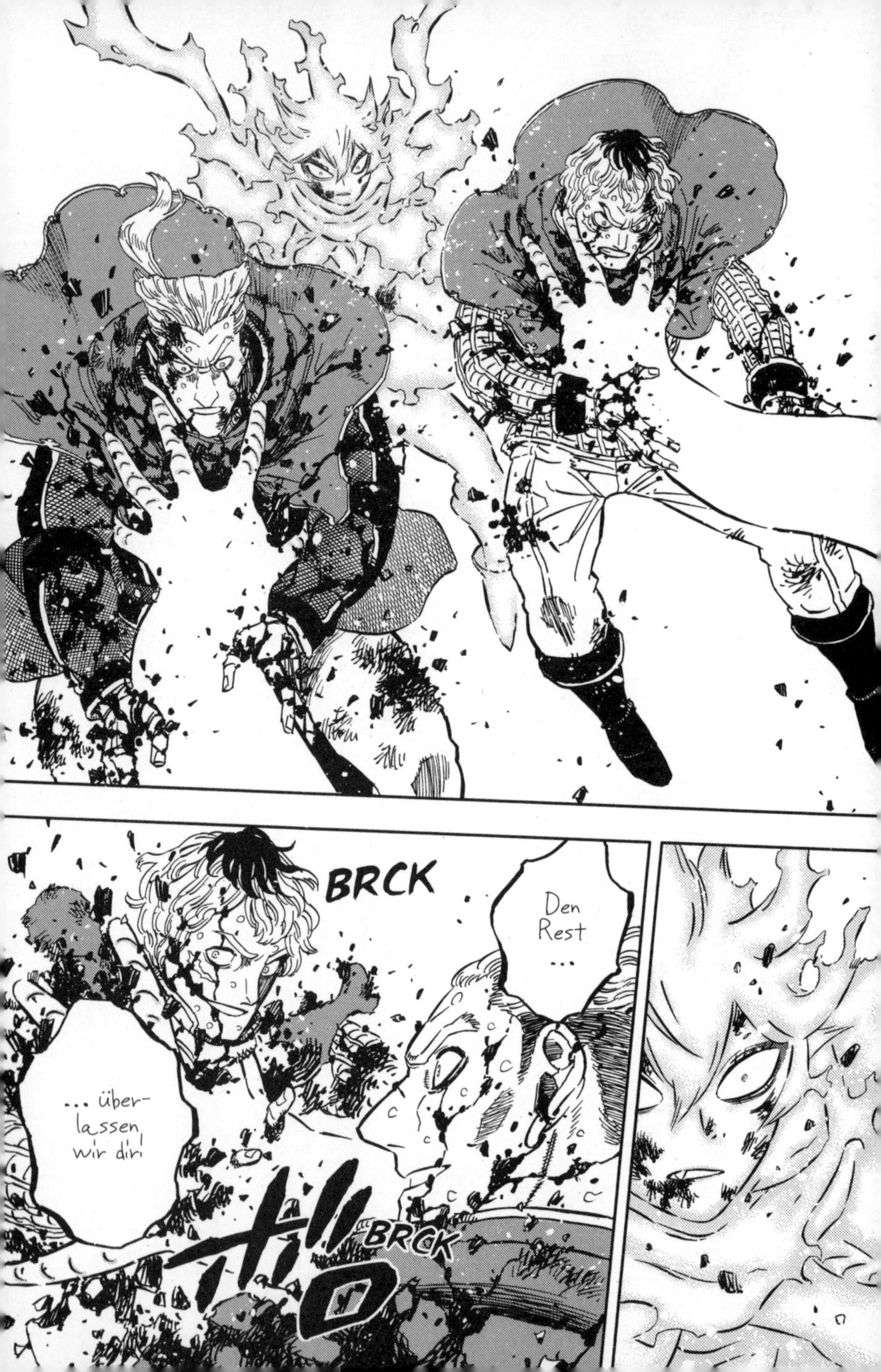
BRCK
Den Rest ...
... überlassen wir dir!
BRCK

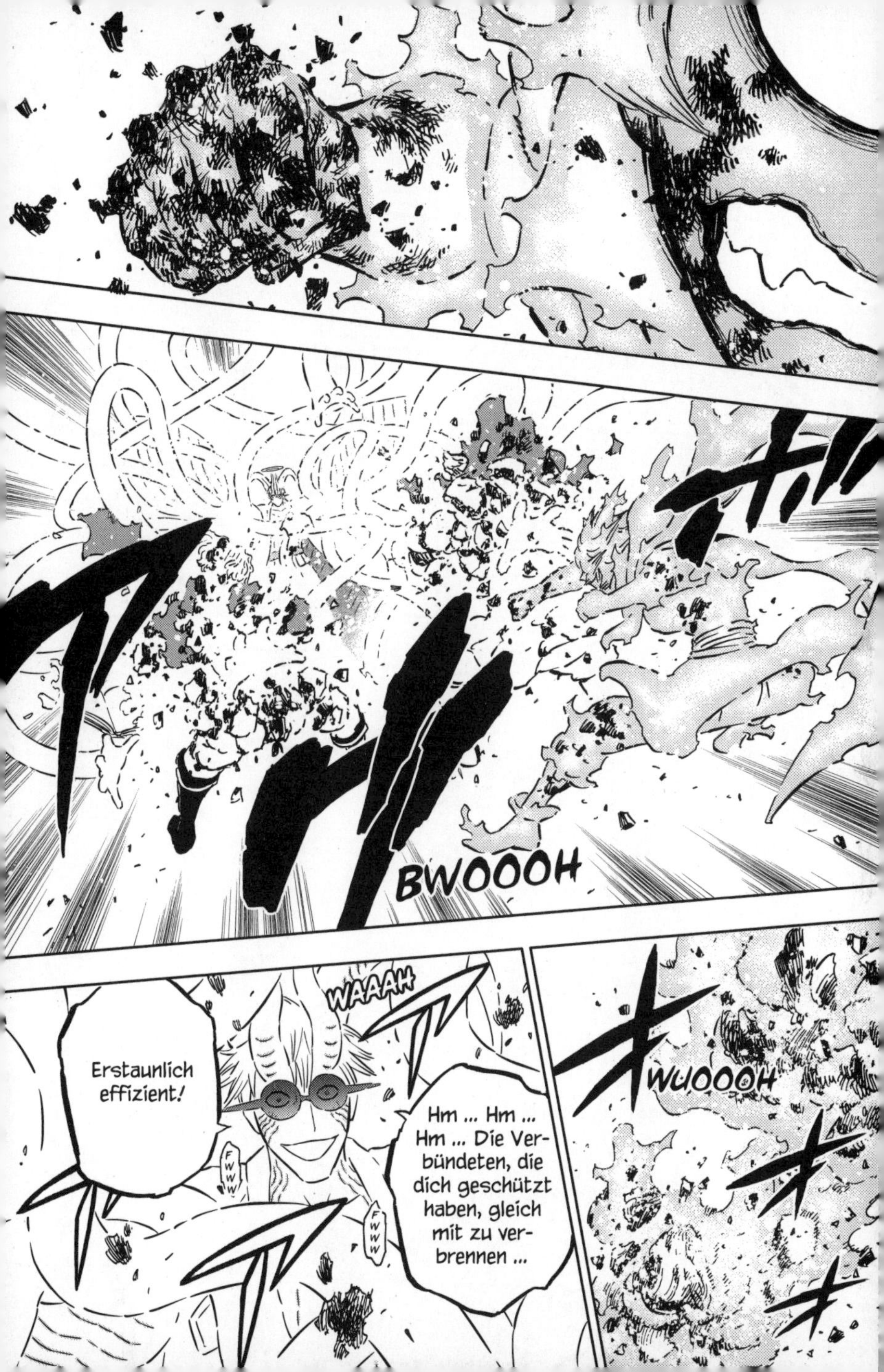

BWOOOH
WUOOOH
WAAAH
Hm ... Hm ... Hm ... Die Verbündeten, die dich geschützt haben, gleich mit zu verbrennen ...
FWWW
FWWW
Erstaunlich effizient!

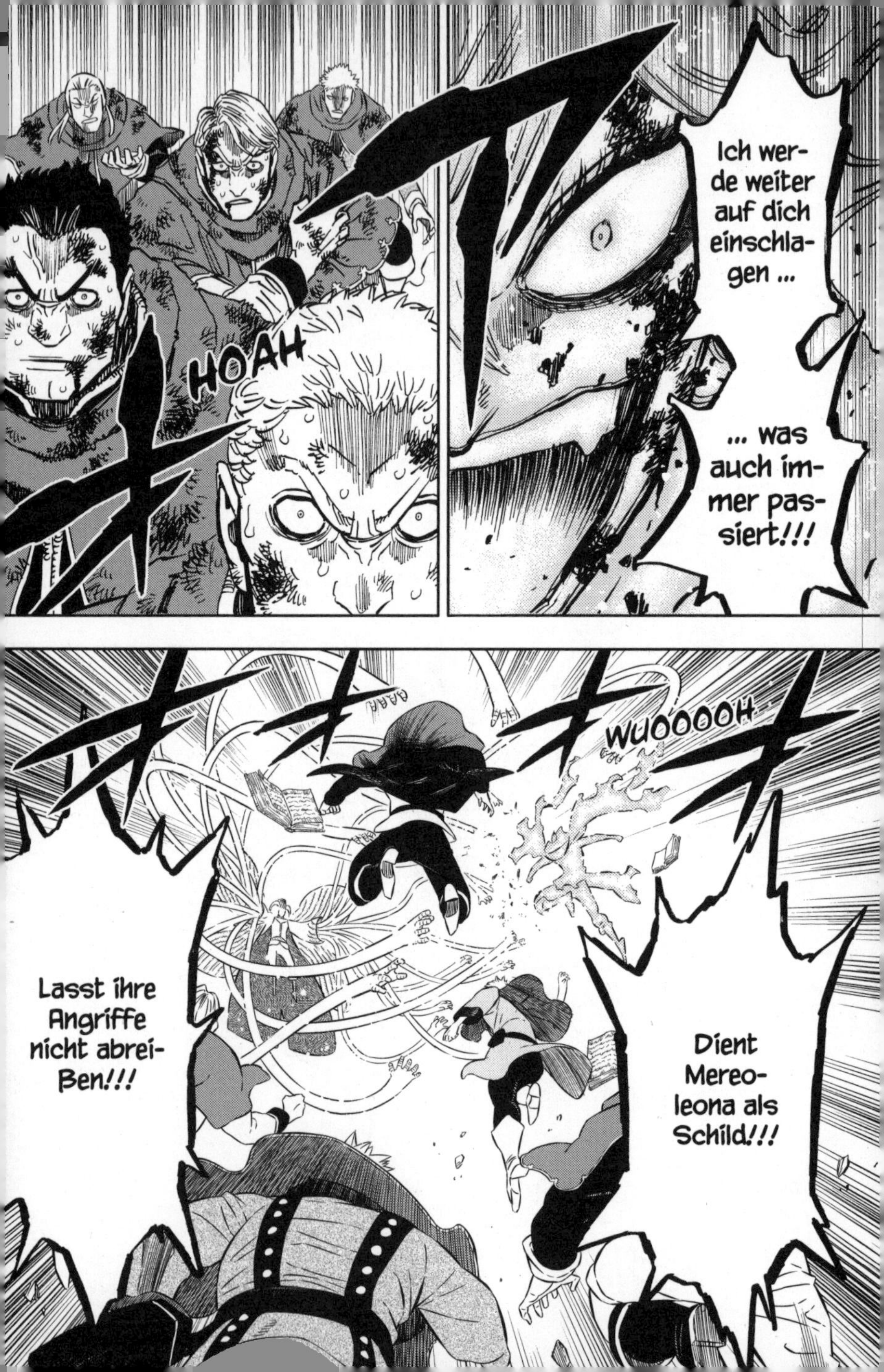
Ich werde weiter auf dich einschlagen ...
... was auch immer passiert!!!
HOAH
WUOOOOH
Dient Mereoleona als Schild!!!
Lasst ihre Angriffe nicht abreißen!!!

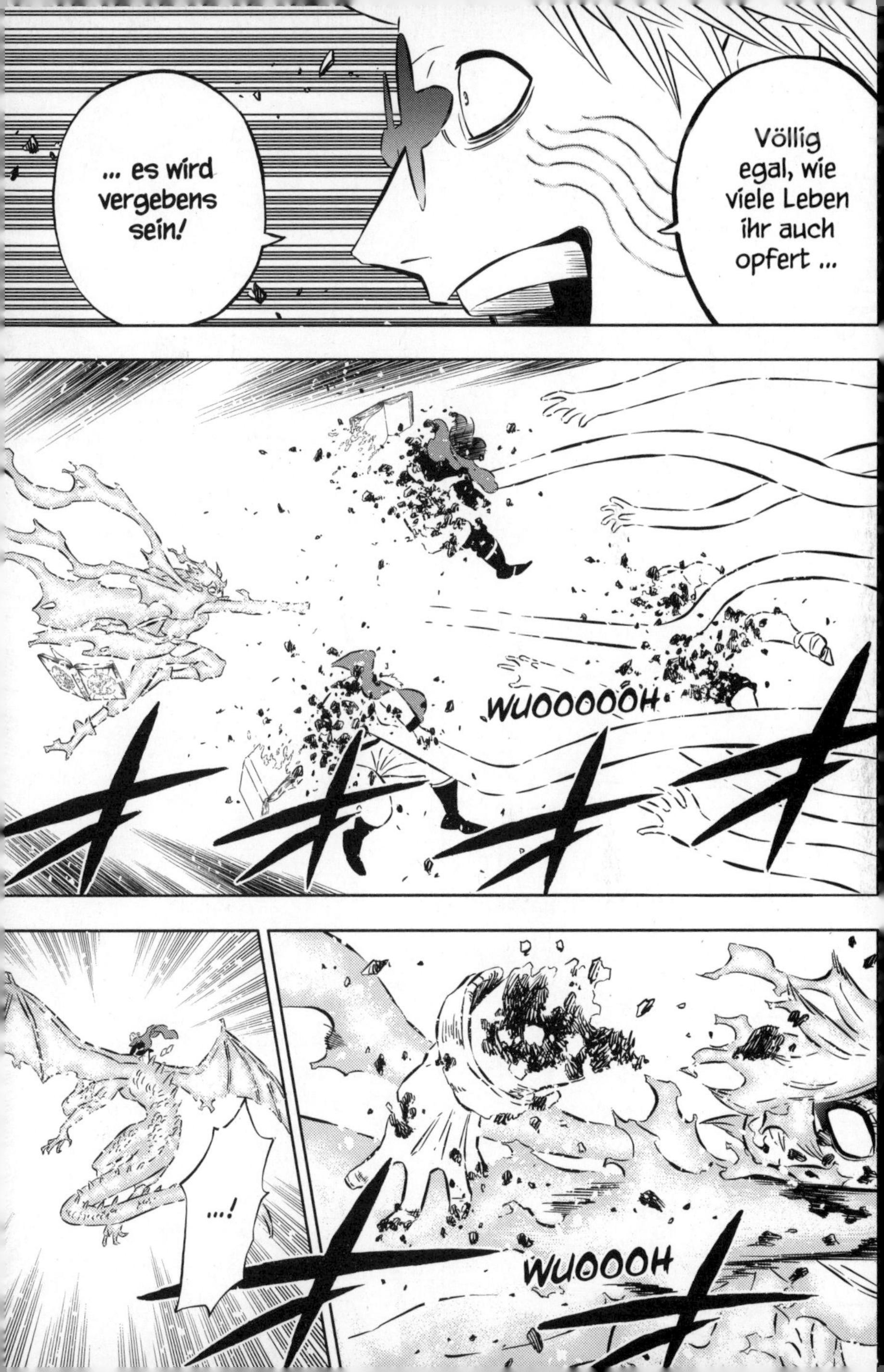
Völlig egal, wie viele Leben ihr auch opfert ...
... es wird vergebens sein!
WUOOOOOH
WUOOOH
...!

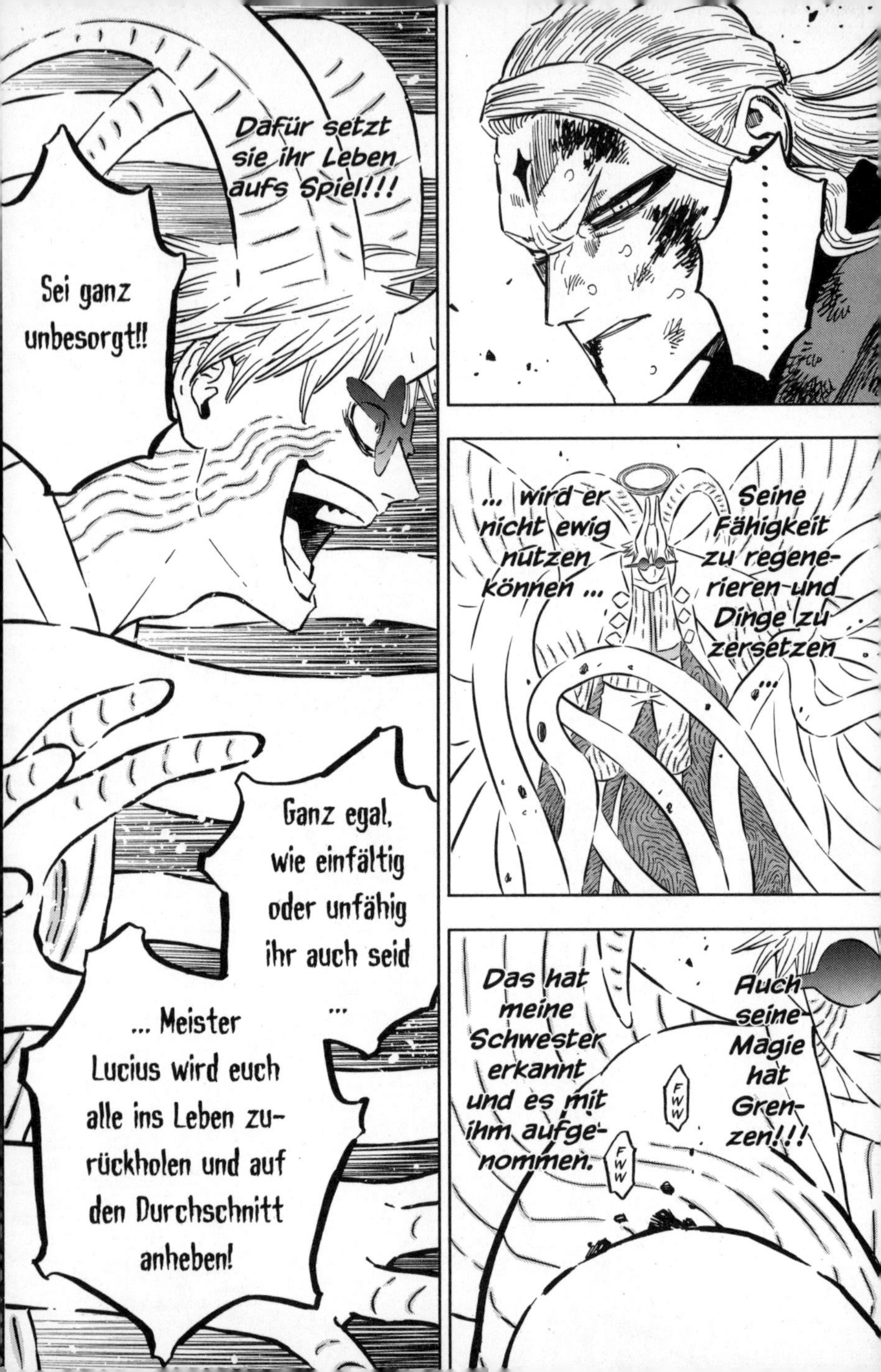
Seine Fähigkeit zu regenerieren und Dinge zu zersetzen ...
... wird er nicht ewig nutzen können ...
Auch seine Magie hat Grenzen!!!
Das hat meine Schwester erkannt und es mit ihm aufgenommen.
FWW
FWW
Dafür setzt sie ihr Leben aufs Spiel!!!
Sei ganz unbesorgt!!
Ganz egal, wie einfältig oder unfähig ihr auch seid ...
... Meister Lucius wird euch alle ins Leben zurückholen und auf den Durchschnitt anheben!

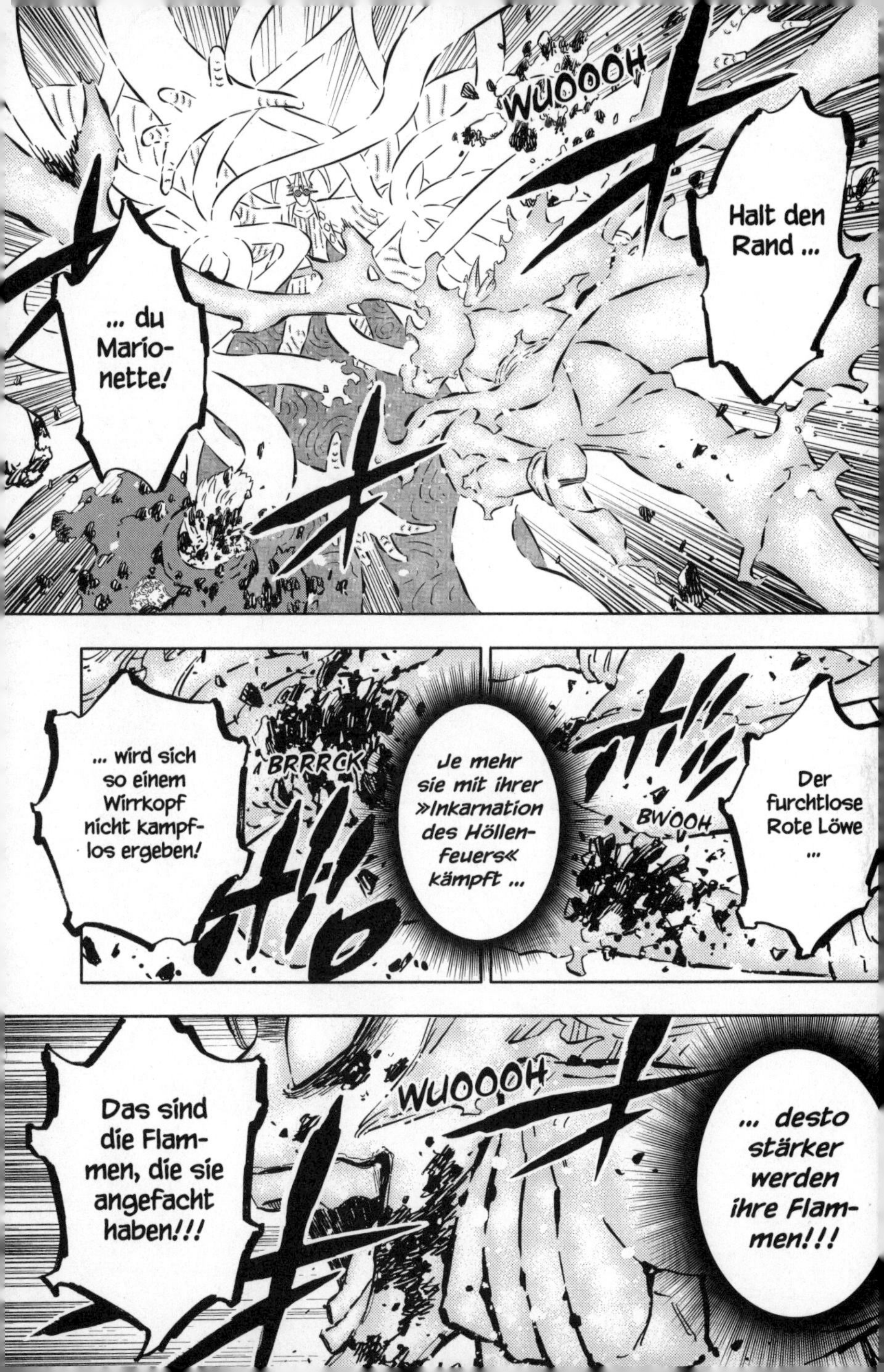
WUOOOH
Halt den Rand ...
... du Marionette!
Der furchtlose Rote Löwe ...
BWOOH
Je mehr sie mit ihrer »Inkarnation des Höllenfeuers« kämpft ...
BRRRCK
... wird sich so einem Wirrkopf nicht kampflos ergeben!
WUOOOH
... desto stärker werden ihre Flammen!!!
Das sind die Flammen, die sie angefacht haben!!!

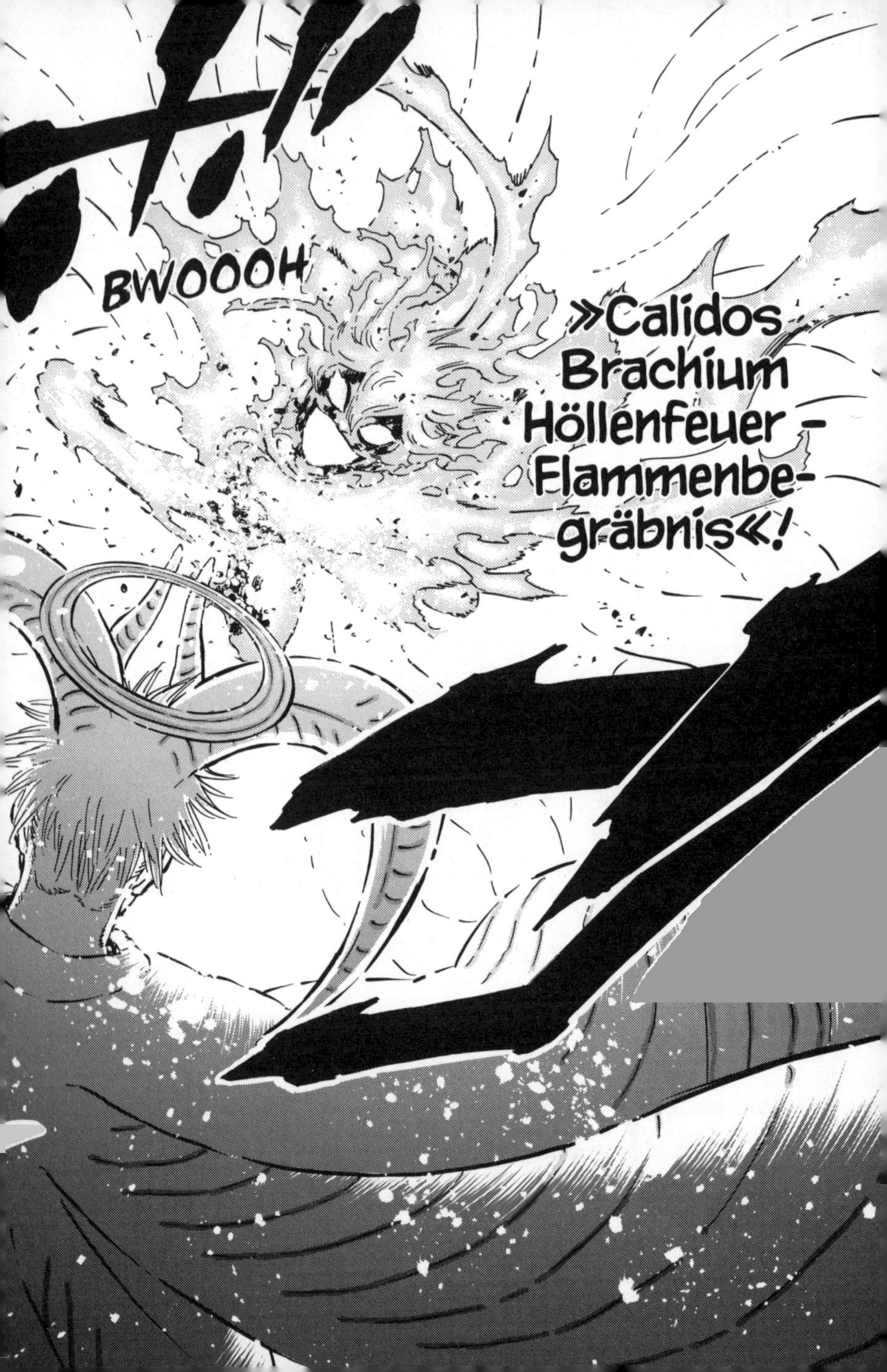
BWOOOH
»Calidos Brachium Höllenfeuer - Flammenbegräbnis«!

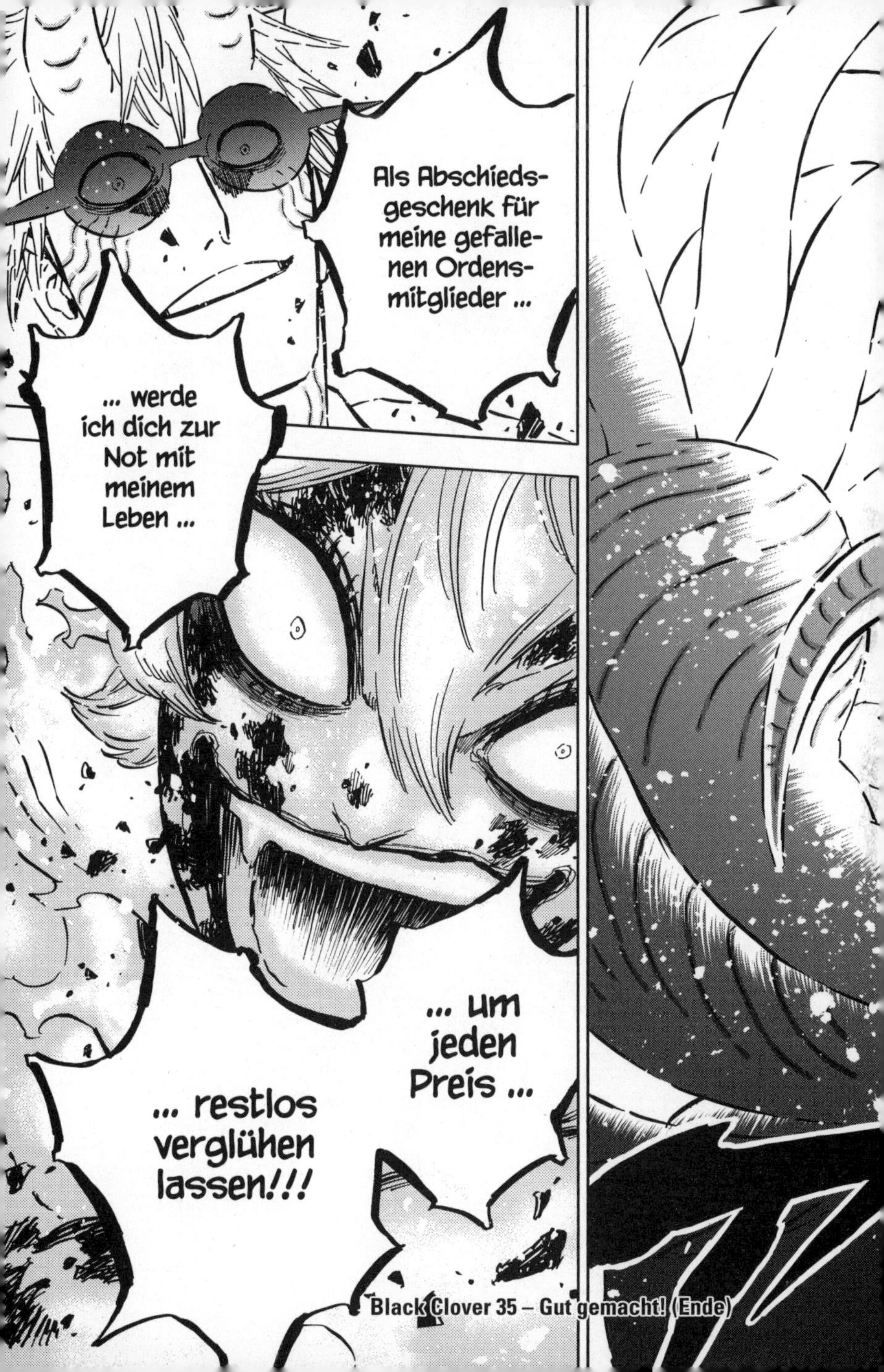

Black Clover 35 – Gut gemacht! (Ende)

Der Mangakaorden »Unbeschriebenes Blatt«

Thema diesmal:
Wenn ihr eine Zeitmaschine hättet und sie ein einziges Mal benutzen dürftet, wohin würdet ihr reisen? Was würdet ihr sehen wollen?

Ich würde ins Jahr 1970 zurückreisen, um mir die Expo in Osaka anzusehen!

Shinobu Hayasaka

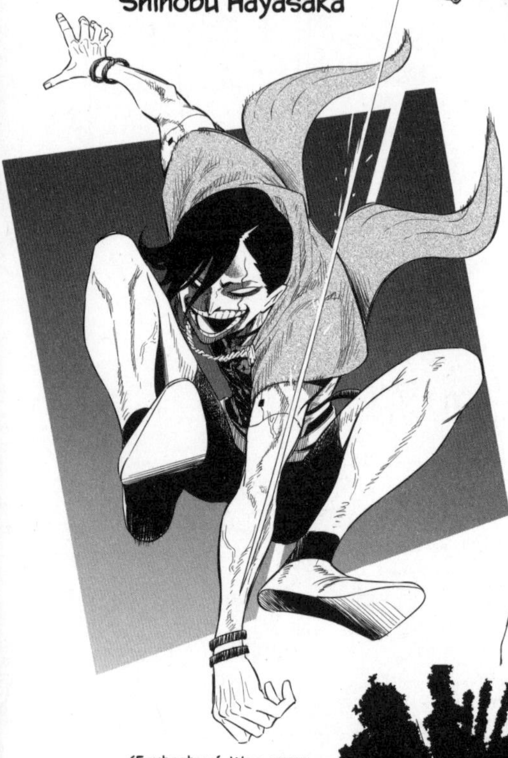

Ich würde in das Erscheinungsjahr von *Ein Herz und eine Krone* reisen und den Film auf der großen Leinwand genießen.

Kaho Sanada

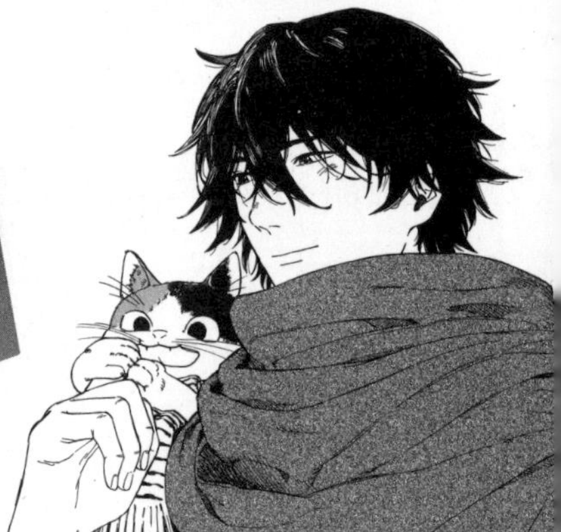

(Fantasterei: Was, wenn es so eine Speise gäbe?)

Festessen
»Fischsuppe aus Fünfköpfigem Drachen«

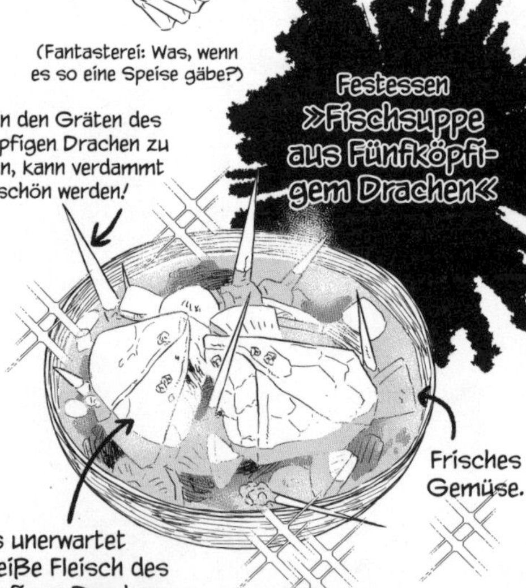

Ich würde in die Kreidezeit reisen und mir einen Tyrannosaurus Rex ansehen!!!

Yotaro Hayakawa

Ich würde in die ferne Zukunft reisen, um einmal eine computergesteuerte Welt wie in Science-Fiction-Geschichten zu erleben!

Sota Hishikawa

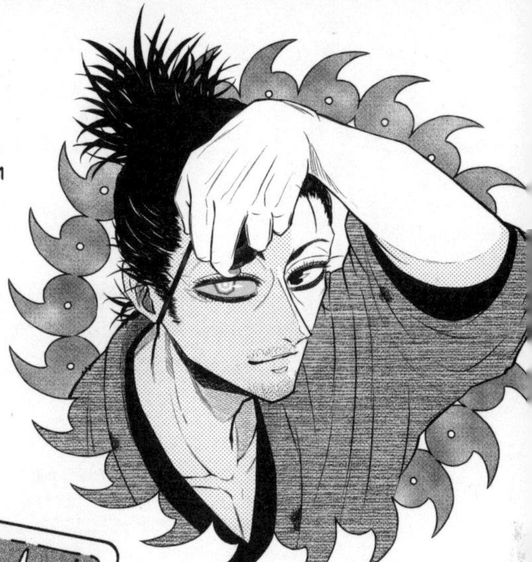

Ich würde in die Bakumatsu-Zeit* reisen und mir die Shinsengumi** ansehen.

Yagasa

Ich würde durchs Japan der Neunziger spazieren und mich ganz der Nostalgie hingeben.

Seiya Miyamoto

Ja, aber nein.

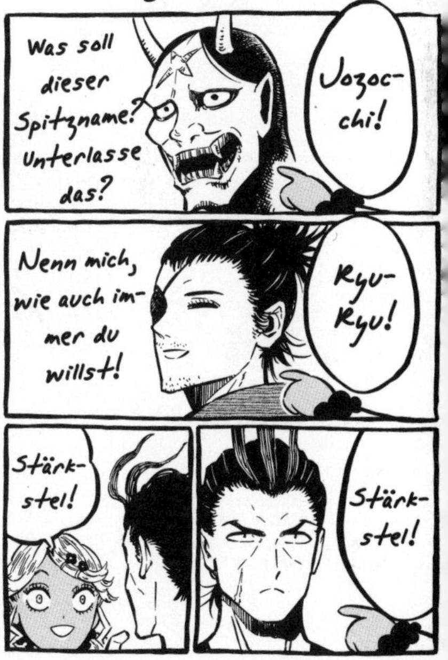

* Zeit von 1853 bis 1867.

** Ehemalige Elite-Samurai-Miliz in Kyoto, die dem Shogun unterstellt war.

BLACK CLOVER 35

Gut gemacht!

DER MANGAKAORDEN »UNBESCHRIEBENES BLATT«

Thema diesmal:

Wenn ihr eine Zeitmaschine hättet und sie ein einziges Mal benutzen dürftet, wohin würdet ihr reisen? Was würdet ihr sehen wollen?

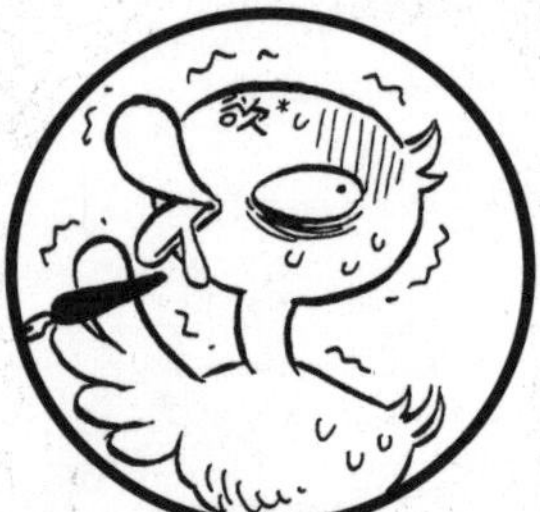

Ich könnte jetzt sagen, ich würde in die Zeit zurückreisen, in der mein Vater, der verstorben ist, als ich zwei Jahre alt war, noch am Leben war. Aber ich würde mir auch gern eine entfernte Zukunft, in der ich vermutlich schon nicht mehr lebe, ansehen und mich über alles dort wundern.

Anführer Tabata

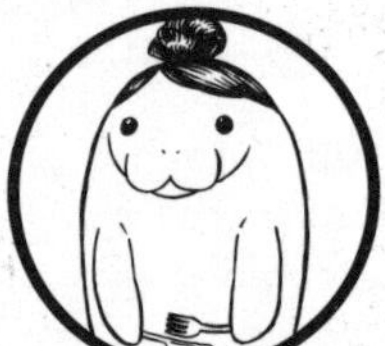

Ich würde zu dem Tag, an dem ich geboren wurde, zurückreisen und mir anschauen, wie meine Eltern damals so waren.

©

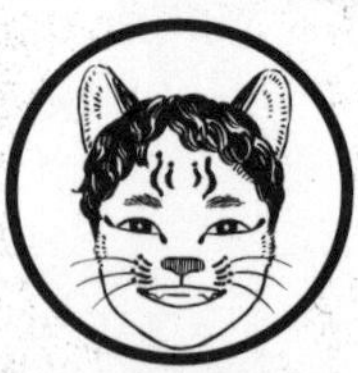

Ich würde ins alte Ägypten reisen, um mir den Bau der mysteriösen Pyramiden anzusehen.

Redakteur der Comicbände Chiba

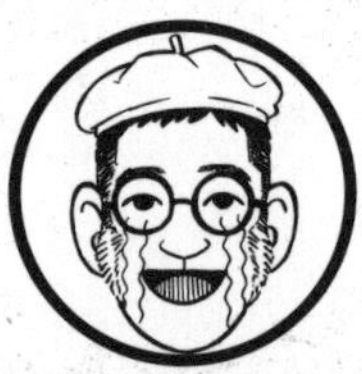

Ich würde dreißig Jahre in die Zukunft reisen, mir einen Sportalmanach kaufen und zurück in der Gegenwart ein Bombengeschäft mit Sportwetten machen. Ich würde mir eine goldene Nase verdienen.

Redakteur Fukuda

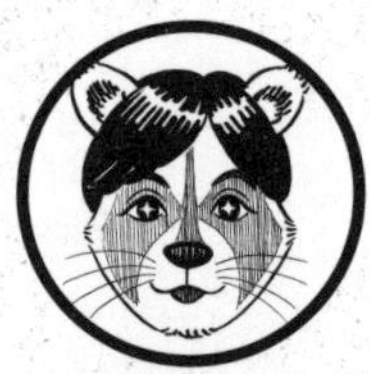

Die Erschaffung von Himmel und Erde!

Medienbeauftragte Takahashi

*»Verlangen«

Yûki Tabata

Nachwort

Eines Tages hörte ich mitten in der Nacht bei der Arbeit laute Geräusche aus dem Schlafzimmer kommen und ging hin, um nachzusehen. Meine dreijährige Tochter hatte einen Hustenanfall bekommen, sich auf die frisch gewechselten, weichen Laken übergeben und meine Frau war gerade dabei, unsere inzwischen weinende Tochter zu beruhigen. Ich dachte mir noch »Oh nein!«, während meine großartige Frau nur sagte »Wir haben noch genug andere Laken« und neue, flauschige Laken herausholte.

Als der Morgen dann hereinbrach, hatte ich mich mit meiner Frau, die sich gerade fertigmachte, abgewechselt und schlief in unseren weichen, sehr weichen Laken. Fast eine Stunde später spürte ich dann etwas Ungewöhnliches. Ich riss die Augen auf und sah, dass sich unsere Hündin zwischen mich und meine schlafende Tochter gepflanzt hatte und mit dem Hintern wackelte. »Ah, verdammter Mist! Stimmt ja! In letzter Zeit ging's dir ja nicht so gut. Gleich geht der Durchfall wieder los. Kein Zweifel. Sie kann es schon nicht mehr halten. Gleich platzt sie! Eklig! Die schönen frisch gewechselten Laken!« Die Müdigkeit verflog schlagartig und mein Hirn fing an zu arbeiten. Ich schrie: **»Amelie läuft aaaaus!!!«**, streckte beide Arme aus und hielt meine Hände unter den Po unserer Hündin. Als meine Frau dann angerannt kam, brach sie aus irgendeinem Grund in schallendes Gelächter aus. Ich brüllte: »Hey, das ist überhaupt nicht zum Lachen!! Die ganze K*cke!! Die Laken!!«, aber meine Frau erwiderte nur: »Vergiss es. Es ist einfach alles komplett vollgesch*ssen.« Mein einziger Gedanke war »Hä?« und dann blickte ich an mir hinunter. Meine ganze Kleidung war bedeckt mit Hundesch*iße. Selbst in meinen Haaren hing welche. Und auch um die Futons hatte sich unsere Hündin schon längst gekümmert. Was ich versucht hatte, mit meinen Händen aufzuhalten, war offensichtlich bereits die zweite Welle gewesen.

Ganz anders als ich, der langsam anfing zu verzweifeln, begann meine Frau zu lachen. Obwohl wir kaum Schlaf bekommen hatten und nun zwei Ladungen Bettlaken und die Bettbezüge waschen mussten, sagte sie lachend: »Ich habe noch nie gesehen, dass jemand so vollgek*ckt wurde wie du.« Und ich dachte nur, was für eine beeindruckende Frau ich doch habe. Unsere Tochter hat die ganze Aktion natürlich komplett verschlafen.

TOKYOPOP GmbH
Hamburg

TOKYOPOP
1. Auflage, 2024
Deutsche Ausgabe/German Edition

Aus dem Japanischen von Jannik Eimen

Redaktion: Sabine Scholz
Lettering: Vibrant Publishing Studio
Herstellung: Shujun Wong
Druck und buchbinderische Verarbeitung:
CPI–Clausen & Bosse GmbH, Leck
Printed in Germany,

MIX Papier FSC® C083411

Wir achten auf die Umwelt.
Dieses Produkt besteht aus FSC®-zertifizierten und anderen kontrollierten Materialien.

ISBN 978-3-8420-9589-2

www.tokyopop.de

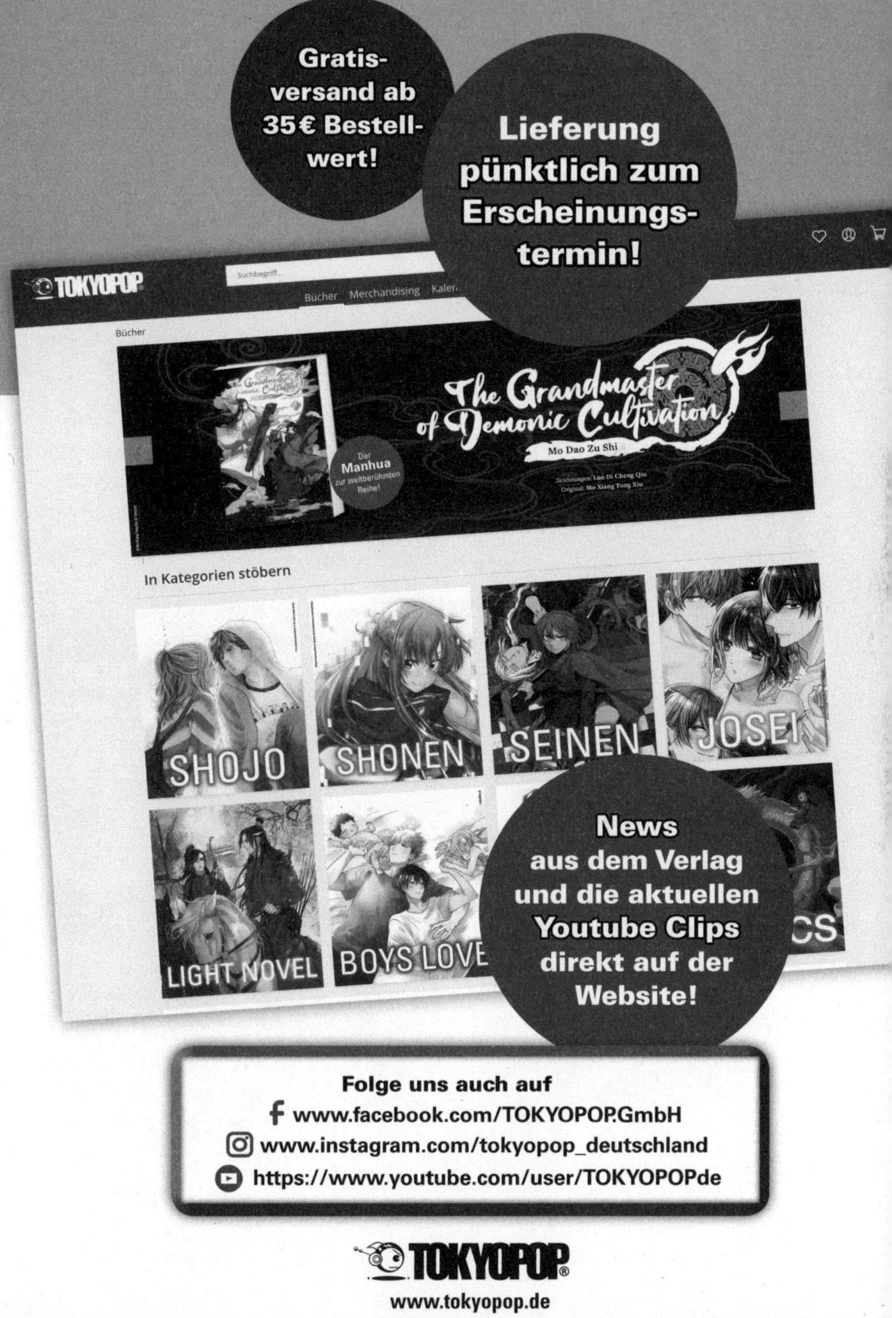
Gratis-
versand ab
35€ Bestell-
wert!
Lieferung
pünktlich zum
Erscheinungs-
termin!
TOKYOPOP
Suchbegriff...
Bücher
Merchandising
Bücher
The Grandmaster of Demonic Cultivation
Mo Dao Zu Shi
Der Manhua zur weltberühmten Reihe!
In Kategorien stöbern
SHOJO
SHONEN
SEINEN
JOSEI
LIGHT NOVEL
BOYS LOVE
News
aus dem Verlag
und die aktuellen
Youtube Clips
direkt auf der
Website!
Folge uns auch auf
www.facebook.com/TOKYOPOP.GmbH
www.instagram.com/tokyopop_deutschland
https://www.youtube.com/user/TOKYOPOPde
TOKYOPOP®
www.tokyopop.de

D.GRAY-MAN

Katsura Hoshino

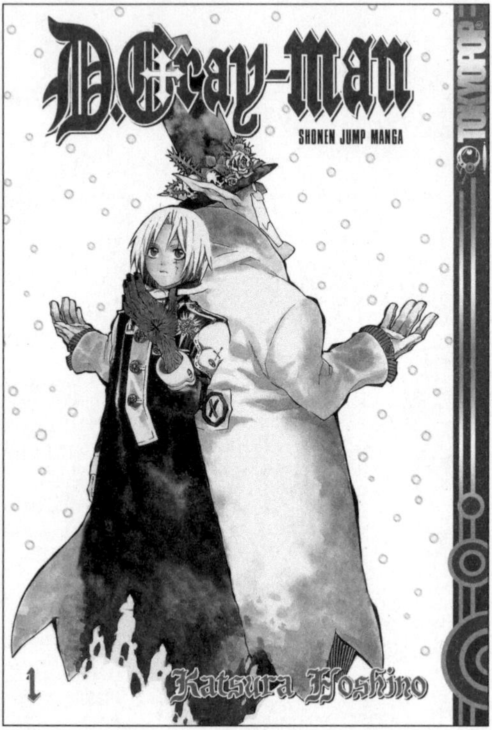

Das Ende ist nah!

Wer hat Angst vor dem Millennium-Grafen? Alle, außer Allen Walker und den Exorzisten des Schwarzen Ordens. Akuma, tote Seelen, die durch die Trauer der Angehörigen wiederauferstehen, dienen dem erzbösen Grafen als willenlose Waffen, um die Menschheit auszulöschen. Als Exorzist besitzt der junge Allen Walker die seltene Gabe »Innocence«, mit der er diese verirrten Seelen sehen und wieder erlösen kann.

DEATH NOTE

Tsugumi Ohba / Takeshi Obata

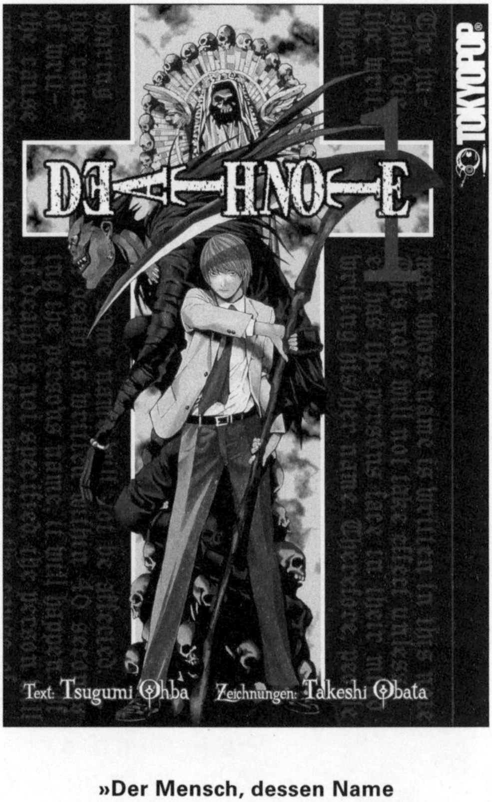

»Der Mensch, dessen Name in dieses Heft geschrieben wird, stirbt«

Eines Tages lässt der Todesgott Ryuk dieses unheimliche Heft – das Death Note – in die Menschenwelt fallen. Es gelangt in die Hände des Musterschülers Light Yagami und schon bald ist diesem klar: Er will die Gesellschaft von allem Bösen befreien. Es entbrennt ein gnadenloser Kampf zwischen ihm und seinem Gegenspieler L, einem Meisterdetektiv, der seine wahre Identität geheim hält.

TOKYOPOP®

www.tokyopop.de

STOPP!

**Dies ist die letzte Seite des Buches!
Du willst dir doch nicht den Spaß verderben
und das Ende zuerst lesen, oder?**

Um die Geschichte unverfälscht und originalgetreu mitverfolgen zu können, musst du es wie die Japaner machen und von rechts nach links lesen. Deshalb schnell das Buch umdrehen und loslegen!

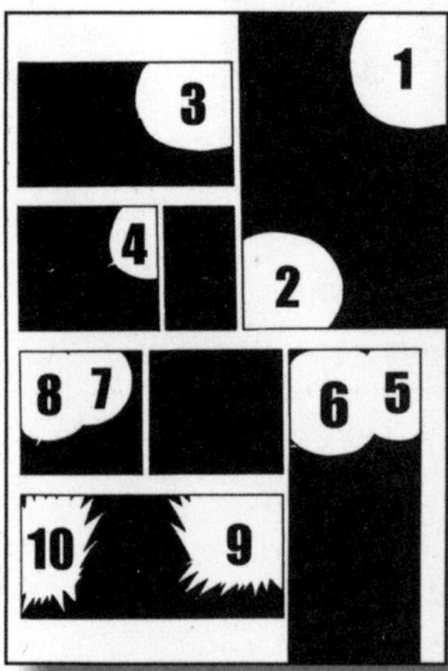

So geht's:

Wenn dies das erste Mal sein sollte, dass du einen Manga in den Händen hältst, kann dir die Grafik helfen, dich zurechtzufinden: Fang einfach oben rechts an zu lesen und arbeite dich nach unten links vor. Viel Spaß dabei wünscht dir TOKYOPOP®!